W0053373
Das Magazin

Highlights auf einen Blick

Sie genießen den schönsten Blick
- **auf das fatimidische Kai**r vom El-Ashar-Park (➤ 71)
- **auf Luxor:** von den Hügel\n von Theben.
- **auf die Halbinsel Sinai:** b\nSonnenaufgang vom Gebel Musa (Berg Sinai).
- **auf das Rote Meer:** natürli\nunter der Wasseroberfläche, wo Sie neben Blau- und Grün\ntönen jede nur vorstellbare Farbe sehen können.
- **auf den Nil:** von der Terras\ndes Old Cataract Hotel in Assuan (➤ 126).

- die **Pyramiden von Gisa**, das einzige noch bestehende Wunder des Altertums und noch immer wunderschön (➤ 62ff).
- das **Ägyptische Museum in Kairo**, in dem Sie selbstverständlich den Grabschatz des Tutanchamun bewundern, sich aber auch die altägyptische Welt bis hin zum Alltagsleben vergegenwärtigen können (➤ 50ff).
- der **Karnak-Tempel in Luxor**, eines der größten religiösen Zentren der Welt (➤ 84ff).
- das **Tal der Könige**, das die Schönheit, die Ehrfurcht gebietende Würde und komplexe Welt der Pharaonen noch heute erahnen lässt (➤ 91ff).
- die **Sultan-Hassan-Moschee** in Kairo, ein Zeugnis der Pracht und Harmonie islamischer Architektur (➤ 69).

Oben: Die schillernde\ndes Tutanchamun

Oben: Entspannung bei einer Wasserpfeife (*schischa*). Vorhergehende Seite: Frau in traditioneller Tracht

ÄGYPTEN

Inhalt

Autoren: Anthony Sattin und Sylvie Franquet
Redaktion: Maria Morgan
Aktualisierung: Sylvie Franquet und Anthony Sattin
im Auftrag von Bookwork Creative Associates

Übersetzung: Christiane Radünz und Karin Henninger

© MAIRDUMONT GmbH & Co. KG, Ostfildern, **3., aktualisierte Auflage 2008**

„NATIONAL GEOGRAPHIC" ist eine eingetragene Marke der
National Geographic Society. Deutsche Ausgabe lizenziert durch
NATIONAL GEOGRAPHIC DEUTSCHLAND
(G+J/RBA GmbH & Co KG), Hamburg 2008
www.nationalgeographic.de

Unsere Autoren haben nach bestem Wissen recherchiert.
Trotzdem schleichen sich manchmal Fehler ein,
für die der Verlag keine Haftung übernehmen kann. Hinweise, Verbesserungs-
vorschläge und Korrekturen
sind jederzeit willkommen. Einsendungen an:
E-Mail: spirallo@nationalgeographic.de oder
NATIONAL GEOGRAPHIC SPIRALLO-Reiseführer
MAIRDUMONT GmbH & Co. KG,
Postfach 3151, D-73751 Ostfildern

Original 3rd English Edition
© Automobile Association Developments Limited
Kartografie: © Automobile Association Developments Limited 2008
Covergestaltung und Art der Bindung
mit freundlicher Genehmigung von AA Publishing

Herausgegeben von AA Publishing, einem Unternehmen der
Automobile Association Developments Limited, Fanum House,
Basing View, Basingstoke, Hampshire, RG21 4EA, UK.
Handelsregister Nr. 1878835.

Farbauszug: Keenes, Andover
Druck und Bindung: Leo Paper Products, China

A03428

Inspirierende Eindrücke

• Tee und *schischa* sind typisch ägyptische Genussmittel; der Tee ist stark, der Tabak schmeckt kräftig und würzig.
• Allein zu sein in einem antiken Tempel oder in einem Grabmal – falls es einem gelingt, garantiert die Atmosphäre eine unvergleichliche Erfahrung.
• Sonnenaufgang und -untergang – ein überwältigendes Schauspiel.
• Die Monumente von Luxor vom Heißluftballon aus bewundern (➤ 102).
• In der Libyschen Wüste Sanddünen hinabgleiten.

Orte der Ruhe und Besinnung

• Die Innenhöfe der Moscheen, allerdings nicht während der Gebetszeiten oder freitagmittags.
• Der Nil – eigentlich zu jeder Zeit, aber am besten während einer siebentägigen Bootsfahrt (➤ 122).
• Das Katharinenkloster, wenn Sie Touristengruppen möglichst aus dem Weg gehen.
• Die Innenstadt von Kairo morgens zwischen 4 und 4.20 Uhr (➤ 67).

Die schönsten Moscheen

• **Fl-Ashar-Moschee**, eine der bedeutendsten Moscheen des Islam und gleichzeitig eine der ältesten Universitäten der Welt (➤ 70).
• **Abu-Haggag-Moschee**, im 13. Jahrhundert auf den Ruinen des Luxor-Tempels errichtet (➤ 89f).
• **Neu-Gurna**, das Wunderwerk in Luxor zeigt, was man mit Lehmziegeln vollbringen kann (➤ 183).

Bei einem Glas Tee die Welt vorüberziehen lassen

Kuriositäten

• Das **Polizeimuseum** nahe der Zitadelle (➤ 69).
• Die **Kapelle des Klosters St. Georg** im koptischen Viertel Kairos (➤ 54f).
• Das **Cavaly-Museum** in Alexandria; hier können Sie am Bett des Dichters sitzen (➤ 137).
• **Fruchtbarkeitssymbole** in Tempeln und Grabmalen: Achten Sie darauf, was Sie berühren: Manchen Statuen und Standbildern wird eine stimulierende Wirkung auf die Fruchtbarkeit nachgesagt.

Nirgends lässt sich das empfindliche Gleichgewicht zwischen fruchtbaren Feldern und kargem Land deutlicher erkennen als bei einem Flug über Ägypten. Schmale Streifen bebauten Landes säumen das Band des Nil und breiten sich fächerförmig in das Delta aus. Außerhalb liegen die großen Wüsten, die 96 Prozent der gesamten Fläche des Landes bedecken: die Libysche Wüste im Westen, die gebirgige Arabische Wüste im Osten und der zwischen Mittelmeer und Rotem Meer gelegene Sinai.

Auf Grund dieses starken Kontrasts ist Ägypten wie kaum ein anderes Land von seiner geografischen Lage geprägt. Die

einladende Fruchtbarkeit des Niltals und die Wildnis der allumfassenden Wüsten übten einen starken Einfluss auf die Geschichte und Kultur Ägyptens aus. Einer der bekanntesten und dauerhaftesten Mythen des alten Ägypten, der fortdauernde Kampf zwischen Wüste und fruchtbarem Land, hat noch heute Gültigkeit.

Die Spitze der Pyramide

In dem Wissen um die Notwendigkeit, das Flutwasser zur Bewässerung zu nutzen, entwickelte sich im alten Ägypten eine straffe staatliche Ordnung und Bürokratie als Grundlage der Zivilisation. Wenn Hierarchien und Regierung stark waren, wurde der Nil nutzbar gemacht, und das Kulturland dehnte sich aus. In Zeiten schwächerer Regierungen verwandelte sich das Ackerland bald wieder in eine Wüste.

Die meisten Kamele in Ägypten stammen aus dem Sudan, von wo sie auf dem »Weg der 40 Tage« die Wüste durchqueren

Viele ägyptische Bauern bearbeiten das Land noch genauso wie ihre Vorfahren

fruchtbares Land

Ordnung und Chaos

Der Überlieferung nach brachte Osiris, der Gott der Fruchtbarkeit (➤ 12), dem Niltal Ordnung und Zivilisation, lehrte die Ägypter Gesetze sowie den Anbau von Nutzpflanzen und Wein. In diesem reichen, wenn auch begrenzten Landstrich blühte das ägyptische Leben jahrtausendelang. Die Region erschien den Ägyptern des Altertums so herrlich, dass sie sich einen ähnlichen Ort für ihr Leben nach dem Tod erhofften.

Seth, der Bruder des Osiris, wurde hingegen mit der Wüste assoziiert, die eine ständige Bedrohung für das Ackerland darstellte. Es ist kein Zufall, dass der Mythos mit Ägyptens früher Geschichte übereinstimmt, als die Wälder, von denen die Men-

schen am Nil abhängig waren, auf Grund einer Klimaerwärmung verschwanden und die Wüsten sich um den Strom zusammenzogen. Die Menschen, ursprünglich Jäger und Sammler, waren nun auf die jährliche Überschwemmung durch den Nil angewiesen, um ihr Ackerland bewässern zu können.

Die Wüste in alter Zeit

Die Wüste wurde nicht ausschließlich mit negativen Vorstellungen in Verbindung gebracht. So wurde Seth nicht nur als der Herrscher über das Chaos, sondern auch als prägender Einfluss des ägyptischen Lebens betrachtet. Für die Ägypter des Altertums war die Wüste ein Zufluchtsort. Hier war der Platz, wo Moses und sein Volk einer Prüfung und Reinigung unterzogen und wo im 4. Jahrhundert die ersten Klosterorden des Christentums gegründet wurden.

Die Wüste diente darüber hinaus als Barriere gegen Angriffe von wilden Berberstämmen aus der Libyschen Wüste und von arabischen Beduinen. Wenn es zu Invasionen kam, drangen die Angreifer von Norden oder über die Halbinsel Sinai in das Land ein.

Spurlos verschwunden

Es gab vielleicht eine Zeit, zu der die Ägypter die Wüste sehr geschätzt haben müssen: Im 6. Jahrhundert v. Chr. sandte der persische Eroberer Kambyses nach der Eroberung Ägyptens und der Plünderung Thebens eine Armee aus, um das Orakel der Oase Siwa zu zerstören. Ungefähr 50 000 Männer marschierten in die Wüste. Keiner von ihnen kehrte zurück.

Landflucht

Der griechische Dichter Homer rühmte Theben als die »hundert-torige« Stadt. Es galt als Inbegriff der antiken Stadt. Alexandria bildete das klassische Vorbild, und Kairo wurde in *Tausendund-einer Nacht* als die »Mutter der Welt« gepriesen. Dessen unge-achtet, war die ägyptische Gesellschaft stets überwiegend länd-lich geprägt, und das gilt bis heute ...

In alter Zeit waren die meisten Ägypter Bauern, die ein eigenes Stück Land bewirtschafteten und mit ihren Erzeugnissen Tausch-handel betrieben. Die Ausdehnung Kairos war zu Beginn des 19. Jahrhunderts noch immer auf die mittelalterlichen Mauern beschränkt; Alexandria war kleiner als die hellenistisch-römische Stadt, aus der es hervorgegangen war. Seit dieser Zeit und ins-besondere ab den 1970er Jahren, seitdem die jährliche Über-schwemmung des Niltals durch den Assuan-Hochdamm verhin-dert wird, leben mehr Menschen in den Städten als auf dem Land.

»Die ägyptische Gesellschaft war stets überwiegend ländlich geprägt, und das gilt bis heute ...«

Die Wüste in neuer Zeit

Anstatt die Sicherheit des Lebens im Niltal zu bedrohen, scheint die Wüste heute neue Wege zu eröffnen. 1869 wurde der Suezkanal eröffnet, der die Wüste zwischen Mittelmeer und Rotem Meer durchschneidet. Die Kanalgebühren bilden heute den zweitgrößten Einnahmeposten des Staates. In anderen Teilen der Wüste fördern Vorkommen von Öl, Gas, Phosphat und Süßwasser die Wirtschaft Ägyptens. Neue und stetig wachsende Satellitenstädte sind entstanden, um der Übervölkerung Kairos abzuhelfen. In der Libyschen Wüste wird an einem Projekt gearbeitet, mit dessen Hilfe das Wasser des Nil durch den neuen Toschkakanal in eine Wüstensenke geleitet werden soll. Man erhofft sich davon die Bildung eines neuen Tals als Spiegelbild des Nil. Diese hoffnungsvollen Entwicklungen verkünden den Beginn einer neuen Ära im nicht endenden Kampf zwischen Wüste und fruchtbarem Land.

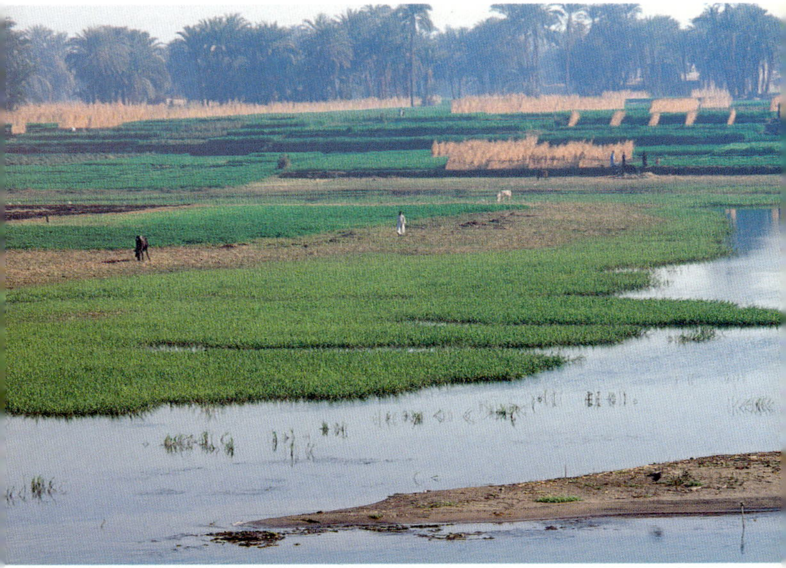

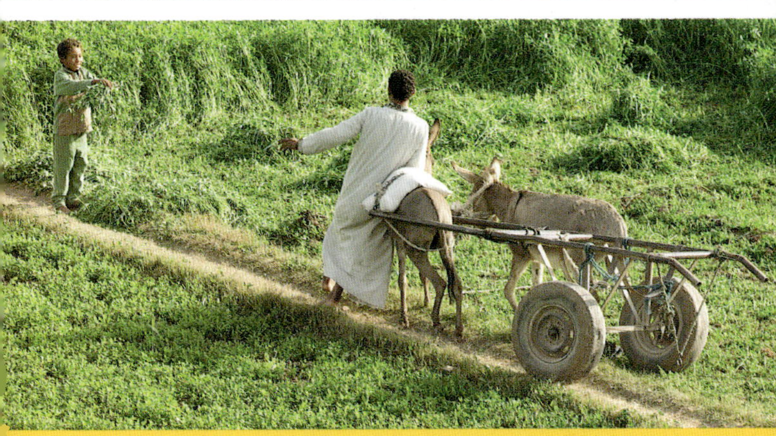

Der Totenkult der alten Ägypter ist immer noch allgegenwärtig – viele der bedeutenden Monumente am Ufer des Nils zeugen davon. Die alten Ägypter waren aber keineswegs todessüchtig: Sie liebten das Leben und hofften, es möge in alle Ewigkeit so weiter gehen.

Tod auf dem Nil

Osiris, Gott der Unterwelt

Osiris war der Archetypus des guten Königs. Er gab seinem Volk die Zivilisation und lehrte es, das Land zu bebauen und seine Götter zu ehren. Der Legende nach führte er das Leben eines Menschen, obwohl er als Sohn des Erdgottes Geb und der Himmelsgöttin Nut von göttlicher Geburt war. Nach altem Brauch nahm er seine Schwester, Isis, zur Frau. Sein Bruder Seth ehelichte ihrer beider Schwester Nephthys. Seth wurde jedoch eifersüchtig auf Osiris, lud ihn hinterlistig zu einem Festmahl, machte ihm eine schöne Truhe zum Geschenk und forderte ihn spielerisch auf, sich in das sargähnliche Behältnis zu legen. Osiris wurde darin eingesperrt, in den Nil geworfen und ertrank.

Dem griechischen Schriftsteller Plutarch (ca. 46–120 n. Chr.) zufolge fand Isis den Leichnam Osiris' in der Wüste, umwachsen von einem Tamariskenbaum. Sie barg die Leiche ihres Gemahls und erweckte ihn mit Zauberkraft zu neuem Leben, sodass sie ein Kind von ihm empfangen konnte, den falkenköpfigen Gott Horus. Seth stieß später noch einmal auf Osiris. Wutentbrannt zerriss er dessen Körper in 14 Teile und warf sie in den Nil. Wieder barg Isis die Überreste Osiris' und begrub sie. Daher wird Osiris auch als menschliche Mumie dargestellt.

Isis' Tränen, die sie über den Tod ihres Gemahls vergoss, so wurde erzählt, ließen den Nil ansteigen. Noch heute gedenkt man Isis' Totenklage in einer bestimmten Nacht im Juni.

Die Götter Ägyptens

Amun: mit Widderkopf, Schöpfer der Welt

Anubis: mit Schakalkopf, Schutzpatron der Balsamierer

Bastet: Frau mit Katzenkopf, Göttin der Liebe, Freude und Feste

Edjo: die Kobragöttin

Hapi: der spitzbäuchige Gott des Nil

Horus: Sohn von Isis und Osiris, Himmels- und Lichtgott mit Falkenkopf

Khepri: der Skarabäus

Mut: Gattin des Amun; mit Geiergestalt

Re: der große Sonnengott; mit Falkenkopf und Sonnenscheibe

Sekmet: die Löwin

Oben links: Osiris, Gott der Unterwelt

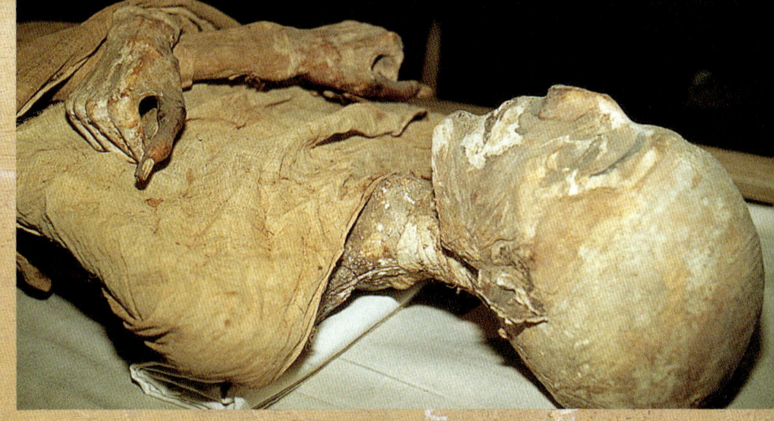

Leben nach dem Tod

Der Mythos des Osiris als Herrscher der Unterwelt versprach
den Menschen ein Fortleben im Jenseits. In der Hoffnung, im
nächsten Leben mit ihm vereint zu werden, begannen die Ägypter, sein im Mythos beschriebenes Begräbnisritual nachzu-
ahmen und ihre Toten zu mumifizieren.
Man glaubte, dass in jeder der Provin-
zen Ägyptens Teile seines Leich-
nams bestattet worden waren. Die
Hauptstätten des Kults
waren Bubastis im Nil-
tal und das im Strom selbst
gelegene Abydos, wo der Legende
nach das Haupt des Osiris beigesetzt
worden war. Diesen Ort sahen die
Ägypter als Tor zum Jenseits an (► 101).
Osiris wurde auch im Isistempel von Philae verehrt (► 116f).

Vorbereitung auf das Jenseits

Die alten Ägypter sahen in der angemessenen Vorbereitung im diesseitigen Leben die Vorbedingung für ein glückliches Fortleben im Jenseits. Zur Vorbereitung des Verstorbenen gehörte nicht nur die Bewahrung des Körpers, sondern auch die Hilfeleistung beim Übertritt ins Totenreich, die im Wesentlichen in magischen Beschwörungen und Gebeten bestand. So sollten beispielsweise die in Totenbüchern enthaltenen Formeln dem Toten als Anleitung für den Übergang dienen. Die letzte Hürde stellte das Gericht des Osiris dar, bei dem das Herz des Verstorbenen gegen die Feder der Wahrheit abgewogen wurde. Neigte sich die Waage zu Gunsten des Verstorbenen, wurde ihm die ewige Glückseligkeit gewährt. Dieses Motiv erschien häufig als Bildnis an den Wänden von Grabmalen.

Auch wenn der Übergang der Toten in die Ewigkeit glücklich verlief, mussten die Gräber sorgsam gepflegt werden, denn sie enthielten alle Güter und Schätze, die die Verstorbenen in ihrem Fortleben benötigten.

Anfangs wurden die Körper im Wüstensand vor der Verwesung bewahrt; später begann die Mumifizierung

Gekreuzte Arme und der Bart symbolisieren die Eigenschaft Osiris' als Herr des Jenseits

Schlichte muslimische Grabsteine, nach Mekka ausgerichtet, und prächtige Mausoleen in Kairos Totenstadt

Oben: Mumien im Film
Die Mumie (USA 1932): Boris Karloff in Bandagen
Die Mumie (GB 1959): Christopher Lee versetzt England in Schrecken
Die Mumie (USA 1999): Brendan Fraser, von modernen Spezialeffekten umzingelt (oben)

Islamische Begräbnisriten

»Eine orbereitung r die Vorbe- gung für ein lückliches ortleben im Jenseits.«

Durch den Islam wandelten sich die religiösen Bräuche und somit auch die Begräbnisrituale. Der Prophet Mohammed forderte, ein Grab sollte so beschaffen sein, dass es mit einer Hand weggewischt werden könnte; ein Leichentuch und ein Loch im Wüstenboden seien ausreichend. Die alten Vorstellungen, besonders der altägyptische Totenkult und der Glaube, dass die Geister der Toten auf die Irdischen einwirkten, lebten jedoch bald wieder auf.

Als die fatimidischen Kalifen (➤ 24) die Stadt El-Qahira (Kairo) gründeten, beerdigten sie dort die sterblichen Überreste ihrer Vorfahren. Der im 15. Jahrhundert lebende Sultan Qait Bey ließ dort sein Grabmal erbauen und richtete am selben Ort auch eine Schule, ein Kloster und eine Karawanserei ein. Er wünschte, dass das Grabmal nach seinem Tod erhalten bliebe und man noch lange für ihn beten würde. Sein Name ist lebendig geblieben; die Grabanlage des Sultans Qait Bey ist eines der glanzvollsten Beispiele islamischer Architektur (➤ 179). Obwohl sie ursprünglich außerhalb der Stadtgrenzen auf einem Wüstenfriedhof errichtet wurde, liegt diese Totenstadt heute innerhalb Kairos, weil sich die Grenzen der Stadt seitdem dramatisch verschoben haben.

Tod auf dem Nil

Der 1978 gedrehte Spielfilm ist ein vollendeter filmischer Reisebericht, in dem eine Schar internationaler Stars versucht, den Detektiv Hercule Poirot (dargestellt von Peter Ustinov) in die Irre zu führen. Von links nach rechts sind einige der mitwirkenden Stars abgebildet: Angela Lansbury, Maggie Smith, Jack Warden, Bette Davis, Peter Ustinov, George Kennedy und David Niven.

Das Land der Gläubigen

Der griechische Geschichtsschreiber Herodot, der sich im Jahre 450 v. Chr. in Ägypten aufhielt, bezeichnete die Ägypter als »über alle Maßen religiös, jede andere Nation der Welt darin übertreffend«. Obwohl sich in den vergangenen 2000 Jahren viel geändert hat, spielt die Religion noch immer eine wichtige Rolle im Alltagsleben. Die meisten Ägypter identifizieren sich gleichermaßen mit ihrer Religion wie mit ihrem Geburtsort. Einer der Gründe dafür ist der Einfluss, den Ägypten auf die Entwicklung der drei wichtigsten Religionen des Landes hatte: Islam, Christentum und Judentum.

Gläubige des Islam

Der Prophet Mohammed war nie in Ägypten gewesen, viele seiner Anhänger und Angehörigen wurden jedoch in diesem Land begraben. Heute sind ca. 93 Prozent der Ägypter Muslime. Der Koran, das heilige Buch des Islam, enthält die göttlichen Offenbarungen, die Mohammed zwischen 610 und 632 n. Chr. empfing. Die neue Religion akzeptierte Juden- und Christentum, erhob aber den Anspruch, beide abgelöst zu haben.

Der Islam wurde im Jahre 641 n. Chr. im Rahmen eines arabischen Feldzugs in Ägypten eingeführt, als sich das Land

Die Freitagsgebete blockieren häufig den Verkehr auf den Straßen in der Umgebung der Moscheen

unter der nominalen Herrschaft der christlichen Eroberer von Konstantinopel (Istanbul) befand. Der Islam beendete auf radikale Weise die Herrschaft des Priestertums. In Ägypten, wo in alter Zeit oft die Priesterschaft das Land regierte, musste die Vorstellung einer unmittelbaren Beziehung zu Gott, in der alle Menschen vor ihrem Schöpfer gleich sind, eine besondere Anziehungskraft gehabt haben.

Nach dem Tode Mohammeds im Jahre 632 n. Chr. beanspruchten sowohl sein Freund Abu Bakr als auch sein Schwiegersohn Ali den Titel als Führer der Gläubigen. Dieser Streit verursachte eine Spaltung, die noch heute besteht, wobei die Nachfolger Alis als Schiiten und die des Abu Bakr als Sunniten bezeichnet werden. Die überwiegende Zahl der ägyptischen Muslime sind Sunniten.

Das ägyptische Christentum

Ägypten war von Beginn an mit dem Christentum verbunden. So wird von Jesus

erzählt, er sei als Kind von seinen Eltern nach Kairo gebracht worden. Einer Legende nach wurde die christliche Kirche in Ägypten gegründet, nachdem der Evangelist Markus im 1. Jahrhundert n. Chr. nach Alexandria gekommen war.

Zur Zeit der arabischen Invasion gehörte die Mehrheit der Ägypter der koptischen (ägyptisch-christlichen) Kirche an. Obwohl die Kopten heute nur rund sechs Prozent der Bevölkerung darstellen, üben sie dennoch einen bedeutenden Einfluss in der Geschäftswelt und Politik aus.

Obgleich die koptischen Ägypter einen wichtigen Beitrag zur Liturgie der frühen christlichen Kirche geleistet hatten, konnten sie die herrschende Lehre von der doppelten Natur Jesu als Gott und Mensch nicht akzeptieren, weil sie das Wesen Christi als einheitlich (monophysitisch) auffassten. Ihre Abspaltung von der orthodoxen Glaubensrichtung wurde im Jahre 451 durch das Konzil von Chalkedon als ketzerisch verurteilt. Die Kopten bilden seitdem eine isolierte Glaubensgemeinschaft, wobei ihre Riten und Liturgien unverändert geblieben sind. Die Wissenschaft heute betrachtet die koptische Kirche als mögliche Quelle für Erkenntnisse über das frühe Christentum.

Gemeinsamkeiten

Eine Gemeinsamkeit der Kopten und Muslime ist die Freude am Feiern, insbesondere an den jährlichen Heiligenfesten, den *mawalid*. Diese Feiern dauern oft mehrere Tage und finden in allen Orten des Landes statt. Bei einigen handelt es sich um kleinere Versammlungen, andere jedoch, wie z. B. die Gedenkfeiern für den Märtyrer Husseîn in Kairo und den Mystiker Sajid Ahmed el-Badawi in Tanta, ziehen Hunderttausende von Besuchern an. In ihrer Mischung aus Religion, Feier und Handel ähneln sie den Feiern des alten Ägypten.

In vielen koptischen Riten scheint sich die Welt der Pharaonen erhalten zu haben. Die koptische Sprache, die in der Kirche noch gesprochen wird, wäre von Menschen der Pharaonenzeit verstanden worden. Viele Texte von Liturgien und Gebeten enthalten Ausdrücke und Bilder, die aus vorchristlicher Zeit stammen könnten. Dieser Eindruck wird durch eine Äußerung des jüdischen Philosophen Philo von Alexandria (ca. 15 v. Chr.–50 n. Chr.) bestätigt, nach der die Christen lediglich einige Änderungen am Wortlaut der altertümlichen Gebete vorgenommen haben.

Die jüdischen Gemeinden

Das entscheidende Ereignis des frühen Judentums fand in Ägypten statt, als Moses im Sinai die Zehn Gebote empfing.

Bald nach der Gründung Alexandrias im Jahre 332 v. Chr. siedelte Alexander der Große in seiner neuen Stadt Juden an. Seit dieser Zeit gibt es in Ägypten jüdische Gemeinden.

Infolge der Gründung des Staates Israel und der arabisch-israelischen Kriege wanderte die Mehrzahl der Juden um die Mitte des 20. Jahrhunderts aus oder wurde vertrieben.

Religiöse Spannungen

Zwischen den verschiedenen Religionen Ägyptens ist es immer wieder zu Spannungen gekommen. Im Alexandria des 2. und 3. Jahrhunderts gab es Kämpfe zwischen Christen, Juden und heidnischen Sekten. Das mittelalterliche Kairo war Schauplatz der Auseinandersetzungen zwischen Kopten, Sunniten und Schiiten. Zur Zeit der Kriege zwischen Ägypten und Israel in den

50er und 60er Jahren des 20. Jahrhunderts war die im Land verbliebene jüdische Bevölkerung Diskriminierungen ausgesetzt. In den vergangenen Jahrzehnten, besonders seit dem afghanischen und dem Golfkrieg, kam es wiederholt zu Gewalttätigkeiten gegen Einrichtungen der koptischen Christen. In jüngster Zeit haben sich junge Kopten häufiger als früher in einsame Wüstenklöster zurückgezogen – das Ordensleben blüht auf.

ÄGYPTISCHE LEBENSART

Invasionen, Überschwemmungen, Dürren, unsichere Ernten, Armut und Krieg haben die Menschen in Ägypten geprägt. Mit stoischer Ruhe und Gottvertrauen wird hingenommen, was immer das Schicksal bringen mag. Diese Gelassenheit gegenüber den Wechselfällen des Lebens äußert sich manchmal in Redewendungen wie *maalesch* (das macht nichts) oder *inschallah* (so Gott will).

Das macht nichts

Den Ausdruck *maalesch* kann man z. B. hören, nachdem ein Missgeschick passiert ist, das überdies als Zeichen für die Existenz einer höheren Gewalt angesehen wird. Beim Handeln können Sie mit *maalesch* auch Ihr Desinteresse ausdrücken.

Sprache

Wenn man sich in einem anderen arabischen Land in ägyptischem Arabisch zu verständigen sucht, wird man nicht selten Gelächter ernten, was aber nicht nur am ausländischen Akzent liegt. Ägypter sind in der arabischen Welt für ihren unwiderstehlichen Sinn für Humor und Komik bekannt. Sie sind die Meister der überall verbreiteten arabischen Soapopera.

So Gott will

Wenn Sie in ein Taxi steigen und dem Fahrer mitteilen, wohin Sie fahren möchten, antwortet er Ihnen wahrscheinlich mit *inschallah*. Das heißt so viel wie »ja«, bedeutet aber eigentlich »so Gott will«. Die Bedeutung Allahs und der Glaube an eine göttliche Vorsehung nehmen im Alltagsleben der Ägypter einen großen Raum ein.

■ ■ ■

Morgen

Der Ausdruck *bukra* (morgen) umfasste bisher einen nicht näher bestimmbaren Zeitpunkt und war die Standardantwort auf alle möglichen Anliegen, sei es die Bitte um einen Zugfahrschein oder der Wunsch, Kleidung aus der Reinigung abzuholen. Auf diese Weise äußerte sich die andersartige Empfindung der Ägypter für Zeitspannen und Termine. Unter westlichem Einfluss hat sich diese Auffassung besonders in den Städten seit einiger Zeit gewandelt.

Höflichkeit

Welche dringenden Geschäfte man auch zu erledigen hat, in Ägypten nimmt man sich immer Zeit für den überschwänglichen Austausch von Höflichkeiten. Treffen zwei ägyptische Männer zusammen, werden sie sich wahrscheinlich die Hände schütteln, sich umarmen und auf der Stelle ins nächste Kaffeehaus gehen. Frauen tauschen gern ausführliche Neuigkeiten über sämtliche Mitglieder ihrer Familien aus. Ägypter sind gastfreundliche Menschen, die Besucher nicht nur als zahlende Touristen in ihrem Land dulden, sondern mit Interesse auf sie zugehen.

Familienleben

In diesem Land, in dem es keine soziale Absicherung gibt, ist der Zusammenhalt in der Familie besonders stark ausgeprägt. Arbeitslose Angehörige oder erwachsene Kinder, die sich noch kein eigenes Zuhause für sich und ihre Familien leisten können, werden unterstützt. Ebenso sorgt man in der Familie für Kranke und Alte. Der Wunsch nach Kindern, die noch immer zur Sicherung der Altersversorgung beitragen, hat alte Fruchtbarkeitsrituale zu neuem Leben erweckt, die meist heimlich vollzogen werden. Die Geburt eines Sohnes wird mit besonderer Freude begrüßt. Aus religiösen Gründen oder auch unter gesellschaftlichem oder familiärem Zwang legen zunehmend mehr Frauen in der Öffentlichkeit wieder einen Schleier an oder tragen sogar eine Burka.

Um 5000 v. Chr.

Menschen der Jungsteinzeit betreiben bereits intensiven Ackerbau im Niltal.

König Menes

Um 3000 v. Chr.

In der Frühzeit eint König Menes (möglicherweise mit den Königen Narmer und Hor Aha identisch) Oberägypten und Unterägypten. Die Hauptstadt des Reiches wird Memphis. Menes gilt als erster Pharao der 1. Dynastie Ägyptens.

Um 2600 v. Chr.

Altes Reich: Imhotep, Baumeister des Königs Djoser (2667–2648 v. Chr., 3. Dynastie), errichtet die erste Stufenpyramide in Sakkara (➤ 59ff) und begründet damit die Steinbauarchitektur. Er wird später zum vergöttlichten Schutzpatron der Baumeister, Schreiber und Ärzte.

1352–1336 v. Chr.

Neues Reich: Pharao Amenophis IV. verlegt die Hauptstadt seines Reiches in das in Mittelägypten gelegene Armana, um seine Regierung dem Einfluss der Priesterschaft von Theben zu entziehen. Er ersetzt alle Gottheiten durch den Sonnengott Aton und nennt sich selbst Echnaton (»Seele des Aton«). Besonders bekannt sind heute die Darstellungen Echnatons mit seiner schönen Gemahlin Nofretete (➤51).

1336–1327 v. Chr.

Nach dem Tode Echnatons folgt ihm sein junger Schwiegersohn, der sich später Tutanchamun nennt, auf den Thron. Er stellt die alte Ordnung wieder her, verlegt die Hauptstadt nach Theben zurück und führt den Kult des Amun wieder ein. Er stirbt im Alter von 19 Jahren als letzter männlicher Abkömmling der 18. Dynastie.

Die Stufenpyramide von Sakkara, das erste große Steinbauwerk der Welt

Ramses II. regiert über 60 Jahre lang. In dieser Zeit lässt er eine Vielzahl monumentaler Bauwerke errichten, die seinen Namen für die Nachwelt verewigen sollen. Viele Bauwerke tragen seine Handschrift. Die Wände der ihm geweihten Tempelanlagen wurden mit Szenen aus seinen siegreichen Kriegen bemalt. Die beiden riesigen Tempel in Abu Simbel und Theben tragen seinen

Pharao Ramses II.

Namen. Vor dem Tempel in Abu Simbel ragen Sitzkolosse auf, die sein Selbstbildnis darstellen. Ramses II. hatte zahlreiche Nachkommen. Viele seiner Söhne sind in einem fürstlichen Grabmonument beigesetzt, das zurzeit im Tal der Könige ausgegraben wird (► 93).

7./8. Jh. v. Chr.

Spätzeit: Ägypten wird von nubischen Königen, dann von den Persern regiert.

332 v. Chr.

Hellenistische Zeit: Alexander der Große (356–323 v. Chr.) unterwirft Ägypten. Sein General begründet die Dynastie der Ptolemäer.

General Alexander the Great

Um 270 v. Chr.

Sostratos errichtet in Alexandria den Marmorleuchtturm auf der Insel Pharos, eines der sieben Weltwunder der Antike.

Kleopatras Grab in Alexandria existiert nicht mehr

47–30 v. Chr.

Kleopatra VII. flieht zu Beginn ihrer Regentschaft mit 21 Jahren aus Ägypten, um der Verfolgung durch ihren Bruder-Gemahl Ptolemäus XIII. zu entgehen, wird aber von Julius Cäsar erneut auf dem Thron etabliert. Sie bringt seinen einzigen Sohn, Cäsarion, zur Welt, den sie im Jahr 44 als Ptolemäus XV. zum Mitregenten erhebt. Nach Cäsars Tod wird sie die Geliebte seines Nachfolgers Marcus Antonius. Im Jahr 30 v. Chr. wird Marcus Antonius' Armee von Oktavian (Kaiser Augustus) besiegt. Antonius begeht in Alexandria Selbstmord, Kleopatra nimmt sich das Leben. Sie ist die letzte Königin aus der Ptolemäer-Dynastie. Ptolemäus XV. wird von Oktavian hingerichtet. Das Land fällt unter römische und byzantinische Herrschaft.

Der Leuchtturm von Pharos soll 300 Räume für Mechaniker enthalten haben

251–356 N. CHR.

Im Alter von 18 Jahren
zieht sich der aus Beni
Suêf stammende spätere
Heilige Antonius in
eine Höhle oberhalb des
heutigen Antoniusklos-
ters (➤ 164f) zurück.
Er lebt dort als Einsied-
ler, bis er im Alter von
105 Jahren stirbt. Das
Antoniuskloster, das
erste Kloster der Welt,
wird im 4. Jahrhundert
n. Chr. kurz nach dem
Tode des Heiligen
gegründet.

639–642

Die zunächst gewaltlose
Islamisierung Ägyptens
beginnt. Der arabische
Feldherr Amr Ibn el-Âs
marschiert mit einer
4000-köpfigen Armee in
das Land ein und erobert
Heliopolis und das Rö-
merlager Babylon, an
dessen Stelle er die neue
Hauptstadt Fustat (das
heutige Alt-Kairo) grün-
det und die Amr-Moschee
erbaut. Schon 641 ist
Ägypten eine arabische
Provinz.

973–1171

Zur Zeit der fatimidi-
schen Herrschaft kommt
es unter der Regierung
des Kalifen (wörtlich
»Nachfolger des Mo-
hammed«) El-Hakim zu
einer grausamen Verfol-
gung der christlichen
und jüdischen Minder-
heiten. Die Rechte von
Frauen werden stark ein-
geschränkt. Er lässt zahlreiche Kirchen zerstören.
El-Hakim setzt sich in
seinem Machtanspruch
mit den Pharaonen
gleich. Für die Sekte der
Drusen, die überstei-
gerten islamischen Leh-
ren folgt, wird er zu
einer Kultfigur.

Die Mohammed-
Ali- oder Ala-
bastermoschee
überragt die von
Salâh ed-Dîn er-
baute Zitadelle

Eine Hinterlassenschaft aus der Regierungszeit des Sultans Salâh ed-Dîn (Saladin, wegen seiner Großzügigkeit und seiner Kämpfe gegen die Kreuzritter zu einer Legende geworden) ist die Zitadelle von Kairo, deren Bau 1176 beginnt. Salâh ed-Dîn begründet die Herrschaft der Aijubiden. Er erobert in seinem heiligen Krieg (*dschihad*) die Gegend des heutigen Syrien und Jerusalem (im Jahre 1187) von den Kreuzfahrern zurück.

Die Herrschaft der Mamlûken, ehemals Heeressklaven der Aijubiden, beginnt. Sie währt bis zur Übernahme der Regierungsgewalt durch das Osmanische Reich.

Die Mamlûken erprobten ihre Kampfkraft in den Kreuzzügen

Ägypten wird eine Provinz des Osmanischen Reiches. Durch den zunehmenden Handel mit Europa gewinnt die Handelsroute zwischen Alexandria, Kairo und Suez an Bedeutung. Die Mamlûken unterwerfen sich dem osmanischen Sultan nur scheinbar und behalten die Herrschaft bis zum 18. Jahrhundert.

Unten: Kairo war zu allen Zeiten ein wichtiger Handelsplatz

1798–1801

Napoleon Bonaparte besiegt die Mamlûken. Im Gefolge seiner Truppen befinden sich Archäologen, die Kunstschätze erstmals systematisch dokumentieren und außer Landes bringen. In der Seeschlacht bei Abukîr schlägt der britische Admiral Nelson die Franzosen.

1805–1849

Der Albaner Mohammed Ali wird Pascha und türkischer Statthalter. Er vertreibt die Engländer aus dem Land und lässt rivalisierende Mamlûken ermorden. Mohammed Ali gilt wegen seiner Reformen der Landwirtschaft, der Infrastruktur, des Militärs und des Bildungswesens als Begründer des modernen Ägypten. So lässt er z. B. die erste Eisenbahn Afrikas bauen. Die Herrschaft seiner Dynastie währt bis zum Sturz des Königs Farûk I. im Jahr 1952.

1869

Der Suezkanal, der den Hafen des neu entstandenen Port Saîd am Mittelmeer mit Suez am Roten Meer (➤ 168f) verbindet, wird nach langer und kostspieliger Entstehungszeit eröffnet. Port Saîd erhält seinen Namen vom damaligen Vizekönig Ägyptens; das zwischen Port Saîd und Suez gelegene Ismâilîja wird nach dessen Nachfolger Ismâil benannt, der den Kanal einweiht.

Napoleon besiegte die Mamlûken 1798 in der Schlacht bei den Pyramiden

1882

Es kommt zu Aufständen, die sich gegen die Kontrolle des ägyptischen Staatshaushalts durch Franzosen und

Engländer richten. Britische Truppen besetzen Ägypten und bombardieren Alexandria. Das strenge britische Kolonialregime dauert bis 1956.

Mohammed Ali begründete das moderne Ägypten

Die »Freien Offiziere« des Generals Mohammed Nagib, zu denen Nasser und Sadat gehören, stürzen König Farûk I. und rufen am 18. Juni 1953 die Republik aus. Der Offizier Gamal Abd el-Nasser (1918–70) wird 1954 Premierminister und amtiert 1956–70 als Präsident Ägyptens. Seine Verstaatlichung der Suezkanalgesellschaft löst

Gamal Abd el-Nasser

Schottische Truppen 1882 vor dem Sphinx

1956 die Suezkrise aus; Ägypten wird von Großbritannien, Frankreich und Israel besetzt. Die UNO erreicht einen Waffenstillstand.

Oben: 1973 wird der Sinai zu einem Schlachtfeld des arabisch-israelischen Krieges

AB 1970

Anwar es-Sadat (1918–81) wird Präsident, beginnt mit einer Umstrukturierung des politischen Systems und gründet die Nationaldemokratische Partei. Er engagiert sich für den Frieden im Nahen Osten. Sadat und der israelische Ministerpräsident Begin (1913–92) unterzeichnen im Jahre 1979 das Camp-David-Abkommen, wofür beide Staatsmänner mit dem Friedensnobelpreis geehrt werden. Durch das Abkommen wird Ägypten in der arabischen Welt isoliert. Es fördert aber auch ausländische Investitionen und stärkt die ägyptische Wirtschaft, wovon jedoch nur eine Minderheit profitiert. Das Jahrzehnt endet mit sozialen Unruhen.

AB 1981

Am 6. Oktober wird Präsident Sadat von Fundamentalisten ermordet. Mohammed Hosni Mubarak (geb. 1928), zuvor Vizepräsident, wird sein Nachfolger. Mubarak setzt Sadats Politik der Liberalisierung der Wirtschaft fort und tritt für die Solidarität in der arabischen Welt und die Aussöhnung mit Israel ein. Seit einer Verfassungsänderung von 2005 sind mehrere Parteien zu den Präsidentschaftswahlen zugelassen, die populäre Muslimbruderschaft bleibt jedoch ausgeschlossen. Mubarak hat die Wahlen gewonnen, doch angesichts einer wachsenden Opposition und einer wirtschaftlichen Krise erscheint die Zukunft des Landes ungewiss.

Mubarak ist der derzeitige Präsident Ägyptens

كُل، كُل...يَاللّا كُل!

Kul, kul...yallah kul

Der Ausdruck bedeutet eine freundliche Aufforderung: »Iss, iss ... komm und iss.« Sie werden ihn oft hören, wenn Sie gemeinsam mit Ägyptern, die gern zusammen essen und sich unterhalten, eine Mahlzeit einnehmen.

Schon bei den alten Ägyptern waren üppige Festgelage beliebt, wie sie in Malereien an den Wänden von Grabmonumenten festgehalten sind. Manche der dargestellten Gerichte sind noch heute bekannt, wie z. B. Gänsebraten, getrockneter Fisch und *molucheija* (▶ Kasten).

Heutzutage gehören zu einem Menü so viele Gänge, wie es sich der ägyptische Gastgeber leisten kann. In den ägyptischen Restaurants bestellt man gern *mezza*, das sind vegetarische Vorspeisen, Soßen und Salate, die mit warmem Fladenbrot gereicht werden.

Süße Freuden

Vielleicht können Sie beobachten, wie sich ein ägyptischer Gast im Kaffeehaus genüsslich große Mengen von Zucker in seinen Tee streut, ein Beispiel für die orientalische Freude an Süßigkeiten. Die Nachspeisen strotzen ebenso vor Zucker und Honig. »Königin« der Nachspeisen ist *umm ali*, von der behauptet wird, dass sie einst von der Irin Miss O'Malley, der Geliebten des damaligen Vizekönigs Ismâil, in Ägypten eingeführt wurde.

Links: Kleine Straßenrestaurants sind überall zu finden

Ägyptische Grundnahrungsmittel

Saubohnen (*foul*) sind neben Fladenbrot (*aisch balladi*) meist Hauptbestandteil der Mahlzeiten der ärmeren Ägypter. Wohlhabende genießen Saubohnen gern zum Frühstück. Die getrockneten Bohnen lässt man sechs Stunden lang bei kleiner Hitze kochen. Sie werden überall von Straßenhändlern angeboten.

»Schon bei den alten Ägyptern waren üppige Festgelage beliebt.«

Unten: Eine Wasserpfeife fördert die Verdauung der reichhaltigen *mezza* (rechts)

Der Reiz des Verbotenen

Im Fastenmonat Ramadan verzichten Muslime in der Zeit zwischen Sonnenaufgang und -untergang auf Essen und Trinken, Rauchen und Sexualität. Der Verzicht während der Tage des Ramadan führt dazu, dass in den Nächten zum Ausgleich besonders viel und gut gegessen wird. In die Zeit des Ramadan fallen auch besondere gesellschaftliche Verpflichtungen; man besucht Freunde und Verwandte z. B. zu einem abendlichen Fastenbrechen. Die Zutaten der Gerichte sind dann aufwändiger und gehaltvoller als zu anderen Zeiten.

Bäckerjungen tragen zu allen Tageszeiten große Tabletts mit heißem, frischem Fladenbrot auf dem Kopf

Ausruhen im Kaffeehaus

Zum Durstlöschen bei heißem Wetter eignet sich Tee am besten, der in vielen Variationen und unerschöpflichen Mengen angeboten wird. Tee (*schai*) genießt man schwarz oder mit Milch und viel Zucker im Kaffeehaus (*achwa*). Man kann Tee auch leicht gezuckert (*schai sukar chafief*) oder ohne Zucker (*menrir sukar*) bestellen.

Ein allgegenwärtiges Getränk ist auch der sirupartige türkische bzw. arabische Kaffee. Wer es nicht allzu süß mag, sollte sich einen mittelsüßen Kaffee (*achwa masbut*) bestellen. Kaffeehäuser sind auch bevorzugte Orte, an denen man sich entspannt, plaudert und die Gedanken bei einer Wasserpfeife (*schischa*) schweifen lässt, die man mit normalem oder auch aromatisiertem Tabak bestellen kann. Ägyptische Männer treffen sich gern im Kaffeehaus; auch der Genuss einer Wasserpfeife ist ein männliches Privileg.

Erfrischendes Wasser

»Wenn du einmal vom Nilwasser getrunken hast, wirst du immer wieder nach Ägypten zurückkommen«, sagt ein altes Sprichwort. Sie sollten allerdings darauf verzichten, Nil- oder auch Leitungswasser zu trinken, und stattdessen Mineralwasser in gut verschlossenen Flaschen kaufen.

In einigen Kaffeehäusern bekommt man Pfefferminztee

Oben: Frisch aufgegossene Kräutertees eignen sich bestens zum Durstlöschen

Original ägyptische Gerichte bieten z. B. folgende Restaurants an:
• in Alexandria: Mohammed Ahmed, Kadoura
• in Kairo: Felfela (► 75), Andrea's (► 75), Alfi Bey (► 74)
• in Luxor: Restaurant Muhammad (► 105), Nour el-Gurna (► 105)
• in Assuan: El Masri (► 126)

Drehungen & Windungen

Seit dem Schleiertanz der Salome, den sie als Gegenleistung für das Haupt Johannes des Täufers vollführte, übt der Bauchtanz eine besondere Faszination aus.

Orientalischer Tanz ist ein gesellschaftliches Phänomen Ägyptens, das weit in die Vergangenheit zurückreicht. Erste Zeugnisse finden sich bereits in Wandmalereien auf Grabmalen, wo tanzende Frauen dargestellt werden.

Der Bauchtanz erfordert ein hohes Maß an Körperbeherrschung, von der professionelle ägyptische Tänzerinnen gern behaupten, dass sie jeder Ägypterin im Blut liege. Die zunehmende Rückbesinnung auf religiöse Werte bringt es mit sich, dass der Bauchtanz gesellschaftlich geächtet wird. Dies hat dazu geführt, dass sich berühmte Tänzerinnen aus der Öffentlichkeit zurückgezogen haben. Noch wird der Bauchtanz allerdings gepflegt; mittlerweile haben aber auch ausländische Tänzerinnen in Ägypten Erfolge erringen können. Die eigentlichen Stars – Dina, Lucy und Rondabamal – stammen auch weiterhin aus Ägypten. In Europa hat man den Bauchtanz mittlerweile als gymnastische Übung zur Entspannung und sportlichen Fitness entdeckt.

Stern des Ostens: Umm Kalthoum

Umm Kalthoum stammte aus einem kleinen Dorf der Provinz Gharbîya im Nildelta. Bereits in ihrer Kindheit zeigte sich ihr Talent. Seit 1936 wirkte sie in Spielfilmen mit. Mehr Aufsehen erregte sie jedoch durch ihre Stimme, sodass sie 1947 die Schauspielerei aufgab und sich ganz der Musik widmete. Zu einer Zeit, als man in Ägypten nicht öffentlich über Themen wie Liebe, Gefühle oder Sexualität sprach, gab sie Frauen und Männern ein Vokabular, mit dem sie sich über diese Dinge austauschen konnten.

An jedem ersten Donnerstag eines Monats gab Umm Kalthoum ein Konzert, das zu einer Institution wurde. Die Konzerte wurden im Radio übertragen und erreichten Millionen von Zuhörern.

Wie es Prominenten oft ergeht, löste auch Umm Kalthoums Leben Kontroversen aus. Von Kollegen und Kritikern wurde ihr vorgeworfen, sie sei dominant und würde jüngere Talente verdrängen. Ihre leidenschaftlichen Lieder provozierten Gerüchte über ihr Privatleben, in dem es mehrere romantische Beziehungen gab. Seit 1953 war sie jedoch mit dem Universitätsprofessor Dr. Hassan Hefnawy verheiratet.

Umm Kalthoum war ein weltweit gefeierter Star, wurde aber in Ägypten wie ein Guru verehrt. Sie unterstützte die Revolution von 1952, prägte die öffentliche Meinung und wurde von den Präsidenten Nasser und Sadat zu Rate gezogen. 1975 nahmen Millionen von Fans an ihrer Beerdigung teil.

Das Umm-Kalthoum-Museum im Süden der zu Kairo gehörigen Insel Rhoda (Monastirli-Palast, Tel. 02 362 1467, tägl. 10–17 Uhr) zeigt Fotos, Erinnerungsstücke und Archivaufnahmen von ihren Auftritten.

Zu ihren besten Life-Aufnahmen zählen:
- Alf Layla wa Layla (Tausendundeine Nacht)
- Enta Omri (Du bist mein Leben)
- El-Atlal (Die Ruinen); von Le Monde in die Liste der 100 besten Songs des 20. Jahrhunderts aufgenommen

Erster Überblick

Ankunft

Der Flughafen von Kairo ist für Ägyptenreisende traditionell das erste Ziel. Mittlerweile werden auch Direktflüge nach Luxor und Alexandria und Charterflüge nach Hurghada, Marsa Alam, Sharm el-Sheikh und El Alamein angeboten.

Internationaler Flughafen von Kairo

- Der Flughafen liegt **25 Kilometer** (35–45 Autominuten) **vom Stadtzentrum entfernt.**
- Es gibt zwei große Terminals, die durch einen kostenlosen 24-stündigen Shuttle-Bus-Dienst verbunden sind. **Terminal 1** wird von ägyptischen und anderen arabischen Fluglinien sowie El Al angeflogen; **Terminal 2** bedient westliche Fluglinien.
- In beiden Terminals finden Sie **Wechselstuben**, die rund um die Uhr geöffnet sind, sowie Geldautomaten für Visa, Cirrus und MasterCard.
- **Taxis** sind in der Regel preisgünstiger als in Europa; die Fahrer verlangen jedoch manchmal von Touristen höhere Preise. Manche Fahrer empfehlen Ihnen ein bestimmtes Hotel, von dem sie für jeden Fahrgast eine Provision bekommen.
- In der Ankunftshalle können Sie auch einen **Wagen mit Fahrer** mieten. Der Preis wird vor Fahrtantritt ausgehandelt. Die Fahrer erwarten ein Trinkgeld. Vergleichen Sie die unterschiedlichen Preise.
- Besonders preisgünstig ist die Fahrt ins Stadtzentrum mit einem der **Busse**, die rund um die Uhr im Einsatz sind, oder in einem der bequemeren **Minibusse**. Am besten geeignet sind die Busse der Linie 356, die vom Terminal 1 und 2 zwischen 6 und 23 Uhr alle 20 Minuten nach Midan Abd el-Moneim Rijad direkt hinter dem Ägyptischen Museum im Zentrum fahren. Die gleiche Strecke nehmen auch die Busse Nr. 400 und der Minibus Nr. 27; beide verkehren Tag und Nacht.
- **Die Touristeninformation** im Terminal 1 ist täglich von 8 bis 21 Uhr geöffnet (Tel. 02-2914255, Durchwahl 22 23). Die Touristeninformation im Terminal 2 ist täglich 24 Stunden geöffnet (Tel. 02-2914277).

Internationaler Flughafen von Luxor

- Der Flughafen liegt zwölf Kilometer außerhalb der Stadt; es fahren **keine öffentlichen Verkehrsmittel** in Richtung Innenstadt.
- Außerhalb des Flughafens sind Taxifahrten in Luxor verhältnismäßig billig.
- **Die Touristeninformation** im Flughafen ist in der Wintersaison täglich 24 Stunden geöffnet (kein Telefon).

Flughafen von Hurghada

- Es fahren **keine öffentlichen Verkehrsmittel** in das Stadtzentrum.

Flughafen von Marsa Alam

- Der Flughafen wird von München direkt angeflogen (u.a. Thomas Cook, LTU).

Sharm el-Sheikh

- Der Flughafen Ras Nasrani liegt ca. 15 Kilometer nördlich vom Touristenzentrum. Auch hier gibt es **keine öffentlichen Verkehrsmittel**.

Touristeninformationszentren

- Die meisten Informationszentren bieten **wenig Beratung** und begrenztes Informationsmaterial an. Sie können hilfreich sein, wenn man die Preise für Fahrten per Pferdekutsche (*kalesch*), Taxi und Feluke (Nilsegelboot) erfragen oder Stadtpläne (die nicht immer exakt sind) bekommen möchte.

- Die Informationszentren werden Ihnen kaum bei der Suche nach Unterkünften helfen, mit Ausnahme der Touristeninformationen an den Flughäfen.

Touristeninformationszentrum in Kairo
✚ 196 C4 ✉ 5 Sharia Adly, Innenstadt
☎ 02-391 3454
🕔 tägl. 8.30–20 Uhr, während des Ramadan 9–16 Uhr
Es gibt ein paar etwas veraltete Broschüren, ansonsten relativ wenig Unterstützung.

Ägyptisches Tourismusamt in Luxor
✚ 202 B4 ✉ an der Corniche südlich vom Luxor-Tempel
☎ 095-237 2215
🕔 tägl. 8–20 Uhr
Eine nützliche offizielle Preisliste für Fahrten mit Pferdekutschen, Taxis und Feluken sowie Stadtführer werden angeboten.

Touristeninformationszentrum in Hurghada
✚ 201 E1 ✉ gegenüber dem Grandhotel in Neu-Hurghada
☎ 065-344 4420
🕔 Sa–Do 9–20, Fr 14–22 Uhr

Touristeninformationszentrum in Assuan
✚ 202 C3 ✉ am Bahnhof
☎ 097-231 2811
🕔 Sa–Do 8–15, 18–20 Uhr, Fr 10–14, 18–20 Uhr, während des Ramadan tägl. 10–14 Uhr
Das Personal ist hilfsbereit und empfiehlt Namen von Feluken-Kapitänen.

Touristeninformationszentrum in Alexandria
✚ 200 A5 ✉ Midan Saad Zaghlul, Innenstadt
☎ 03-484 1556
🕔 tägl. 8.30–18 Uhr (Mitte Juli–Mitte Aug. 8–20 Uhr), während des Ramadan 9–16 Uhr

Aktuelle Probleme
In Ägypten haben sich Ende der 1990er-Jahre Anschläge auf Regierungs- und auch Touristeneinrichtungen durch Vereinigungen islamisch-fundamentalistischer Terroristen gehäuft. Im November 1997 kamen bei einem Attentat in Deirel-Bahari in Luxor über 60 Menschen ums Leben. Die Regierung reagierte mit verschärften Kontrollen, Verhaftungen und der Wiedereinführung der Todesstrafe für Terroristen. Besucher werden an den wichtigsten Tourismusstätten von Soldaten und der Touristenpolizei beschützt; durch Oberägypten sollte man ausschließlich in einem bewachten Konvoi reisen. Die öffentliche Diskussion über die Rolle des Islam in Ägypten hat zu einer neuen Welle des religiösen Konservativismus geführt, der rein äußerlich an den zunehmenden Zahlen verschleierter Frauen und auf den Straßen betender Muslime zu erkennen ist. Besucher sollten sich respektvoll verhalten, wenn sie sich in islamisch geprägten Gebieten aufhalten oder Moscheen betreten, und auf freizügige Kleidung verzichten (Frauen sollten insbesondere auf unauffällige, weit geschnittene Kleidung achten, die den Körper vollständig bedeckt). Paare sollten auf Zärtlichkeiten in der Öffentlichkeit verzichten.

Eintrittspreise
Die Eintrittspreise für Museen und andere Sehenswürdigkeiten sind durch die folgenden Preiskategorien gekennzeichnet:

Preiswert: unter 25 LE   **Mittel:** 25–50 LE   **Teuer:** über 50 LE

Unterwegs in Ägypten

Das öffentliche Verkehrsnetz funktioniert in Ägypten im Allgemeinen sehr gut. Busse und Züge verkehren regelmäßig zwischen den wichtigsten Zielorten. Sonstige Strecken können im Sammeltaxi (meistens Peugeots) zurückgelegt werden.

Städtisches Verkehrsnetz

Kairo

- Die am meisten verbreiteten Verkehrsmittel sind **Busse**, die aber oft überfüllt sind. Frauen sind zudem Belästigungen von Männern ausgesetzt. Die kleineren **Mini- oder Mikrobusse** sind bequemer und nur geringfügig teurer. Minibusse sind orangeweiß und verkehren auf den üblichen Strecken. Mikrobusse ähneln den Sammeltaxis.
- Taxis sind billig und bequemer als Busse.
- Die **U-Bahn** ist gepflegt und einfach zu benutzen, besonders auf der Strecke zwischen Innenstadt und Koptenviertel. Die Fahrpreise sind niedrig ($). Es gibt spezielle Wagons für Frauen, die sich vorn oder hinten am Zug befinden. Frauen, die in einen mit Männern besetzten Wagon steigen, müssen damit rechnen, angestarrt zu werden.
- **Fährschiffe** werden selten, sind aber gut geeignet, um dem Chaos und allzu waghalsigen Autofahrern auf den Straßen zu entgehen.
- Mit privat betriebenen **Motorbooten** und **Feluken** kann man Flussfahrten unternehmen.

Außerhalb Kairos

In den meisten anderen Städten sind Taxis das bequemste Verkehrsmittel, da die öffentlichen Verkehrsnetze meist unzureichend sind.

Busse

- **Intercity-Busse** sind preiswerter und oft schneller und zuverlässiger als die Eisenbahn. Außerdem befahren sie Strecken, die außerhalb des Bahnnetzes liegen, und erreichen Ziele wie den Sinai und die Oasen. Fast alle Intercity-Busse beginnen ihre Fahrt mittlerweile an einem Busbahnhof, der **Turgoman Garage** (Mo'af Turgoman), Sharia el-Gisr in Bulaq, 600 Meter südwestlich vom Bahnhof Ramses. Die Busse der Linien 983 und 984 sowie der Minibus 32 fahren von der Haltestelle Abd el-Moneim Rijad in der Innenstadt direkt dorthin. Busse – vor allem diejenigen mit Klimaanlage – sind immer schnell gefüllt; es empfiehlt sich daher, einen Tag im Voraus einen Sitzplatz zu reservieren.
- Die vier hier aufgelisteten Busgesellschaften haben Niederlassungen in Turgoman; alle betreiben **Busse mit und ohne Klimaanlage**.
- Die **West Delta Bus Company** (Tel. 02-576 5582) befährt Strecken von der Turgoman Garage nach Alexandria, Marsa Matruh, zur Oase Siwa und zum Nildelta.
- Die **East Delta Bus Company** (Tel. 02-574 2814) fährt zum Sinai und ins Suezkanalgebiet. Einige Busse halten auch am alten Sinai-Haltepunkt, Sharia Ramses, Abbaseia.
- Die **Upper Egypt Bus Company** (Tel. 02-575 0261) fährt in alle südlich von Kairo entlang dem Nil gelegenen Städte, das Faijum, die Oasen der Libyschen Wüste und entlang dem Roten Meer nach Marsa Alam. Von Kairo nach Siwa gibt es keine direkte Busverbindung; man fährt zunächst nach Mersa Matruh oder Alexandria und steigt dort um.
- Die Gesellschaft **Superjet** (Tel. 02-579 8181) betreibt luxuriösere Busse (mit Klimaanlage, TV, Toilette und Imbiss) von Kairo nach Alexandria, Luxor, Assuan und Hurghada. Von der Turgoman Garage fahren außerdem täglich fünf Busse nach Sharm el-Sheikh ab.

Taxis
- Taxis sind in Kairo **schwarzweiß** und meistens viersitzig.
- Taxi fahren ist in Ägypten **billiger** als in Europa; die Fahrer rechnen jedoch selten nach dem Taxameter ab, sondern verlangen eher höhere Preise.
- In Kairo winkt man ein Taxi herbei, indem man dem Fahrer den Zielort zuruft. Über den Preis, der ungefähr bekannt ist, wird nicht verhandelt. Als Besucher sollte man jedoch im Voraus einen Preis festlegen und nötigenfalls feilschen.
- Fahrer von **Sammeltaxis** berechnen einzelnen Fahrgästen oft den gleichen Preis wie für Mietwagen. Sammeltaxis verkehren überall und sind das schnellste Fortbewegungsmittel.
  Meistens sind es Peugeots (daher auch *bidscho* genannt). Die Fahrer nennen ihren Zielort und fahren los, sobald sie sechs oder sieben Fahrgäste aufgenommen haben. Die Fahrpreise entsprechen denen von Bussen (vergewissern Sie sich, dass Sie keinen Touristenzuschlag bezahlen müssen).
- Wegen der **Reisebeschränkungen** für Ausländer kann es schwierig sein, ein Sammeltaxi zu bekommen. Wenn Sie in einem bewachten Konvoi mit einem Sammeltaxi unterwegs sind, müssen Sie oft die freien Sitzplätze mitbezahlen.
- Beachten Sie: Sammeltaxis werden auch »fliegende Särge« genannt, da die Fahrer gern schnell und rücksichtslos fahren. Besonders nachts kommt es leicht zu Unfällen.

Eisenbahn
- Die staatliche **Egyptian State Railway** betreibt Strecken durch das Niltal nach Assuan, Alexandria, Suez, Port Said und Marsa Matruh. Die Strecke von Safaga am Roten Meer nach Qena, Kharga und Paris soll in den kommenden Jahren mit der Toschkaregion in der Libyschen Wüste verbunden werden.
- Die Fahrscheine sind preisgünstig; sie müssen **im Voraus** am Bahnhof gelöst werden.
- Die privat betriebene Gesellschaft **Abela Sleeping Trains** befährt die Strecke von Kairo nach Luxor und Assuan mit veralteten, aber dennoch guten Schlafwagen; einige schnelle und komfortable Züge fahren jedoch täglich nach Alexandria (Reisedauer zwei Stunden). Im Sommerhalbjahr fahren drei Schlafwagenzüge pro Woche nach Marsa Matruh.
- Schlafwagenplätze bei **Abela Sleeping Trains** bucht man im Voraus im **Ramses-Bahnhof** in Kairo (Tel. 02-574 9474; www.sleepingtrains.com).

Inlandsflüge
- Da **Egypt Air** fast ein Monopol auf Inlandsflüge hat, sind die Flugpreise konkurrenzlos und entsprechend hoch. Wenn Sie mit Egypt Air nach Ägypten fliegen möchten, buchen Sie gleichzeitig eventuelle Inlandsflüge; so sparen Sie bis zu 50 Prozent. Egypt Air fliegt **täglich** von Kairo zu den größten Städten Ägyptens (Tel. 02-392 7649/7680; www.egyptair.com.eg).
- Flüge sollten Sie **lange im Voraus buchen**, da Überbuchungen leider häufig vorkommen. Um zu vermeiden, von der Passagierliste gestrichen zu werden, sollten Sie Flüge rechtzeitig bestätigen lassen und sich lange vor der empfohlenen Zeit zum Einchecken am Flughafen einfinden.
- Alle Inlandsflüge starten vom **Terminal 1** des Kairoer Flughafens, der auch als Alter Flughafen (*El Matar el-Qadima*) bekannt ist.
- Bei **Air Sinai** können Sie ebenso Flüge nach Hurghada, in den Sinai und nach Tel Aviv buchen. Die Telefonnummer ist die gleiche wie die von Egypt Air.
- Die private Fluggesellschaft **Orascom Aviation** (Tel. 02-305 2401) bietet regelmäßig Flüge von Kairo und Luxor nach El-Gouna an.

Auto fahren
- In Kairo kann Auto fahren nervenaufreibend sein, in ländlichen Gebieten ist es oft sogar gefährlich. Eine Alternative ist ein Mietwagen mit Fahrer.

Hinweise für Autofahrer

Geschwindigkeitsbeschränkung auf Autobahnen: 100 km/h.
- Auf anderen Straßen: 90 km/h.
- In Ortschaften: 50 km/h.
- Das Anlegen des **Sicherheitsgurtes** ist Pflicht.
- Es wird auf der **rechten Straßenseite** gefahren.
- Verzichten Sie bei Nacht darauf, außerhalb der Städte mit dem Auto zu fahren. Ägyptische Autofahrer sind häufig ohne Beleuchtung unterwegs; oft blinken die Scheinwerfer erst im letzten Moment auf.
- An vielen Straßen gibt es **Kontrollstellen**, an denen die Polizei Reisende nach ihren Papieren fragt. Seien Sie auf Verzögerungen gefasst.
- Halten Sie immer **Ausweis und Führerschein** bereit. Wenn Sie Ihre Papiere nicht vorweisen können, müssen Sie damit rechnen, eine Geldstrafe zu zahlen und an der Weiterfahrt gehindert zu werden.
- Falls Sie in einen **Unfall** verwickelt werden, melden Sie sich unverzüglich bei der nächsten Polizeistation.

Mietwagen

- Mietwagenagenturen findet man an den meisten großen Hotels und Flughäfen.
- Kreditkarten werden als Zahlungsmittel akzeptiert.
- Der Fahrer muss mindestens 25 Jahre alt sein und einen internationalen Führerschein besitzen.
- Mietwagenverträge müssen eine Dritthaftpflichtversicherung enthalten. Prüfen Sie, ob eine Unfall- und Schadenersatzversicherung enthalten ist. Werden Sie in einen Unfall verwickelt, benötigen Sie für die Versicherung einen schriftlichen Unfallbericht von der Polizei und dem behandelnden Arzt.

Instandhaltung

- In allen größeren Städten gibt es **Tankstellen**, auf dem Land sind sie selten. Achten Sie auf einen gut gefüllten Tank. Lassen Sie den Ölfilter regelmäßig reinigen, da Verunreinigungen im Benzin den Motor beschädigen können.
- Größere Tankstellen sind oft bis spät in die Nacht geöffnet.
- Kraftstoff ist um einiges **preisgünstiger** als in Europa.
- **Normalbenzin** ist am billigsten; von besserer Qualität ist aber Super (*Tisse'in*). Nur wenige Tankstellen in den wohlhabenderen Gegenden von Kairo und Alexandria bieten bleifreies Benzin an.
- Ägyptische Automechaniker sind oft Meister der Improvisation und können einen Schaden in der Regel schnell beheben.
- Viele große Werkstätten haben ein gut sortiertes **Ersatzteillager**.
- Wenn Sie einmal in Schwierigkeiten geraten, wird man Ihnen gern helfen, Ihr Auto bis zur nächsten Werkstatt oder an den Straßenrand zu schieben.

Automobilclub

Automobile and Touring Club of Egypt
10 Sh. Kasr el-Nil, Innenstadt von Kairo
✝ 196 C4 ☎ 02-5 74 33 55

Reisebeschränkungen

- Gegen Touristen gerichtete terroristische Gewalttaten haben zu **strengen Sicherheitsbestimmungen** und Reisebeschränkungen geführt. Davon sind bestimmte ländliche Reiserouten, besonders zwischen Städten entlang des Nils, betroffen. Dort ist das Reisen nur in bewachten Konvois möglich.
- Offiziell ist Touristen lediglich das Reisen in zwei bewachten klimatisierten Zügen zwischen Kairo, Luxor und Assuan gestattet.
- Die aktuelle Lage ändert sich schnell. Erkundigen Sie sich im Reisebüro, bevor Sie eine Fahrt antreten, oder reisen Sie per Nilschiff.

Übernachten

In den großen Touristenzentren ist die Auswahl an Übernachtungsmöglichkeiten vielfältig. Andernorts sind Unterkünfte oft auf die Grundbedürfnisse beschränkt. Das Folgende ist ein Querschnitt der vorhandenen Angebote, die Luxushotels in Palästen bis hin zu preiswerten Pensionen umfassen.

Hotels

- Die Kategorien der Hotels reichen von **luxuriös bis einfach**; einige nicht klassifizierte Hotels sind eher an Rucksacktouristen orientiert.
- **Luxushotels** gehören fast immer einer internationalen Kette an; die Ausstattung entspricht dem internationalen Standard. Der Service wird diesem Standard zwar nicht immer gerecht, doch sind Fortschritte zu verzeichnen.
- **Mittelklassehotels** sind manchmal sehr charaktervolle alte Häuser oder auch modernere Betonbauten an der Küste des Roten Meeres.
- **Einfache Hotels** verfügen selten über Klimaanlagen, manchmal sind die Zimmer mit Ventilatoren ausgestattet.

Pensionen

Pensionen sind mit Hotels der einfachen Kategorie vergleichbar; weil es aber oft Familienbetriebe sind, ist die Atmosphäre meist freundlicher und entspannter. Die Zimmer sind gepflegter.

Jugendherbergen

- In den großen Städten gibt es insgesamt **15 preiswerte**, von Hostelling International anerkannte **Jugendherbergen**. Ermäßigungen bekommt man mit einem internationalen Jugendherbergsausweis, der aber nicht zwingend erforderlich ist.
- Nähere Informationen erhält man bei der Egyptian Youth Hostel Association, 1 Sh. Ibrahimy, Gartenstadt, Kairo (Tel. 02-794 0527; Fax 02-795 0329).

Camping

- Camping ist in Ägypten **nicht weit verbreitet**. Die wenigen Campingplätze des Landes liegen meistens in weiter Entfernung von den Sehenswürdigkeiten. Sie sind oftmals mangelhaft ausgestattet.
- Wildes Zelten außerhalb der ausgewiesenen Plätze ist nicht gestattet und überdies nicht ratsam, da einige der leeren Strände noch immer mit Minen verseucht sind.

Unterkünfte buchen

- Die Zimmerpreise sind manchmal niedriger, wenn ein Zimmer über das internationale Reservierungssystem der entsprechenden Hotelkette gebucht wird oder Bestandteil einer Pauschalreise ist. Andere hier empfohlene Unterkünfte sollten besonders in der Hochsaison **im Voraus** gebucht werden.
- Im Internet finden Sie Informationen über Hotels, Reservierungsservice, Reisebüros und andere relevante Angebote unter der Adresse **www.egyptreservation.com**.

Zimmerpreise

- In manchen Hotels ist es möglich, um den angebotenen Zimmerpreis zu feilschen, besonders in der Vor- oder Nachsaison und bei einer Aufenthaltsdauer von mehreren Tagen. Die hier angegebenen festen Zimmerpreise sind wie folgt gekennzeichnet. Die Preise beziehen sich auf eine Übernachtung im Doppelzimmer.

$ = unter 450 LE $$ = 450–1000 LE $$$ = über 1000 LE

Essen und Trinken

Überall in Ägypten kann man gut essen, aber man sollte keine Gourmetkost erwarten. Die ägyptische Küche ist bäuerlich und viel weniger raffiniert als beispielsweise die der libanesischen Nachbarn (► 28ff).

Ägyptische Esskultur

- Die übliche Zeit für das **Mittagessen** ist zwischen 12.30 und 15 Uhr, das Abendessen wird zwischen 20 und 22.30 Uhr eingenommen. Viele Restaurants in Touristengebieten haben jedoch durchgehend geöffnet.
- Im **Restaurant** beginnen ägyptische Gäste eine Mahlzeit in der Regel mit einer vielfältigen Auswahl an *mezza* (Vorspeisen) und Getränken. Sind die Vorspeisen reichlich, können sie ein ganzes Mittagessen ersetzen.
- Flaches **Fladenbrot** wird häufig an Stelle einer Gabel benutzt.
- Beachten Sie einen wichtigen Punkt der Etikette: Wenn Sie mit den Fingern essen, benutzen Sie nur die rechte Hand, weil mit der linken Hand traditionell religiöse Waschungen vorgenommen werden.

Auf der Straße

In Ägypten werden Sie an jeder Ecke auf kleine Straßenrestaurants stoßen, die alle Arten von »Fast Food« anbieten: Käsesandwiches und köstliche *Schawerma*, Suppe aus Rinderfüßen und Sandwiches mit Lammhoden. So verführerisch diese Gerichte auch aussehen und duften, sind sie eher für experimentierfreudige Genießer oder solche mit robustem Magen geeignet. Denn die hygienischen Bedingungen in den Straßenrestaurants sind oftmals mangelhaft. Fließendes Wasser gibt es kaum.

Internationale Küche

- In **Kairo** findet man heute alle denkbaren kulinarischen Stile. Die einheimische Küche ist jedoch ebenso anspruchsvoll.
- **Außerhalb Kairos** ist die Auswahl beschränkt. Die meisten internationalen Restaurants findet man in den Luxushotels; ihre Preise entsprechen dem Umfeld. Die in Hotels angebotenen Speisen können manchmal charakterlos sein, besonders feste Menüs oder offene Büfetts. Einige Restaurants sind jedoch ausgezeichnet.
- Internationale **Fast-Food-Ketten** sind eine relativ neue Erscheinung in Ägypten, erfreuen sich aber wachsender Beliebtheit. An jedem Touristenort findet man mittlerweile McDonald's, PizzaExpress und Änliches.
- Unabhängig davon haben die Ägypter ihre eigene interessante Vielfalt an »Fast Food« nicht aufgegeben. Dazu gehören *kuschari* (eine würzige Mischung aus Linsen, Nudeln und Reis) und *falafel/taamia* (ein Mus aus würzigen frittierten Kichererbsen/Bohnen) oder Sandwiches mit Saubohnen (*foul*).

Vegetarisches

Obwohl die meisten Ägypter es sich nicht leisten können, mehr als einmal pro Woche Fleisch zu essen, besteht kein Grund, sich als ausländischer Gast nur von Gemüse zu ernähren. Allerdings wird eine abwechslungsreiche Auswahl vegetarischer und Fischgerichte in den Restaurants angeboten. Der Fisch stammt in der Regel aus dem Nil oder dem Roten Meer.

Auswärts essen

- Wenn Sie einen empfindlichen Magen haben, sollten Sie auf rohes Gemüse, ungeschältes Obst, Speiseeis, offene Büfetts und solche Gerichte verzichten, die längere Zeit auf dem Herd stehen, wie z. B. *Schawerma*.

- Trinken Sie ausreichend **Wasser und frische Obstsäfte**, um einen Flüssigkeits-verlust auszugleichen. In der Mittagshitze sollten Sie aber stark gekühlte Getränke, besonders Alkohol, meiden.
- Ägypter gehen gern **elegant** gekleidet in ein schickes Restaurant. Normalerweise gibt es aber keine strengen Kleidervorschriften.

Nützliche Lektüre

- Im *Egypt Today Restaurant Guide* und in den Illustrierten findet man eine große Auswahl von Restaurants und Gaststätten.

Frischer Fisch

The Fish neben dem Hilton Fayrouz, Sharm el-Sheikh (➤ 172)
Americana Fish Market, Kairo (➤ 74)
Fish Market, Alexandria (➤ 147)
Qadoura, Alexandria (➤ 148)

Getränke

- Leitungswasser kann gesundheitliche Probleme bereiten.
- Mineralwasser in Flaschen (*maija maadanîja*) gibt es überall zu kaufen.
- In Ägypten trinkt man viel Tee, Kaffee, Kräutertees, kalte Getränke und Säfte (➤ 30). Überall finden Sie Bars, wo preiswerte frische Säfte aus Früchten der Saison bereitet werden.

Alkohol

- Ägypten ist ein muslimisches Land; in bestimmten Regionen, besonders außerhalb der großen Städte, ist der Genuss von **Alkohol verboten**. In Touristenzentren wird Alkohol unbeschränkt angeboten. Sie erweisen der Kultur jedoch Ihren Respekt, wenn Sie ihn in Maßen genießen.
- In Hotels und einigen Restaurants bekommt man **heimisches Bier und Wein**. Importierte Alkoholika sind oft nur in Luxushotels und zu stark überhöhten Preisen zu bekommen.
- Auf **heimische Spirituosen**, die Namen wie Johnny Talker oder Good Gin tragen, sollte man verzichten. Es sind mehrere Krankheitsfälle nach dem Genuss dieser Spirituosen bekannt geworden. Die einzige Ausnahme ist Zbib (mit dem griechischen Ouzo vergleichbar).
- In Ägypten werden verschiedene **Biere** gebraut, z. B. Stella und Sakkara.
- Das alteingesessene und kürzlich privatisierte **Weingut Gianaclis Vineyards** produziert Rot-, Weiß- und Roséweine von akzeptabler Qualität.
- Ein weiterer heimischer Rot-, Weiß- und Roséwein sowie ein Sekt, **Obelisk**, werden in El-Gouna erzeugt; die Trauben von guter Qualität stammen aus Sizilien.

Die besten Gaststätten

After Eight, Kairo (➤ 74)
Greek Club, Kairo (➤ 76)
Sequoia, Kairo (➤ 76)
Cap d'Or, Alexandria (➤ 147)
Little Buddha Bar, Sharm el-Sheikh (➤ 172)

Restaurantpreise

Im Folgenden sind die Preiskategorien der genannten Lokale aufgeführt; die Angaben beziehen sich auf ein Drei-Gänge-Menü pro Person ohne alkoholische Getränke und Trinkgeld.

$ = bis 100 LE $$ = 100–200 LE $$$ = über 200 LE
Beachten Sie, dass manche Hotels eine zusätzliche Steuer von 22 Prozent auf die Preise aufschlagen.

Einkaufen

Einkaufsgelegenheiten gibt es in Ägypten in Hülle und Fülle. Ägypter sind geborene Händler; oft erscheint einem das Land wie ein einziger großer Basar. Ein Kauf kann zu einer langwierigen Angelegenheit werden, zu der das Austauschen von Höflichkeiten, das Teetrinken, die Auswahl des gewünschten Gegenstandes und schließlich die Verhandlung und Einigung über den Preis gehört.

Öffnungszeiten

- Die oft staatlichen **Kaufhäuser** sind in der Regel von Montag bis Samstag zwischen 9 und 13 Uhr sowie 17 und 20 Uhr geöffnet. Kleinere Geschäfte sind oft durchgehend und – in Touristengebieten – auch nach 20 Uhr geöffnet.
- Die meisten **Basare** mit Ausnahme einiger Touristenläden sind an Sonntagen geschlossen.
- Muslimische Geschäftsinhaber schließen ihre Läden häufig während der Zeit der **Freitagsgebete**, bis sie vom Besuch der Moschee zurückgekehrt sind. Manchmal kann man beobachten, dass ein muslimischer Ladenbesitzer sein Gebet hinter der Ladentheke vollzieht. Sie können im Geschäft warten, bis der Besitzer es beendet hat.
- Die bekanntesten Kreditkarten und Reiseschecks werden mittlerweile in Touristenzentren akzeptiert, aber viele kleinere Geschäfte nehmen nur Bargeld an oder berechnen einen Aufschlag für Kreditkarten.

Feilschen

Westliche Besucher reagieren manchmal empfindlich oder ungeduldig, wenn sie um einen Preis feilschen sollen. Für Ägypter ist es ein ganz üblicher Vorgang, beim Einkaufen über den Preis zu verhandeln. Als Besucher bevorzugen Sie vielleicht Geschäfte mit festen Preisen, die aber oft teurer sind. Darüber hinaus zahlen Touristen, die arabische Zahlen nicht lesen können, oft höhere Preise. Bedenken Sie: Feilschen kann Spaß machen, wenn Sie die Regeln beherrschen. Vergleichen Sie zunächst die festen Preise, um eine ungefähre Vorstellung davon zu bekommen, bevor Sie einen Basar besuchen, wo Feilschen üblich ist. Als Faustregel gilt: Halbieren Sie den Preis, der Ihnen angeboten wird, und beobachten Sie die Reaktion des Händlers. Akzeptiert er allzu schnell, ist der Preis noch immer zu hoch. Wenn er ablehnt, können Sie ein wenig mehr bieten oder sich zum Gehen wenden: War Ihr Preis fair, wird er Sie zurückrufen.

Kunsthandwerk

- Die **Vielfalt** des ägyptischen Kunsthandwerks ist unerschöpflich, und die Preise sind günstig. Als Folge der veränderten Vorlieben ägyptischer Käufer hat sich die Qualität jedoch verschlechtert. Die meisten kunsthandwerklichen Produkte werden jetzt für den touristischen Markt hergestellt. Typische Souvenirs sind oft billige Reproduktionen pharaonischer Kunstwerke. So wird Papyrus häufig aus Bananenblättern hergestellt und mit Szenen von originalen Papyri oder Grabmalereien bedruckt. Achten Sie auch auf schlecht ausgeführte Reproduktionen antiker Statuen.
- Mehrere **Selbsthilfeorganisationen** bemühen sich um den Erhalt alter Handwerkskünste wie z. B. Sticken, Töpfern und Weben. So soll besonders Frauen in ländlichen Gegenden geholfen werden, mit solchen Arbeiten finanziell unabhängig zu werden. Die Eröffnung neuer Geschäfte, die Handwerksprodukte von besserer Qualität anbieten, zeigt den Erfolg der Bemühungen. Gute Beispiele dafür sind **Fair Trade Egypt** (➤ 77), wo fair gehandelte Erzeugnisse aus ganz Ägypten angeboten werden, außerdem **Khan Misr Touloun** (➤ 77) oder **Oum el Dounia** (➤ 77).

- Am preisgünstigsten bekommt man kunsthandwerkliche Produkte auf dem **Markt Khan el-Khalili** in Kairo (➤ 70) oder auf den Basaren in Luxor und Assuan.

Antiquitäten und Altertümer

Echte pharaonische, islamische und koptische Antiquitäten dürfen nur mit einer Lizenz vom Department of Antiquities exportiert werden. Beachten Sie, dass die meisten als Antiquitäten angebotenen Gegenstände Fälschungen sind.

Baumwolle und andere Textilien

- **Ägyptische Baumwolle** von guter Qualität ist schwer zu bekommen, weil sie zum größten Teil exportiert wird. Preiswerte Kleidungsstücke aus Baumwolle gibt es aber fast überall zu kaufen.
- Traditionelle **ägyptische Kleidung** findet man am ehesten auf den Märkten der größeren Städte.
- Die Kleinstädte Achmim und Nagada in Oberägypten sind berühmt für hervorragende gewebte Stoffe, die in Textilgeschäften in Kairo und Luxor erhältlich sind.
- Beduinenfrauen fertigen schön beslickte Tücher und Kleidungsstücke.
- Wer sich für den Bauchtanz begeistert, wird am ehesten in Kairo fündig. Dort kann man fertige Kostüme kaufen oder auch maßschneidern lassen. Die beste Adresse ist das Kurzwarengeschäft auf dem Khan el-Khalili (➤ 70).

Schmuck

- Schmuck, besonders aus Gold, wird in großer Auswahl angeboten.
- Beduinen- und Landfrauen bevorzugen meist Schmuck aus 21-karätigem **Gold**; Goldschmuck in westlicher Machart hat meistens 18 Karat. Gold und **Silber** werden grammweise gehandelt; die Arbeit selbst wird zusätzlich berechnet. Die Preise für Gold- und Silberbarren werden täglich in der *Egyptian Gazette* abgedruckt.
- In Ägypten ist **Schmuck relativ billig**, da die Löhne sehr niedrig sind.
- Beliebt sind **Kartuschen** aus Gold oder Silber mit Namen in Hieroglyphenschrift. Sie werden meistens als Anhänger mit Kette angeboten.

Parfums und Gewürze

- Kairo war lange Zeit der **größte Markt für Parfum und Gewürze** im Nahen Osten. Die größte Vielfalt bietet der Gewürzmarkt in Khan el-Khalili (➤ 70).
- Essenzen für die Parfumherstellung werden in **Unzen** (28 g) verkauft.
- Beim Kauf von **Parfum** sollte man darauf achten, ob es sich um echte Marken oder Kopien handelt. Überhöhte Preise für Markenparfums und das Verdünnen reiner Essenzen kommen häufig vor. In Ägypten werden viele der reinen Essenzen hergestellt, die in Europa für Parfums verwendet werden.
- **Gewürze**, wie z. B. schwarzer Pfeffer (*filfil*), Kreuzkümmel (*kammum*), Paprika (*schatta*) und Zimt (*irfa*), sind preiswerte und beliebte Andenken, mit denen man sich den Duft der ägyptischen Küche nach Hause holen kann.
- Man sollte Gewürze kaufen, die auch in der heimischen Küche verwendet werden. Exotische Gewürze wie Safran und grüner Pfeffer (*filfil achdar*) sind oft billiger als in Europa, aber von schlechterer Qualität.
- Auf dem Basar von Assuan findet man die getrockneten roten **Hibiskusblüten** (*karkadeh*), aus denen ein beliebter Tee zubereitet wird.

Die besten Märkte

Souvenirs: Khan el-Khalili, Kairo (➤ 70, 77)
Altertümer und Kitsch: Attarin-Markt, Alexandria (➤ 149)
Kamele: Darau (➤ 122)
Gewürze: Suk von Luxor (➤ 105) und Assuan (➤ 127)
Nubische Körbe, Seidentücher: *suk* von Assuan (➤ 127)

Ausgehen

Ägypten beansprucht seine Besucher mit einer derartigen Fülle von Eindrücken, dass ihnen oft wenig Energie für sportliche Aktivitäten oder Abendunterhaltungen bleibt. Wenn man Lust und Muße zum Ausgehen hat, findet man entsprechende Informationen in der *Egyptian Mail* (Samstag), der Tageszeitung *Egyptian Gazette*, der *Al Ahram Weekly* oder den Monatsillustrierten *Egypt Today* und *Insight*. Wenn Sie Zugang zu einem Computer (z. B. in einem Internetcafé) haben, können Sie die Websites www.cairocafe.com und www.cairotimes.com anschauen.

Bars und Clubs

- In Kairo gibt es eine große Vielfalt an Bars und Clubs. Andernorts beschränkt sich das Nachtleben auf die Hotels. Die **Musik** ist teils europäisch, teils ägyptisch; manchmal sind sudanesische oder griechische Klänge zu hören.
- In einigen Lokalen wird der Eintritt verwehrt, wenn man zu **nachlässig** oder in Jeans gekleidet ist, in andere werden nur Paare eingelassen (Ausländerinnen, die allein unterwegs sind, haben aber immer Zutritt).
- **Straßencafés** sind ein geeigneter Ort, um das Leben vorbeiziehen zu sehen. Dies geschieht in der Regel bei einem Glas Tee, einem Kaffee oder bei kalten Getränken und einer Wasserpfeife. Alkohol wird in Ägypten selten angeboten.

Bauchtanz

Seit einigen Jahren lässt die Beliebtheit des Bauchtanzes nach; die ägyptische und arabische Jugend bevorzugt zunehmend europäische Arten der Unterhaltung. Aufgrund der wachsenden religiösen Ächtung des Bauchtanzes haben sich viele professionelle Tänzerinnen aus der Öffentlichkeit zurückgezogen. Die besten Shows sieht man in den Nachtclubs der gehobenen Hotels; bekannte Tänzerinnen sind Lucy, Dina und Yasmina. In weniger anspruchsvollen Etablissements fließt das Bier in Strömen, und Zuschauer überhäufen die Tänzerinnen mit Geldscheinen (siehe »Drehungen und Windungen«, ➤ 31).

Am Nil

In warmen Sommernächten genießen ägyptische Spaziergänger gern die kühle Brise am Strom. In den Städten gibt es Caféterrassen am Ufer des Nil, wo man sich auf einen Drink oder zum Rendezvous trifft. Zu jeder Jahreszeit ist eine Flussfahrt in einer Feluke (Segelboot) oder einem Motorboot möglich, bei der man den Sonnenuntergang genießen oder ein Picknick veranstalten kann.

Sport

Die Fußballsaison dauert von September bis Mai. Kairo hat zwei Oberligateams; das Stadion des Ahli-Teams befindet sich in Samalik, der Samalik-Club spielt kurioserweise in Mohandessin. Das Nationalstadion befindet sich in Medinet Nasr. Pferderennen werden zwischen Oktober und Mai auf der Insel Gesira in Kairo oder in Heliopolis veranstaltet.

Festivals

Oktober: Pharao's Rallye, ein anspruchsvolles Wüstenrennen mit internationalem Teilnehmerfeld.

November: Arabisches Musikfestival in der Oper von Kairo (klassische und traditionell arabische Musik).

Dezember: Internationale Filmfestspiele von Kairo, bei denen Filme aus 50 Ländern (oft mit englischen oder französischen Untertiteln) gezeigt werden.

Kairo
In drei Tagen 48
Nicht verpassen! 50
Nach Lust und Laune! 67
Wohin zum… 72

Erste Orientierung

In einer Erzählung aus *Tausendundeiner Nacht* spricht ein Erzähler über wunderbare Städte: »Wer Kairo nicht gesehen hat, hat die Welt nicht gesehen. Sein Staub ist aus Gold. Sein Nil ist ein Wunder. Seine Frauen sind wie die schwarzäugigen Jungfrauen des Paradieses. Und wie könnte es anders sein, da Kairo die Mutter der Welt ist?«

Der Nil fließt noch immer wie eine Luftspiegelung durch die Stadt, und es gibt viele schöne Frauen; der Staub scheint aber eher aus Beton als aus Gold zu bestehen. Die Mutter der Welt nährt heute mehr als 20 Millionen Menschen.

Kairo ist eine Stadt der Extreme: Armut und Reichtum, weit verbreitetes Analphabetentum und Internetcafés, Lehmziegelhäuser und Wolkenkratzer. An jeder Ecke stößt man auf Überraschungen. Die Stadt funktioniert und floriert trotz allem.

★ Nicht verpassen!

1 Ägyptisches Museum ➤ 50ff

4 Koptenviertel ➤ 54

12 Sharia el-Muiss Lidin Allah ➤ 56ff

13 Sakkara und Memphis ➤ 59ff

14 Pyramiden von Gisa und Sphinx ➤ 62ff

Nach Lust und Laune!

2 Stadtzentrum ➤ 67

3 Mahmud-Khalil-Museum ➤ 67

5 Gayer-Anderson-Museum (Beit el-Kritlija) ➤ 67

6 Ibn-Tulun-Moschee ➤ 68

7 Zitadelle (el-Qala'a) ➤ 68

8 Sultan-Hassan-Moschee ➤ 69

9 Islamisches Museum ➤ 69

10 El-Ashar-Moschee ➤ 70

11 Khan el-Khalili ➤ 70

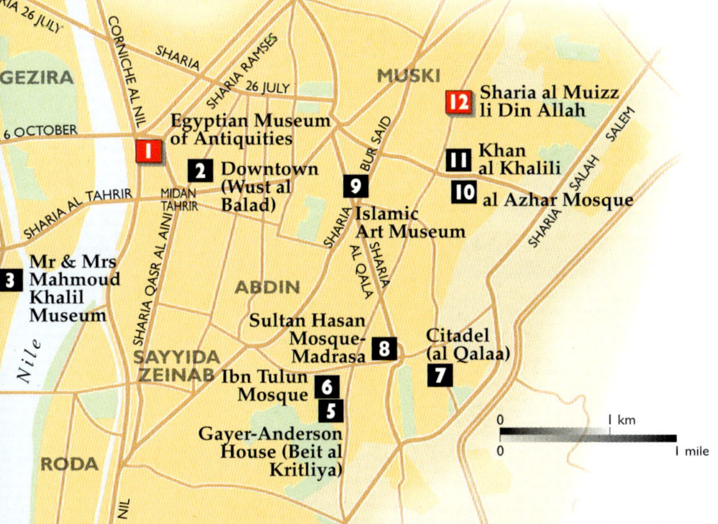

Auf den ersten Blick mag der Betrachter eher an eine Hölle als an ein Paradies denken, denn der Straßenverkehr ist dicht, die Luftverschmutzung hinterlässt einen bräunlichen Dunst am Horizont, und der Missklang der Geräusche verursacht auf Anhieb Kopfschmerzen. Der städtische und industrielle Wildwuchs der vergangenen 200 Jahre droht Bauwerke zu verdrängen, die seit 5000 Jahren Bestand haben. Doch angesichts des Aufruhrs gehen die Kairoer gelassen ihren Geschäften nach.

Die Kunst, Kairo zu genießen, besteht vielleicht darin, es den Kairoern gleichzutun und mit Humor und viel Geduld die Dinge zu nehmen, wie sie kommen. Die Mühe zahlt sich aus: Man wird eine der faszinierendsten Städte der Welt entdecken, in der die Vergangenheit ein Teil des alltäglichen Lebens ist.

Es würde Monate dauern, alle Schätze Kairos zu erforschen. In drei Tagen bekommt man aber eine Vorstellung davon, wie viele Facetten diese faszinierende Stadt hat.

Kairo in drei Tagen

Erster Tag

Morgens
Beginnen Sie den Tag, indem Sie das **1 Ägyptische Museum** (links; ➤ 50ff) besuchen, machen Sie anschließend einen Spaziergang durch das **2 Stadtzentrum** (➤ 67) und besuchen Sie eines der zahlreichen Restaurants. Empfehlenswert sind das Sabaya (➤ 76) und das preiswertere Felfela (➤ 75).

Nachmittags
Bummeln Sie zum Midan et-Tahrir zurück, und überqueren Sie den Nil auf der Et-Tahrir-Brücke. Sie gelangen am modernen Opernhaus vorbei zum **3 Mahmud-Khalil-Museum** (➤ 67).

Zweiter Tag

Morgens
Frühmorgens können Sie mit Taxi oder U-Bahn ins **4 Koptenviertel** (➤ 54f) fahren und das Koptische Museum besuchen und Kirchen besichtigen. Mit dem Taxi gelangen Sie zur **8 Sultan-Hassan-Moschee** (➤ 69) und von dort zum **El-Ashar-Park** (➤ 71). Gegen Mittag führt der Weg in eines der Restaurants (➤ 74ff); sie sind zu Fuß zu erreichen.

Nachmittags

Mit dem Taxi weiter zum **11 Khan el-Khalili** (➤ 70), dann folgt ein Spaziergang zum Barkuk-Mausoleum und zum hervorragend erhaltenen Handelshaus **Beit el-Suhaimi** (➤ 57). Kehren Sie auf der **12 Sharia el-Muiss Lidin Allah** (➤ 56ff) zum Basar der Zeltmacher zurück. Auf dem Khan el-Khalili können Sie sich im renommierten Café Fishawi (rechts; ➤ 75) bei einem Glas Pfefferminztee und einer Wasserpfeife entspannen.

Abends

Lassen Sie den Abend bei einer Bauchtanz-Show in einem der anspruchsvollen Hotels (➤ 78) ausklingen.

Dritter Tag

Morgens

Nehmen Sie ein Taxi nach Memphis, und fahren Sie weiter zur Stufenpyramide und den Grabstätten von **13 Sakkara** (➤ 59ff). Im Restaurant Andrea's (➤ 75) oder im Garten des Hotels Mena House (➤ 73) können Sie zu Mittag essen.

Nachmittags

Zu den **14 Pyramiden von Gisa**, dem **Sphinx** und dem **Museum der Sonnenbarke** (➤ 62ff) gelangen Sie per Taxi oder zu Fuß. Genießen Sie den Abend, indem Sie auf dem Rücken eines Kamels dem Sonnenuntergang entgegenreiten!

Abends

Kehren Sie in die Stadt zurück und beschließen Sie den Tag im Bar-Restaurant Sequoia (➤ 76) mit herrlichem Blick auf den Nil.

Ägyptisches Museum

Das Ägyptische Museum in Kairo beherbergt eine weltweit einmalige und reiche Sammlung von Exponaten aus über 3000 Jahren altägyptischer Geschichte, die sich vom Alten Reich bis in die römische Zeit erstreckt. Würde man jedem Exponat auch nur eine Minute widmen, brauchte man neun Monate, um alle anzuschauen. Wem das zu lange dauert, sollte mindestens einen oder besser zwei Vormittage im Museum verbringen. Die Exponate sind manchmal unzureichend beleuchtet und präsentiert. Die Ausstellungsstücke im Erdgeschoss sind vom Eingang aus im Uhrzeigersinn chronologisch angeordnet, während die Exponate im Obergeschoss nach Themen gruppiert sind.

Highlights im Erdgeschoss

Auf die Anfänge ägyptischer Kunst verweisen die **Narmer-Palette** in Saal 47, in der die Einigung Ägyptens durch König Menes (➤ 22) dargestellt ist, und die ältesten **Statuen** der Sammlung (Saal 48). Die Statue des Königs Djoser wurde in der Nähe der Stufenpyramide von Sakkara gefunden. Die Statue des Pyramiden-

---

✚ 196 B4

✉ Midan et-Tahrir

☎ 02-5 75 43 19;
www.egyptianmuseum.gov.eg

🕓 tägl. 9–18.45 Uhr

🍴 Museum-Cafeteria ($), italienisches Restaurant ($$)

Ⓜ U-Bahn-Station Sadat

✋ mittel; Extraeintritt für den Mumiensaal am Eingang im Obergeschoss (teuer)

Ein großes Museum

Als das Ägyptische Museum eröffnet wurde, kamen rund 500 Besucher am Tag; die immer weiter anwachsenden Sammlungen ziehen aber mittlerweile täglich 7000 Menschen an. Vieles lagert noch in den Kellern, und in Kairo kursiert der Witz, diese Keller seien die letzte bedeutende und noch unentdeckte Fundstätte Ägyptens. 2009 soll das neue, 30 000 Quadratmeter große Ägyptische Museum neben den Pyramiden von Gisa eröffnet werden. Dort wird dann Platz für 100 000 Exponate sein, vorgesehen sind außerdem ein Museums-Shop, eine Bibliothek, ein Vortragssaal und ein Medienzentrum. 5000 Meisterwerke sollen aber weiterhin im alten Museum präsentiert werden.

Oben: Die Statue des Chefren lässt die Macht des Pharao erahnen

Unten: Bei genauem Hinsehen entdeckt man interessante Einzelheiten

erbauers Chefren ist mit ihrer glatten schwarzen Oberfläche ein Meisterwerk, ebenso das beeindruckende hölzerne Abbild von Ka'aper, dem höchsten Priester im Memphis der 5. Dynastie.

Saal 32 wird von der überwältigenden Doppelstatue des harmonisch vereinten Paares Rahotep und Nofret beherrscht, die besonders schön erhaltene Farben aufweist. Eigenartig ist die Statue des kleinwüchsigen Seneb, dessen kurze Beine von seinen Kindern verdeckt sind. Die lebensgroße Statue der Himmelsgöttin Hathor, mit Kuhhörnern dargestellt, ist mit ihrer bemerkenswerten Farbenpracht in Saal 12 zu sehen. Sie wurde im Tempel der Hatschepsut in Deir el-Bahari in Luxor (➤ 94f) gefunden.

Eine der faszinierendsten Sammlungen des Museums befindet sich in Saal 3; sie zeigt die realistischen, mit dem traditionellen Stil brechenden Kunstwerke aus der Zeit Echnatons (➤ 22). Vier große Statuen zeigen Echnaton mit länglichem Gesicht, aufgeworfenen Lippen und übermäßig breiten Hüften. Er wird mit seiner für ihre Schönheit berühmten Gattin Nofretete im Spiel mit ihren Kindern dargestellt.

Das Obergeschoss

Die Totenmaske des Tutanchamun besteht aus massivem Gold und ist mit Lapislazuli, Türkisen und Quarziten verziert

Der größte Anziehungspunkt unter den vielen erstklassigen Schätzen des Museums ist unzweifelhaft der **Grabschatz des Tutanchamun**. Der Nachfolger Echnatons regierte nur neun Jahre lang. Berühmt wurde er einzig durch den Umstand, dass der britische Archäologe Howard Carter (1874–1939) im Jahre 1922 sein unbeschädigtes Grab im Tal der Könige entdeckte. Es war mit einer blendenden Vielfalt von Schätzen angefüllt, die den Herrscher in sein jenseitiges Leben begleiten sollten. In Saal 45 befinden sich zwei lebensgroße Statuen des Pharaos, die seine Grabkammer bewachten. Die folgenden Galerien zeigen die große Zahl edler, oftmals vergoldeter Einrichtungsgegenstände, mit denen das bescheidene Grab geschmückt war. In den Sälen 7 und 8 sieht man die vergoldeten Holzschreine, die sich ineinander stellen ließen und von denen der Sarkophag des Pharaos umschlossen war. In Saal 3 sind schließlich die mit Halbedelsteinen verzierte Goldmaske des Tutanchamun und sein goldener Sarkophag zu sehen. In Saal 4 sind weitere Schmuckgegenstände ausgestellt. Saal 2 enthält die faszinierenden Juwelen aus den Gräbern von Tanis, die Säle 53 und 54 zeigen mumifizierte Tiere.

Der Mumiensaal

Saal 56 beherbergt die Mumien von elf der berühmtesten Pharaonen, u. a. von Sethos I., seinem Sohn Ramses II. (➤ 23) und Tuthmosis II.

Der frühere ägyptische Präsident Sadat ließ den Saal 1981 aus Respekt vor den Toten schließen. Seit 1995 ist der Saal zum Teil wieder für die Öffentlichkeit zugänglich. Besucher werden jedoch um respektvolle Ruhe gebeten, größere Touristengruppen finden keinen Einlass.

KLEINE PAUSE

Die Cafeteria des Museums ist recht unansehnlich, aber das **Nile Hilton** (► 73) liegt nur wenige Schritte entfernt. In Abu Alis Terrassencafé erhält man einen kleinen Imbiss und *schischas* (Wasserpfeifen), der Italiener **Da Mario** serviert leckere Pasta und Pizzas, und im Coffee Shop bekommt man Kaffee und Kuchen. Im Hotel **Semiramis** gibt es mehrere hervorragende Restaurants.

Die Sonnenscheibe des Aton leuchtet über der Intimität des königlichen Paares

ÄGYPTISCHES MUSEUM: INSIDER-INFO

Top-Tipps: Die meisten Touristenbusse kommen gegen 10 Uhr am Museum an. Um der Menschenmenge aus dem Weg zu gehen, empfiehlt es sich, das Museum am frühen Morgen oder in den Nachmittagsstunden zu besuchen.
• Die Zahl der Exponate ist überwältigend groß. Dehnen Sie Ihren Besuch auf zwei halbe Tage aus, wobei Sie jedem Stockwerk einen halben Tag widmen.

Muss nicht sein! Der östliche Flügel des Erdgeschosses ist der Spätzeit gewidmet, mangelhaft beschildert und nicht so interessant wie die übrigen Ausstellungen. Eine Ausnahme sind die hellenistisch-römischen Kunstwerke in Saal 34.
• Aus dem gleichen Grund können die äußeren Galerien der Sarkophage im Erdgeschoss (westlich gelegen) und die inneren Galerien (außer Saal 14) im Obergeschoss (in östlicher Richtung) außer Acht gelassen werden.

Geheimtipp: Die Präsentation in Saal 14 im Erdgeschoss ist eher dürftig. Es gibt aber eine hervorragende Sammlung hellenistisch-römischer Mumien mit schön bemalten Gesichtsmasken, die als Faijum-Porträts bekannt sind.
• Ebenfalls im Obergeschoss zeigen die Säle 27 und 32 erstaunlich detaillierte, lebensnahe Modelle von Fischerbooten, Schlachtern, Hirten und Rindern sowie eine Villa mit Garten, die einen faszinierenden Eindruck vom Leben zur Zeit des Mittleren Reiches vermitteln.

Außerdem: Im Museum selbst ist ein digitaler Führer (mittel) erhältlich. Im Buchladen des Museums findet man weiterführendes Material. Fundierte englischsprachige Titel: der *Illustrated Guide* von Zahi Hawass und *The Treasures of the Egyptian Museum* von Francesco Tiradritti.

4

Koptenviertel

Einer der ältesten Stadtteile von Kairo ist das Koptenviertel in Alt-Kairo (Misr el-Qadima), das ein faszinierendes Bindeglied zwischen den pharaonischen und islamischen Zivilisationen darstellt. Im 6. Jahrhundert v. Chr. entstand am Ostufer des Nil die römische Festung Babylon. Überreste der Festungsanlagen sind noch erhalten; die eigentlichen Anziehungspunkte des Viertels sind jedoch die schmalen Gassen mit ihren Kirchen sowie die älteste ägyptische Synagoge aus dem Jahr 642.

Zunächst fallen zwei römische Türme ins Auge. Sie sind ein Teil der Festungsanlagen, die der Eroberer Trajan im Jahr 130 v. Chr. errichten ließ. Auch einzelne Fragmente der Festungsmauern sind noch erhalten. Dahinter liegt das faszinierende **Koptische Museum**. Die Ausstellungsstücke verdeutlichen die Entwicklung

Koptische Einheimische werden Sie gern durch die Kirche el-Muallaka führen

Koptisches Museum
✝ 196 B1
✉ Misr el-Qadima (Alt-Kairo)
☎ 02-363 9742;
www.copticmuseum.gov.eg
🕐 tägl. 9–17 Uhr
🍴 Cafeteria im Museumsgarten ($)
🚇 Mari Girgis (am Midan et-Tahrir)
✋ mittel

Koptische Kirchen
✉ Misr el-Qadima (Alt-Kairo)
🕐 Kirchen und Synagoge tägl. 9–16 Uhr und während der Gottesdienste
🚇 Mari Girgis (am Midan et-Tahrir)
✋ frei, Spenden sind willkommen

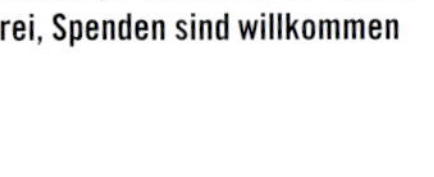

koptischer Kunst von der hellenistisch-römischen Periode bis in die frühe islamische Zeit (ca. 300–1000 n. Chr.). So kann man die Entwicklung christlicher Symbole aus pharaonischen Vorbildern nachvollziehen.

Die Kopten waren hervorragende Weber. Im Obergeschoss des Museums ist eine Sammlung sehr schöner Fragmente dieses alten Handwerks ausgestellt.

Ein Durchgang bei der Cafeteria führt zur Kirche der Hl. Jungfrau, **el-Muallaka** (auch als »hängende Kirche« bekannt), die auf der Ruine einer römischen Bastion errichtet wurde. Ihre Überreste sind auf der Rückseite der Kirche noch zu sehen. Das Gebäude ist über eine steile Treppe und eine Vorhalle zugänglich, in der koptische Souvenirs angeboten werden. Die Kirche stammt vermutlich aus dem 7. Jahrhundert, wird von vielen Kopten aber für älter gehalten. Ihre dunkle Inneneinrichtung ist prachtvoll.

Die älteste Kirche dieses Viertels ist vermutlich die **Abu Serga-Kirche (St. Sergius)** aus dem 5. Jahrhundert. Stufen, die zu einer älteren Krypta führen, sind noch vorhanden. An dieser Stelle, so wird erzählt, soll die Heilige Familie auf ihrer Flucht nach Ägypten gerastet haben. In der Kapelle des Georgsklosters können sich Gläubige, die diese Bußübung wünschen, von den Nonnen Ketten anlegen lassen.

Obwohl die jüdische Gemeinde nicht mehr existiert, wurde die frühere Pracht der nahe gelegenen **Synagoge Kenisit Ben Ezra** wiederhergestellt. Ursprünglich war es eine koptische Kirche, die aber im 12. Jahrhundert zur Synagoge geweiht wurde. Die Verzierungen ähneln denen der benachbarten Kirchen. Jüdischer Überlieferung nach soll der Prophet Jeremia dort gepredigt haben; die Kopten halten diese Stelle für den Ort, an dem Moses als Kind in einem Korb gefunden worden war.

Die Hl. Familie in Ägypten

»... da erschien der Engel des Herrn dem Joseph im Traum und sprach: Stehe auf und nimm das Kindlein und seine Mutter zu dir und flieh nach Ägyptenland ..., denn Herodes geht damit um, dass er das Kindlein suche, es umzubringen. ... Und er stand auf und nahm das Kindlein und seine Mutter zu sich bei der Nacht und entwich nach Ägyptenland.« (Matthäus 2,13–14)

Der Überlieferung zufolge war die Heilige Familie vier Jahre lang auf der Flucht, durchquerte den Sinai und gelangte entlang dem Nil nach Assiut. Viele koptische Kirchen und Klöster wurden an Orten errichtet, von denen man glaubt, dass die Heilige Familie sich dort aufgehalten hat.

KLEINE PAUSE

Die Cafeteria im Museumsgarten ist ein besinnlicher Ort.

KOPTENVIERTEL: INSIDER-INFO

Top-Tipps: Besuchen Sie eine **koptische Messe** in der Kirche el-Muallaka (Fr 8–11 und So 9–11 Uhr), und lauschen Sie den altägyptisch anmutenden Gesängen. Da die Kopten ihre Herkunft von den alten Ägyptern ableiten, verweisen die Instrumente ebenso wie die Musik und Sprache auf die pharaonische Zeit.

Geheimtipps: Auf der rechten Seite vom Eingang zur Kirche el-Muallaka sieht man eine schöne Ikone aus dem 10. Jahrhundert, auf der die Jungfrau und das Kind mit offenbar ägyptischen Zügen dargestellt sind.

• Hinter der Kirche St. Barbara entdeckt man einen versteckt gelegenen christlichen Friedhof.

Sharia el-Muiss Lidin Allah

Die Sharia el-Muiss Lidin Allah war die Hauptstraße der ursprünglich fatimidischen Stadt El-Qahira. Sie wird zu beiden Seiten von den prachtvollsten Moscheen und Palästen der Stadt gesäumt. Geschäfte wurden üblicherweise in der Nachbarschaft der Moscheen eröffnet.

✠ 197 E4

🌐 die meisten Gebäude tägl. 9–17 Uhr; Moscheen sind während der Freitagsgebete oft geschlossen. Seltener besuchte Bauwerke wirken manchmal geschlossen; ein Aufseher ist aber meist in der Nähe

✋ preiswert oder frei; Aufseher erwarten ein Trinkgeld

Die Stadtmauern und das Tor **Bab el-Futuh** aus dem 11. Jahrhundert markieren das nördliche Ende der Sharia el-Muiss Lidin Allah. Sie wurden vor der Zeit der Kreuzzüge von den Armeniern aus Steinen erbaut, die pharaonischen Bauwerken entnommen wurden. Im darauf folgenden Jahrhundert ließ Saladin (➤ 25) sie verstärken. Ein Gang über die Wallanlagen zum **Bab el-Nasr** und zurück vermittelt einen Eindruck des architektonischen und militärischen Geschicks der Erbauer und einen herrlichen Blick über den nördlichen Friedhof und die Stadt. In der Nähe liegt die **Moschee des El-Hakim** (➤ 24) mit einem Marmorhof und gewaltigen Minaretten, die zu den ältesten der Stadt gehören. An den Gerüchen ist leicht zu erkennen, dass in diesem Abschnitt der Straße der Zwiebel- und Knoblauchmarkt liegt.

Rechter Hand befindet sich die **Moschee und der Sabil-Kuttub von Sulaiman Agha el Silahdar.** Ihre Architektur ist eine Mischung aus türkischem und Kairoer Stil mit einem schlanken Minarett. Gegenüber liegt **Darb el-Asfar**, eine enge Seitenstraße mit mehreren renovierten Handelshäusern, in der man eine Vorstellung bekommt, welche Pläne die Regierung zur Gestaltung der Altstadt verfolgt. Am schönsten ist das **Beit el-Suhaimi**, das eigentlich aus zwei zusammengesetzten Häusern aus dem 17. und 18. Jahrhundert besteht. Die Räume sind mit Marmor und Holzschnitzereien verziert.

Wendet man sich auf der Sharia el-Muiss Lidin Allah zurück, sieht man auf der linken Seite die elegante Moschee von **El-Akmar** (»die Mondbeschienene«), eines der wenigen erhaltenen fatimidischen Gebäude. An der nächsten Ecke befindet sich linker Hand der hoch aufragende **Sabil-Kuttub von Abd el Rahman Katkhuda**. An dieser Stelle führt die Sharia el-Muiss auf **Beyn el-Quasreyn** (»Zwischen den zwei Palästen«) zu; die Bezeichnung rührt von den längst verschwundenen fatimidischen Palästen im alten Stadtkern her. Nur zwei der ursprünglich fünf Stockwerke des Palastes von Qasr Amir Baschtak aus dem 14. Jahrhundert sind erhalten geblieben.

Gegenüber sieht man die hohe Fassade des Musterbildes mamlûkischer Architektur. Zu dem Gebäudekomplex gehören die kreuzförmig gebaute **Madrasah** (islamische Hochschule für Juristen und Theologen) des Sultans **Barkuk** (1384), das

Oben: Das Tor Bab el-Futuh
Darüber: Innenhof der El-Hakim-Moschee

Genießen Sie die Ruhe des herrlich schattigen Innenhofs des Beit el-Suhaimi

Madrasah-Mausoleum von En-Nasir (1304) mit gotischem Marmoreingang und das **Madrasah-Mausoleum und *Maristan*** (Krankenhaus) des Sultans **Qala'un**, Vater des En-Nasir.

Gegenüber dem Qala'un-Mausoleum wurde das **Madrasah-Mausoleum des Sultans Aijub** im Jahre 1242 als erste Koranschule Kairos errichtet. Von Kupferschmiedewerkstätten gesäumt, mündet die Straße in den Goldbasar ein, von dem linker Hand eine kleine Gasse zum **Khan el-Khalili** (➤ 70) führt. Am Ende der lebhaften Einkaufsstraße Sharia el-Muski liegt die imposante Madrasah des Sultans Barsbey (1425), an ihrer Südseite führt eine Gasse zum **Parfum- und Gewürzmarkt**. Zu beiden Seiten der Sharia el-Ashar erheben sich die beeindruckenden **Ghurija**-Gebäude des mamlukischen Sultans El-Ghuri.

Die Straße endet beim Bab Zuweila, dem südlichen Stadttor. Daneben erhebt sich die **Moschee des Sultans El-Muaijad** (1415).

KLEINE PAUSE

Empfehlenswert sind das Café **Naguib Mahfouz** (➤ 76) und das Café **Fishawi** (➤ 75); beide sind auf dem Basar Khan el-Khalili zu finden.

SHARIA EL-MUISS LIDIN ALLAH: INSIDER-INFO

Top-Tipps: Bummeln Sie am Morgen oder späten Nachmittag durch die Straße, wenn es kühler ist.

• Die Straße liegt in einem von religiösen Traditionen geprägten Stadtteil. Tragen Sie unauffällige Kleidung, die Arme und Beine bedeckt. Frauen sollten ein Kopftuch tragen. Vor dem Betreten einer Moschee zieht man die Schuhe aus.

• Steigen Sie auf ein Minarett, von dem aus Sie einen weiten Blick haben. Die Innenhöfe der Moscheen sind oft Oasen der Ruhe.

Geheimtipp: In der Gegend zwischen El-Ashar-Moschee und Sharia el-Muiss liegen Werkstätten und reizvolle Gebäude verborgen.

13

Sakkara und Memphis

Sakkara diente 3000 Jahre lang als Begräbnisstätte; es ist einer der größten Friedhöfe, dessen Anlagen zum überwiegenden Teil noch nicht ausgegraben sind. Das berühmteste Bauwerk ist die imposante Stufenpyramide des Djoser. Dieses Grabmal wurde von dem einfallsreichen Architekten Imhotep im Auftrag des Königs Djoser um 2665 v. Chr. errichtet. Es ist eigentlich keine Pyramide, sondern ein in Stufen errichtetes Mastabagrab mit rechteckigem Grundriss, wurde aber erstmals aus Steinen anstatt aus den herkömmlichen Lehmziegeln erbaut.

Ursprünglich waren Scheintüren auf die Kalksteinmauer der Stufenpyramide gemalt, um Eindringlinge zu verwirren

Ein enges Portal führt durch einen Säulenkorridor in den eindrucksvollen Gebäudekomplex von Sakkara

Die Grabmalereien von Sakkara gehören zu den schönsten aus der Zeit des Alten Reiches

Die Pyramide des Djoser ist von einer Kalksteinmauer umgeben, die ursprünglich eine glänzende Oberfläche hatte; sie ist 62 Meter hoch, und ihr Grundriss umfasst 118 Meter mal 140 Meter. Ein 28 Meter tiefer Schacht führt in die Sargkammer. Ein Teil der ursprünglichen Kalksteinmauer an der südwestlichen Ecke nahe dem Eingang ist später erneuert worden. Man betritt den Komplex durch einen Säulenkorridor. Auf der rechten Seite liegt die Hebsed; in dieser Halle wurde die Lebenskraft des Königs in einem alle sieben Jahre gefeierten Fest symbolisch erneuert. In der Nähe befinden sich Pharaonengräber aus späterer Zeit. In südlicher Richtung gelangt man zu dem tiefen Schacht einer weiteren Grabkammer.

Unas-Pyramide und Mastabagräber

In südlicher Richtung liegt die verfallene **Unas-Pyramide**, die 350 Jahre nach der Stufenpyramide erbaut wurde. Im Innern der sonst wenig eindrucksvollen Grabstätte verbergen sich die ältesten bekannten Grabinschriften.

Sakkara

✝ 200 C4

✉ 21 km südlich von den Pyramiden von Gisa, 32 km von Kairo

🕐 Mai–Sept. tägl. 8–17 Uhr; Okt.–April 8–16 Uhr

🚌 Bus vom Stadtzentrum zur Sharia el-Haram, der Straße der Pyramiden; von dort fährt man mit dem Mikrobus am Marioutija-Kanal entlang nach Sakkara (1 km)

✋ mittel für die Stufenpyramide; Extraeintritt für andere Grabstätten

Memphis

✝ 200 C4

✉ Mitrahina, 3 km von Sakkara

🕐 Mai–Sept. tägl. 8–17 Uhr; Okt.–April 8–16 Uhr

🍴 Cafeteria ($) gegenüber

🚌 keine öffentlichen Verkehrsmittel

✋ preiswert

Südöstlich findet man die **Grabanlage B** (separater Eintritt, mittel) und die Persergräber. Nordöstlich von der Pyramide des Djoser trifft man auf die prächtigen Mastabas der Wesire Mereruka und Kagemni und des Arztes Anch-Ma-Hor aus der 6. Dynastie, in denen die schönsten Reliefs aus der Zeit des Alten Reiches zu sehen sind. Das doppelte Mastabagrab von Achtihotep und Ptahhotep verdeutlicht die verschiedenen Phasen in der Entwicklung der Grabmalereien und enthält ebenfalls schöne Reliefs. Die Wände der Mastaba des Ti sind mit wunderschönen Darstellungen des täglichen Lebens im alten Ägypten verziert. Eine merkwürdige Grabstätte ist das **Serapeum**, in dem mumifizierte heilige Stiere in unterirdischen Galerien begraben sind.

Memphis

Die Ruinen von Memphis liegen nicht weit von Sakkara entfernt. König Menes (➤ 22) gründete um 3100 v. Chr. diese erste Hauptstadt des Alten Reiches. Pharaonen und Adlige des Alten Reiches wurden in der Nekropolis bei Sakkara bestattet.

Der üppige Pflanzenwuchs um Sakkara endet abrupt an der Nekropolis

Als erste Hauptstadt des geeinten Ägypten wurde Memphis symbolisch an der Grenze zwischen Nildelta (Unterägypten) und südlichem Tal (Oberägypten) gegründet. Auch nach dem 5. Jahrhundert v. Chr., als sich Theben zur Hauptstadt Ägyptens entwickelte, war Memphis noch eine herrliche Stadt, blühendes Handelszentrum und wichtige Kultstätte, die dem Ptah, Schöpfergott von Memphis, geweiht war. Von der früheren Pracht ist heute kaum noch etwas zu erkennen; die Lehmziegelpaläste sind verfallen, und die Steine der Tempel wurden vor Jahrhunderten geplündert.

Im kleinen Dorf Mitrahina findet man einige eher unbedeutende Statuen; in dem winzigen Museum jedoch entdeckt man eine detailliert gearbeitete Kolossalstatue Ramses' II. als junger Mann; im Garten steht ein schöner Sphinx aus Alabaster.

KLEINE PAUSE

In Sakkara gibt es ein kleines **Café**. Wer es ägyptischen Familien gleichtun möchte, macht ein Picknick im Schatten des verfallenen Jeremias-Klosters aus dem 6. Jahrhundert. Im Norden Sakkaras findet man weitere Rastplätze.

SAKKARA UND MEMPHIS: INSIDER-INFO

Top-Tipps: Ein Ritt durch die Wüste ist für Pferdefreunde vielleicht die schönste Art, nach Sakkara zu kommen. In den Reitställen in der Nähe der Gisa-Pyramiden (➤ 78) kann man ein Pferd mieten.
• Nehmen Sie zu Ihrem Ausflug nach Sakkara ausreichend Getränke mit.

Muss nicht sein! Die Mastabagräber neben der Unas-Pyramide weisen schöne Reliefs auf, können bei Zeitmangel aber außer Acht gelassen werden.

14

Pyramiden von Gisa und Sphinx

Die Pyramiden von Gisa, das einzige erhaltene der sieben antiken Weltwunder, verkörpern Geheimnis und Zauber des Altertums. Die Pyramiden wie auch der Sphinx regen wie kaum ein anderes Monument seit jeher zu Spekulationen und Erklärungsversuchen an. Dennoch sind sie noch immer von unzähligen, vielleicht nie zu lösenden Rätseln umgeben.

Viele Menschen träumen davon, einmal im Leben die Pyramiden von Gisa zu sehen. So seltsam es klingt, können sie auf den ersten Blick enttäuschend wirken. Vielleicht, weil ihr Anblick so altvertraut ist, erscheinen sie zunächst kleiner als erwartet; ihr mystischer Reiz geht im gnadenlosen Gewühl der Schwarzhändler und Kameltreiber unter. Nimmt man sich jedoch Zeit, vor-

Oben: Die Pyramiden und der Sphinx sind noch immer geheimnisumwittert

✚ 200 B4

✉ Gisa, 18 km südwestlich von Kairo

☎ 02-3 83 88 23 (Touristenbüro); www.guardians.net/hawass

◉ tägl. 7–19.30 Uhr, Cheopspyramide 8.30–16.30 Uhr

🍴 Cafeteria ($)

🚌 CTA-Busse 355 und 357 vom Ägyptischen Museum zum Hotel Oberoi bei den Pyramiden. Microbus von der Haltestelle Abd el-Moneim Riad nach El Haram

✋ für den Sphinx und das Hochplateau mittel; Extraeintritt für die Cheopspyramide (teuer), zwei weitere Pyramiden (preiswert) und die Sonnenbarke (preiswert)

Rechts: Der muslimische Friedhof von Naslet es-Simman vor dem Hochplateau der Pyramiden

Rechts: Wer
sich ins Innere
einer Pyrami-
de wagt, sollte
nicht an Platz-
angst leiden

zugsweise am frühen Morgen um sie herum zu wandern, kann man etwas erahnen von ihrer überwältigenden Erhabenheit und von den 45 Jahrhunderten Geschichte, die sie repräsentieren.

Die **Große Pyramide von Cheops** (zweiter König der 4. Dynastie, 2589–2566 v. Chr.) ist die älteste und größte der drei Hauptpyramiden. Sie setzt sich aus 2,3 Millionen Steinblöcken zusammen, ein einzelner Block wiegt durchschnittlich 2,5 Tonnen (einige auch bis zu 15 Tonnen). Die Pyramide, deren Seiten exakt nach den Himmelsrichtungen ausgerichtet sind, hatte ursprünglich eine Höhe von 146,6 Meter (heute 137 Meter).

Als die Pyramide im 9. Jahrhundert erstmals wieder geöffnet wurde, fand man drei Grabkammern, deren eine den Sarkophag des Königs enthielt. Einige Archäologen vermuten eine vierte Kammer, die den Grabschatz enthalten soll. Vom Eingang an der Nordseite führt ein enger Korridor tief in eine unvollendete Grabkammer hinunter. Ein weiterer Korridor führt nach links

Oben: Kein anderes Bauwerk der Welt ist so markant wie die Pyramiden von Gisa

Rechts: Am Tag herrscht auf dem Gelände ein großes Gedränge

zur Grabkammer der Königin hinauf, nach rechts in die 47 Meter lange Galerie und schließlich zur Grabkammer mit dem Sarkophag des Cheops. Auf der Ostseite der Pyramide liegen der Totentempel des Königs, der Aufweg und die kleineren Pyramiden der Königinnen.

Der Wächter des Königs

Chefren, Sohn des Cheops und vierter König der 4. Dynastie (2558–2532 v. Chr.), ließ die zweite Pyramide erbauen. Die Chefrenpyramide ist 136,4 Meter hoch, wirkt aber durch ihre Lage auf einem Plateau höher als die Cheopspyramide. Im Innern befinden sich zwei Grabkammern, deren eine den Sarkophag enthält. Die charakteristische Anlage eines Pyramidenbaues aus Talbau, Aufweg und Totentempel sowie Nebenpyramiden für die Königinnen lässt sich hier am deutlichsten erkennen. Die Überreste des Totentempels und des Aufweges liegen auf der

Aufdringliche Kamel- oder Pferdetreiber sollte man möglichst ignorieren

Ostseite. Der Aufweg führt zum Taltempel, der vom legendären **Sphinx** bewacht wird, einem aus dem Fels gehauenen Zwitter aus Löwe und Mensch. Auf Arabisch wird er *Abu el-Hol* (»Vater des Schreckens«) genannt. Noch heute umgibt ihn ein Geheimnis. Sein Gesicht ist dem des Chefren nachgebildet. Der Löwenkörper scheint aber um 2600 Jahre älter als der Kopf zu sein. Es wird erzählt, dass seine Nase von mamlûkischen und napoleonischen Soldaten abgeschossen worden sei; sein Bart befindet sich im Britischen Museum in London.

Die dritte Pyramide wurde für **Mykerinos** (2532–2504 v. Chr.), Sohn des Chefren, errichtet. Sie ist heute 62 Meter (ehemals 66,5 Meter) hoch und von den kleineren Pyramiden der königlichen Familie umgeben.

KLEINE PAUSE

Wer ein gehaltvolles Mittagessen mit Blick auf die Pyramiden genießen möchte, sollte in das Restaurant des Hotels **Mena House Oberoi** (➤ 73) gehen. Im Garten des **Andrea's** (➤ 74) kann man sich gut entspannen.

PYRAMIDEN VON GISA UND SPHINX: INSIDER-INFO

Top-Tipps: Die ruhigste Zeit für einen Besuch der Pyramiden ist der **frühe Morgen** und der **späte Nachmittag**. Vom Hochplateau hat man einen Panoramablick über alle drei Pyramiden (lassen Sie sich nicht von Souvenir- und Schwarzhändlern stören).

• Eine schöne Art der Annäherung an die Pyramiden ist ein **Ritt** durch die Wüste. Bevor man ein Pferd, ein Kamel oder einen Pferdewagen mietet, sollte man über den Preis und die gewünschte Zeit verhandeln. In der Nähe des Sphinx gibt es Reitställe (➤ 78). Die offiziellen Preise entnimmt man der Anschlagtafel neben dem Ticket-Schalter. Bei eventuellen Schwierigkeiten steht die Touristenpolizei vor Ort bereit.

• Eine **Ton-und-Licht-Schau** wird mehrmals täglich bei den Pyramiden gezeigt. Informationen erhält man unter Tel. 02-3 86 34 69 oder im Internet unter www.sound-light.egypt.com.

Geheimtipp: Das **Bootsmuseum** auf der Südseite der Großen Pyramide (Juni–Sept. tägl. 9–17 Uhr; Okt.–Mai 9–16 Uhr) beherbergt die 43 Meter lange Sonnenbarke, die den König Cheops in die Unterwelt befördern sollte. Die Barke war in 1200 Stücke zerfallen, als sie gefunden wurde. Die Arbeitszeit der Restaurateure betrug insgesamt 10 Jahre.

Nach Lust und Laune!

2 Stadtzentrum

Der Midan et-Tahrir ist das Zentrum des modernen Kairo. In der Nähe liegende Wahrzeichen sind u. a. das Ägyptische Museum (➤ 50ff), das Hotel Nile Hilton (es wurde nach der Revolution von 1952 am Standort der britischen Kaserne errichtet), das Mugamma (ein sowjetisch inspirierter »Tempel der Bürokratie«), die Umar-Makram-

Moschee und die amerikanische Universität.

Vizekönig Ismail plante die Entwicklung des Innenstadtgebiets um 1860 als Modernisierungsmaßnahme im Zuge der Eröffnung des Suezkanals. Der Plan war stark von der Umgestaltung der Stadt Paris beeinflusst.

Die Hauptstraßen Sharia Talat Harb und Sharia Kasr el-Nil sind von eleganten Gebäuden gesäumt, in denen heute Büros, Geschäfte und Banken untergebracht sind. Das alteingesessene Kaffeehaus Groppi liegt malerisch am Midan Talat Harb; der farbenprächtige Lebensmittelmarkt Tawfiqija befindet sich am nördlichen Ende der Sharia Talat Harb. Mit ihren zwielichtigen Nachtclubs führt die Straße des 26. Juli auf den einst prächtigen Esbekija-Garten zu.

✚ 196 C4

3 Mahmud-Khalil-Museum

Das prachtvolle Museum beherbergt die schönste Sammlung westlicher Kunst in Ägypten. Die Werke französischer Impressionisten und nachimpressionistischer Künstler, u. a. Rodin, Monet, Gauguin, Renoir, Van Gogh und Delacroix, waren das Eigentum Mahmud Khalils, in der Vorkriegszeit Minister, und seiner französischen Ehefrau (das Haus ist daher offiziell nach beiden benannt). Sie vermachten die Sammlung dem ägyptischen Staat unter der Auflage, dass sie in der eleganten Residenz des Paares ausgestellt werden würde.

✚ 196 A3   ✉ 1 Sh. Kafour, nahe dem Cairo Sheraton, Gisa   ☎ 02-338 9720; www.mkm.gov.eg   🕐 Di–So 10–17.30 Uhr (Feiertage 10–15 Uhr)   🚇 Dokki   ✋ mittel (Ausweis erforderlich)

5 Gayer-Anderson-Museum (Beit el-Kritlija)

Das Beit el-Kritlija vermittelt faszinierende Einblicke in das Leben vornehmer und wohlhabender Kairoer des Mittelalters. Der britische Major Gayer-Anderson, von 1935 bis 1942 Hausarzt der königlichen Familie, verband zwei Häuser miteinander und restaurierte sie liebevoll. Orientalische Kunstobjekte und Gemälde, die der Major auf seinen Reisen gesammelt

Empfangshalle im Beit el-Kritlija

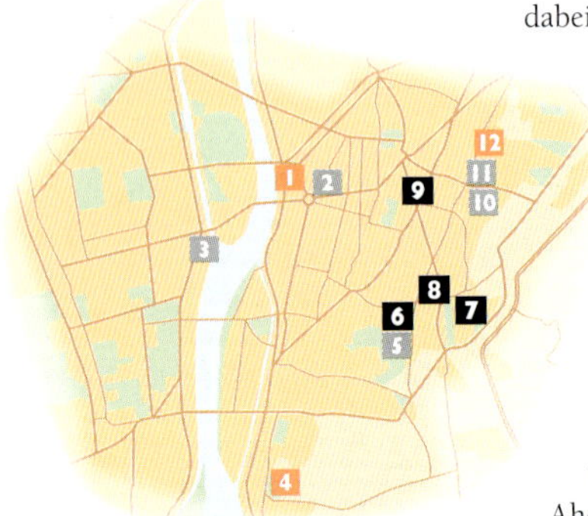

dabei die Moscheen seiner mesopotamischen Heimat zum Vorbild. Besonders das spiralförmige Minarett entspricht dem Stil der Moschee in Samarra (im heutigen Irak). Einer Legende nach soll aber ein aufgerolltes Stück Papier den Sultan zu diesem Minarett inspiriert haben. Der große ruhevolle Innenhof ist gepflastert und von eleganten Arkaden umgeben. Ein zwei Kilometer langer Fries aus Ahornholz unterhalb der Decke ist mit Inschriften aus dem Koran bedeckt.

✚ 197 D3 ✉ Sharia Saliba, Midan Ahmed Ibn Tulun
🕓 Sommer tägl. 8–18 Uhr
🚌 Buslinie 174 und Minibuslinie 54 vom Midan et-Tahrir ✋ frei

❼ Zitadelle (el-Qala'a)

Mit ihren gewaltigen Ausmaßen dominiert die Festungsanlage noch immer die Skyline von Kairo. Salâh ed-Dîn (Saladin, ➤ 25) ließ sie im Jahr 1176 auf einem Ausläufer der Mokkattam-Berge errichten. Über 700 Jahre lang diente sie als königliche Residenz. Die ursprünglichen

Wandornamente in der Ibn-Tulun-Moschee

hatte, bildeten die Inneneinrichtung. Das Haus ist seit der letzten Renovierung noch prachtvoller. Es ist durch die benachbarte Ibn-Tulun-Moschee zugänglich.

✚ 197 D3 ✉ Midan Ahmed Ibn Tulun
☎ 02-3 64 78 22
🕓 Sa–Do 9–16 Uhr, Fr 8–12 und 13–16 Uhr
🚌 Buslinie 174 und Minibuslinie 54 vom Midan et-Tahrir
✋ mittel

❻ Ibn-Tulun-Moschee

Die Ibn-Tulun-Moschee ist ein Meisterwerk klassischer islamischer Architektur und die größte und älteste Moschee Kairos. Sie beeindruckt durch ihre Ausmaße und ihre elegante Schlichtheit – auch wenn das Ergebnis von Restaurierungsarbeiten umstritten ist. Der abbasidische Sultan Ahmed Ibn Tulun ließ sie in den Jahren 876–879 n. Chr. erbauen und nahm

Anlagen wurden zum Teil zerstört. Die gestreifte Moschee des Sultans En-Nasir wurde mit einem Fayence-Minarett auf den Ruinen errichtet. In den Jahren 1824–48 ließ Mohammed Ali (➤ 26) die Alabastermoschee im osmanischen Stil erbauen. Ihre beiden Minarette sind 80 Meter hoch. Der Uhrturm war ein Geschenk des französischen Königs Louis-Philippe (1773–1850) im Gegenzug für den Obelisken, der heute in Paris steht.

Von der Zitadelle aus hat man einen herrlichen Blick über die Stadt. Auf dem Gelände wurden mehrere Museen eingerichtet; von Interesse ist besonders das Nationale Polizeimuseum mit seinen bizarren Ausstellungsstücken.

197 E3 ✉ Midan el-Qalaa (Eingang Sh. Salah Salem) ⊕ Sommer tägl. 8–18 Uhr; Winter 8–17 Uhr; Museum 8.30–16.30 Uhr
🍴 Cafeteria ($)
🚌 Buslinie 174 von Midan Ramses und Minibuslinie 54 vom Midan et-Tahrir
✋ mittel

⓼ Sultan-Hassan-Moschee

Die festungsartige Moschee ist eines der schönsten islamischen Bauwerke Ägyptens. Zwischen 1356 und 1363 wurde die Sultan-Hassan-Moschee erstmals auf einem kreuzförmigen Grundriss erbaut. In jedem der vier

Links: Die Mohammed-Ali- oder Alabastermoschee ist ein Wahrzeichen der Stadt
Rechts: Blick von der Zitadelle auf die Sultan-Hassan-Moschee

Die fünf schönsten Aussichtspunkte
• **Kairo-Turm auf der Insel Gesira:** Terrasse, Cafeteria und sich drehendes Restaurant
• **Terrasse der Zitadelle:** vor Sonnenuntergang
• **Pyramid Bar** auf dem Dach des Hotels Nile Hilton (➤ 73): Bar mit herrlichem Blick zu den Pyramiden
• **Minarett der Moschee El-Muaijad**, Bab Zuweila (➤ 58)
• **El-Ashar-Park** (➤ 71) mit herrlichem Blick auf das fatimidische Kairo und darüber hinaus

vom Innenhof abzweigenden Gewölbe (*Iwane*) wurde eine Koranschule eingerichtet, die jeweils einem der vier wichtigsten rechtlichen Riten des sunnitischen Islam gewidmet wurde.

Ein dunkler Korridor führt in den eindrucksvollen Innenhof, der Frieden und Einfachheit ausstrahlt. Besonders schön wirkt das Licht am Morgen. Riesige Portale zu beiden Seiten des *Mihrab* (einer nach Mekka ausgerichteten Nische) führen in das Mausoleum. In diesem prächtigen Raum soll der früh verstorbene Sohn des Sultans beigesetzt worden sein.

197 D3 ✉ Midan Salâh ed-Dîn
⊕ Winter tägl. 8–17 Uhr; Sommer 8–18 Uhr
🚌 Buslinie 174 und Minibuslinie 54 vom Midan et-Tahrir
✋ frei

⓽ Islamisches Museum

Ein Besuch der kürzlich völlig umgestalteten reichen Sammlung islamischer Kunstwerke aus verschiedenen Epochen und Regionen ist für ein vertieftes Verständnis der islamischen Kultur in Kairo unerlässlich.

Zu den Exponaten, die zum Teil unübersichtlich gegliedert sind, gehören viele Meisterwerke, z. B. ein mamlûkischer Springbrunnen und Moscheelampen (in Saal 5), Holzschnitzereien mit Tiermotiven aus der Zeit der Tuluniden (Saal 6) und Glasarbeiten (Saal 21).

✠ 197 D3 ✉ Sharia Port Said,
Bab el-Khalq
☎ 02-3 90 15 20
🕐 tägl. 9–16 Uhr; Fr 11–13 Uhr geschl.
🍴 Cafeteria ($) ✋ mittel

🔟 El-Ashar-Moschee

Als erste Moschee des fatimidischen
Kairo wurde die El-Ashar-Moschee
(»die Blühendste«) im Jahre 971 n.
Chr. erbaut. Sie gilt als die älteste
islamische Universität und ist noch
heute eine Autorität für theologische
Fragen des sunnitischen Islam. Der
Innenhof im fatimidischen Stil wird
auf der rechten Seite von einer mamlûkischen Madrasah begrenzt, in der
sich Wohnräume für die Studenten
befinden. Am kunstvollen Eingang

Die El-Ashar-Moschee, seit 1000 Jahren
Bewahrerin islamischer Tradition

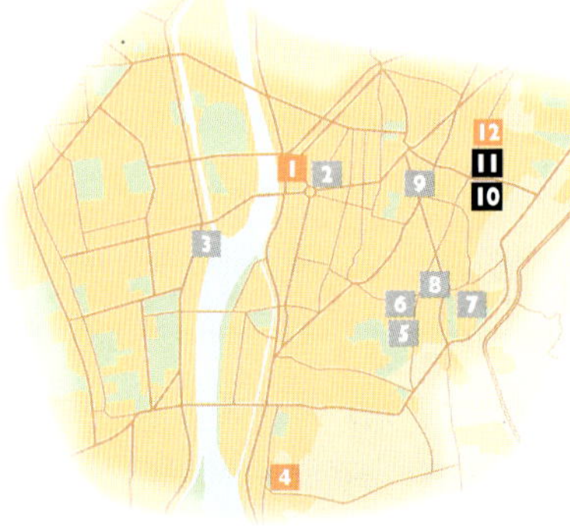

sitätsgebäuden neben theologischen
Fächern auch Naturwissenschaften
und Jura gelehrt.

✠ 197 E4 ✉ Sharia el-Ashar
🕐 tägl. 8–17 Uhr, aber während
der Gebetszeiten (besonders Freitag-
mittag) geschl.
✋ frei, aber Trinkgeld erbeten

1️⃣1️⃣ Khan el-Khalili

Der Khan el-Khalili ist ein verwirren-
des Labyrinth von Gassen, Handelshäusern und meist nach der Art ihrer
Waren gruppierten Märkten. Bereits
im Mittelalter war der Khan el-Khalili
das Handelszentrum des alten Kairo.
Interessante Kaufobjekte findet
der Besucher eher in den kleineren

(dem »Barbiertor« aus dem 15. Jahrhundert) ließen sich die Studenten in
früheren Zeiten den Kopf rasieren.
Heute werden in den neuen Univer-

**Eines der Kaffeehäuser nahe der Hussein-
Moschee**

Für Kinder

- **Zoo von Kairo**, Midan el-Gamia, Gisa (tägl. 9–16 Uhr, Tel. 02-570 8895, preiswert).
- **Dream Park**, Oasis Road, nahe der Stadt des 6. Oktober, 20 Kilometer südlich von Kairo (Tel. 02-840 0087, www.dreamparkegypt.com, Sa–Do 16–24, Fr 12–21 Uhr, teuer). Vergnügungspark mit über 30 Fahrgeschäften für Kinder.
- **Dr. Ragab's Pharaonic Village**, Jakobsinsel, zwei Kilometer südlich der El-Gisa-Brücke an der Corniche, Gisa (Tel. 02-571 8675; www.touregypt.net/village; Sommer tägl. 9–21 Uhr; Winter 9–18 Uhr). Eine zweistündige Bootsfahrt führt an Szenen aus dem alten Ägypten mit kostümierten Darstellern entlang.
- **Pferde- oder Kamelritte** bei den Pyramiden (➤ 78).
- **Fagnoon Art School**, Sakkara Road, Sabil Om Haschim (Tel. 02-815 1014; tägl. 10–17 Uhr). In Mohammed Allams wunderschönem Kulturzentrum können Kinder ihrer Kreativität freien Lauf lassen.

Gassen abseits der Hauptstraße. Einen Imbiss erhält man im Café-Restaurant Naguib Mahfouz (➤ 76) in der El Badestan. Der Goldmarkt an der Sharia el-Muiss Lidin Allah (➤ 56ff) ist groß und lebhaft. Folgt man den exotischen Düften, gelangt man zum mittelalterlich wirkenden Gewürz- und Parfumbasar in einer Gasse bei der Barsbey-Moschee. Nahe der Hussein-Moschee liegt das Café Fishawi (➤ 75), das älteste Kaffeehaus der Stadt (gegründet 1773).

✚ 197 E4 ✉ zwischen Midan Hussein und Sharia el-Muski
🕐 Mo–Sa 9–16 Uhr
🍴 Café Fishawi und Restaurant Naguib Mahfouz ($–$$)
🚌 Buslinien 186, 815, 904 und Minibuslinien 77 und 102 vom Midan et-Tahrir
✋ frei

Wasserfontänen auf der Palmenpromenade im El-Ashar-Park

El-Ashar-Park

Der Aga-Khan-Trust hat das Gelände einer ehemaligen Mülldeponie **hinter der El-Ashar-Moschee** in eine Grünanlage umgewandelt – den **El-Ashar-Park** (Sh. Salah Salem, tägl. 10–22 Uhr, preiswert). Das Resultat ist wirklich verblüffend: Stadtmauern aus dem 12. Jahrhundert wurden auf 1,5 Kilometer Länge freigelegt und restauriert, das Viertel Darb el-Ahmar wird ebenfalls renoviert und wiederbelebt, und neu entstanden ist ein 30 Hektar großer **schöner Landschaftspark** im islamischen Stil – mit über 50 verschiedenen Wasserspielen und Teichen. Viele Familien gehen hier **spazieren** oder machen ein **Picknick**, denn ein solcher Park hatte in der dicht besiedelten Stadt wirklich gefehlt. Auf dem Gelände gibt es ein Theater, einen Spielplatz, Obstgärten, einen See, eine Galerie und das hübsche Restaurant Citadel View (➤ 75) mit Rundblick über die Stadt.

Wohin zum … Übernachten?

Preise
Die Preise beziehen sich auf ein Doppelzimmer pro Nacht.
$ unter 400 LE $$ 400–900 LE $$$ über 900 LE

Als Hauptstadt Ägyptens bietet Kairo eine reiche Auswahl an Übernachtungsmöglichkeiten, zu denen die schäbigen Absteigen am Midan el-Ataba ebenso gehören wie prächtige Paläste mit wunderbarem Blick auf den Nil oder die Pyramiden. Bei einer Reisezeit im Sommer sollte man versuchen, ein Zimmer mit Klimaanlage zu bekommen, weil sich die Temperaturen auch nachts nicht nennenswert verringern. In der Hochsaison ist es unbedingt ratsam, weit im Voraus zu buchen, um überhaupt eine Unterkunft zu finden.

Cairo Marriott $$$

Das ursprüngliche Gebäude von 1869, ein herrlicher Palast am Nil, wurde anlässlich der Eröffnung des Suezkanals errichtet, um ausländische Gäste, u. a. die französische Königin Eugenie, zu empfangen. Die Hotelzimmer befinden sich heute in zwei modernen Hochhäusern. Viele der gut ausgestatteten Räume haben einen schönen Blick über den Nil und die Stadt. Der Marriott Garden (▶ 75) ist eine Oase der Ruhe im quirligen Kairo. Im Impress (dem eindrucksvollen ehemaligen Schlafgemach der Königin Eugenie) werden ab 23 Uhr Dinner und Show geboten. Wer Spannung sucht, findet sie im Kasino.

✚ 196 B5 ✉ Sh. Saraya el-Gesira, Samalik ☎ 02-7357 8888; www.marriott.com

Cosmopolitan $$

Das Hotel Cosmopolitan liegt in einer überraschend stillen Seitenstraße im Stadtzentrum. Das beeindruckende Art-nouveau-Gebäude ist ein Überbleibsel aus Kairos *Belle Époque*. Das Hotel wurde sorgfältig restauriert und verfügt über stilvolle, geräumige und bequem ausgestattete Zimmer. Der Service im Schneckentempo macht einen Teil des Charmes aus.

✚ 196 C4 ✉ 1 Sh. Ibn Tahlab, Stadtzentrum ☎ 02-392 3845; Fax 02-393 3531

Horus House $$

Kleine freundliche Hotels sind in Kairo selten. Das Horus House wird daher von Stammgästen wie ein Schatz gehütet. Es liegt im stillen Zentrum von Samalik und in der Nähe vieler Geschäfte, Restaurants und Bars. Man sollte lange im Voraus buchen, denn die Stammgäste pflegen längere Zeit zu bleiben. Das Restaurant, in dem man ein gutes Mittagessen bekommt, zählt einige ältere Ehepaare zu seinen Stammgästen, die seit Jahren auf der Insel leben.

✚ 196 A5 ✉ 21 Sh. Ismail Mohammed, Samalik ☎ 02-736 0694

Luna $

Ein ganz neues Haus unter den preiswerten Hotels der Innenstadt, und mit Abstand das beste. Die Zimmer sind groß und sauber, täglich wird frische Bettwäsche aufgezogen, und eine Klimaanlage sorgt für erträgliche Temperaturen. Einige Zimmer haben ein eigenes Bad, andere ein Gemeinschaftsbad, das aber sehr sauber ist. Gäste können die Küche und einen Aufenthaltsraum nutzen. Die Mitarbeiter sind freundlich und hilfsbereit.

✚ 196 C4 ✉ 5. Stock, 27 Sh. Talaat Harb, Innenstadt ☎ 02-396 1020; www.lunacairo.com

Mena House Oberoi $$$

Wenn man Glück hat, bekommt man ein Zimmer mit Blick auf die Pyramiden. Der im 19. Jahrhundert entstandene Gebäudeflügel in allernächster Nähe der Großen Pyramide beherbergt schön dekorierte Räume im orientalisch-maurischen Stil. Die Standardzimmer im Gartenanbau sind geräumig und komfortabel. Die Gartenterrasse lädt zum Frühstücken ein, das Gartenrestaurant ist ideal zum Mittagessen. Das Moghul Room (► 75) ist das beste indische Restaurant der Stadt.

✚ 196 bei A2 ⊠ Sh. el-Ahram, nahe den Pyramiden ☎ 02-383 3222; Fax 02-383 7777; www.oberoihotels.com

Nile Hilton $$$

Das älteste unter den 5-Sterne-Hotels von Kairo hat gleichzeitig die zentralste Lage von allen; das Haus wurde modernisiert und ist immer noch eine hervorragende Adresse. Das Hotel liegt mitten in der Stadt, direkt zwischen dem Ägyptischen Museum und dem Nil – schöner kann man gar nicht mehr wohnen. Die Zimmer sind geräumig und bestens ausgestattet und besitzen Balkone; außerdem beherbergt das Haus die beliebtesten Restaurants von ganz Kairo und mittlerweile auch die angesagtesten Bars. Entspannung nach einem Ausflug in die hektische Stadt bietet der Pool im Garten.

✚ 196 B4 ⊠ 1113 Corniche el-Nil ☎ 02-578 0444; www.hilton.com

Nile Plaza Four Seasons $$$

Dies ist eines der beiden Four-Seasons-Hotels von Kairo – und zwar das neueste und eindrucksvollste unter allen Luxushotels der Stadt. Die Zimmer sind groß und geschmackvoll ausgestattet und besitzen Marmorbäder; der Blick über den Nil und die Altstadt ist einfach phantastisch. Der Service erreicht ein wirklich hohes Niveau; angenehm sind die beiden Pools, das Wellness-Center und die fünf Spitzenrestaurants. Eine echte Attraktion!

✚ 196 B3 ⊠ 1089 Corniche el-Nil, Gartenstadt ☎ 02-791 7000; www.fourseasons.com

Pension Roma $

Das gut geführte Haus aus den 40er Jahren ist eines der besten preiswerten Hotels in der der Innenstadt. Hinter der maurischen Fassade findet man saubere Zimmer mit blank polierten Holzfußböden, hohen Decken und bequemen Möbeln vor. Da das Hotel bei Rucksacktouristen, Studenten und anderen Reisenden mit beschränktem Budget sehr beliebt ist, sollte man unbedingt vorher ein Zimmer reservieren.

✚ 196 C4 ⊠ 4. Stock, 169 Sh. Muhammad Farid ☎ 02-391 1088; Fax: 02-579 6243

President $$

Das Äußere ist von moderner Schlichtheit, doch dahinter verbirgt sich ein freundliches, gemütliches und ruhiges Hotel mit geräumigen Zimmern, die ihr Geld wert sind. Das Haus liegt mitten im grünen Wohnviertel Samalik, und in der Nähe gibt es eine ganze Reihe von Läden und Restaurants. Zum Hotel gehören ein Business-Center, eine hervorragende Bäckerei, ein Restaurant auf dem Dach und im Keller eine Bar, in der es oft recht lebhaft zugeht.

✚ bei 196 A5 ⊠ 22 Sh. Taha Hussein, Samalik ☎ 02-735 0718; E-Mail preshotl@thewayout.net

Talisman $$

Eine ganz besondere Atmosphäre zeichnet das einzige Boutique-Hotel von Kairo aus, das wunderschön in einer stillen Seitenstraße und doch nahe genug an einer belebten Einkaufszone in der Innenstadt liegt. Die Zimmer sind farbenfroh und verschwenderisch ausgestattet, das Mobiliar stammt aus Ägypten und Syrien, die großen Badezimmer sind im ägyptischen Stil gehalten. Auch der öffentliche Bereich ist angenehm: Es gibt einen hübschen Frühstücksraum, einen prächtigen Salon und eine Bibliothek, die mit Büchern über Ägypten angefüllt ist. Das Personal ist sehr freundlich; kleine Erfrischungen sind im Preis inbegriffen.

✚ 196 C4 ⊠ 5. Stock, 39 Sh. Talaat Harb ☎ 02-393 9431

Wohin zum ...
Essen und Trinken?

Preise
Die Preise beziehen sich auf ein Gericht pro Person ohne Getränke und Trinkgeld.
$ bis 100 LE $$ 100–150 LE $$$ über 150 LE

Der weltstädtische Charakter Kairos spiegelt sich auch in der großen Vielfalt an Restaurants wider. Heimische Gerichte wie *foul*, *kuschari* und Kebab sind preiswert und überall zu bekommen. Anspruchsvolle Restaurants, die regionale und internationale Speisen anbieten, gehören meist zu einem Hotel.

Abu el Sid $$–$$$

Das äußerst beliebte Restaurant serviert schmackhaft zubereitete Klassiker der ägyptischen Küche: gefüllte Taube oder *meloukhiya* (eine Suppe mit Huhn und einem spinatartigen Gemüse, die mit Brot, Zwiebeln und Gewürzen auf den Tisch kommt), aber auch *mezze* und Wasserpfeifen werden dort bereitgehalten. Das Ambiente ist großartig, das Mobiliar ist im etwas kitschigen Louis-Farouk-Stil gehalten, und an den Wänden sind die Arbeiten heimischer Künstler zu bestaunen. Reservierung erforderlich.

✚ 196 B5 ⊠ 157 Sh. 26. Juli, Samalik ☎ 02-735 9640
◉ tägl. 12–14 Uhr

After Eight $$

Aus der beliebten Kneipe ist mittlerweile ein ebenso beliebtes Restaurant geworden, das Mittelmeerküche und Gerichte des Nahen Ostens zubereitet. Mittags ist es hier ruhig, abends geht es allerdings hoch her, vor allem am Wochenende. Jede Nacht hört man Live-Musik: internationalen und orientalischen Jazz oder die Band Wust el Balad (»Innenstadt«). Die Qualität der Speisen ist eher durchschnittlich. Rechtzeitig das Programm studieren und dann vorab reservieren.

✚ 196 C4 ⊠ 6 Sh. Qasr el-Nil (neben Nadi el-Sajarat)
☎ 02-574 0855; www.after8egypt.com
◉ tägl. 12–15, 20–2 Uhr

Alfi Bey $$

Das Alfi Bey ist eine unverhohlen altmodische Kairoer Institution mit einfacher ägyptischer Küche. Die Einrichtung einschließlich der Papiertischdecken ist unkompliziert, und der Gast wird mit einem Lächeln bedient. Man sollte *mezza* und eine der Spezialitäten probieren, z. B. gefüllte Tauben oder *frikh* mit Lamm (*mozza*). Die traditionellen Nachspeisen werden ohne Rücksicht auf Kalorienzahlen zubereitet. Besonders gut sind der Eispudding und *mahalabeja* (ein Dessert aus Reismehl). Alkoholische Getränke werden nicht ausgeschenkt.

✚ 196 C4 ⊠ 3 Sh. el-Alfi, Zentrum
☎ 02-577 4999 ◉ 13–1 Uhr

Americana Fish Market $$

Das Americana auf dem oberen Deck eines fest am Ufer des Nil vertäuten Schiffes gilt als bestes Fischrestaurant der Stadt. Man wählt hier einfach etwas aus der großen und fangfrischen Auswahl an Fischen und Meeresfrüchten aus; das Gewählte wird abgewogen, auf die gewünschte Weise zubereitet und mit frischem selbstgebackenem Brot und Salat serviert. Reservierung erforderlich.

✚ 196 A1/2 ⊠ Americana Boat, 26 Sh. el-Nil, Gisa ☎ 02-570 9693
◉ tägl. 12–2 Uhr

Andrea's $–$$

Ein wahres Vergnügen ist es, im Bougainvillea-Garten des Restaurants an den rotweiß gedeckten Tischen im Schatten der Bäume zu sitzen. *Mezza* und frische Salate werden auf einer großen Platte serviert. Dazu gibt es köstliches Fladenbrot, das direkt am Eingang gebacken wird. Die Hauptgerichte beschränken sich auf gegrilltes Fleisch und Geflügel (Brathähnchen ist besonders zu empfehlen). Hier findet man einen perfekten Ruheort nach einem Aufenthalt bei den Pyramiden, obwohl der Andrang der Touristengruppen manchmal groß ist.

✚ 200 B4 ✉ 59–60 Marioutija-Kanal, nahe den Pyramiden von Gisa ☎ 02-381 0938 🕓 tägl. 10–22 Uhr

Aqua $$$

Ein nicht gerade preiswertes, aber hervorragendes Restaurant mit Fusion-Küche; die Sushi gehören ohne Zweifel zu den besten der Stadt. Leckere Gerichte vom Pazifik und ein schöner Blick über den Nil. Reservierung erforderlich; korrekte Kleidung erwünscht.

✚ 196 B3 ✉ Four Seasons, Nile Plaza, 1089 Corniche an Nil, Gartenstadt ☎ 02-791 6876 🕓 tägl. 19–1 Uhr

La Bodega $$–$$$

In der ziemlich durchgestylten Lounge-Bar speist man köstliche Fusion-Gerichte aus Asien in asiatischem Ambiente. Das etwas bodenständigere Bistro auf der gleichen Etage bietet eine gute Auswahl an Gerichten aus der mediterranen Küche – von leckerem Couscous bis zu frischer Pasta und köstlicher Paella.

✚ 196 B5 ✉ 157 Sh. 26. Juli, Samalik ☎ 02-735 6761 🕓 tägl. 12–14 und 19–4 Uhr

Citadel View $$

Hier speist man mittags auf der Terrasse mit Blick auf den schönen El-Ashar-Park (► 71) und auf Kairo; der Nachmittagstee wird in einem der traditionellen Salons an niedrigen Tischen serviert. Mittags steht ein gutes Büfett mit ägyptischen *mezze* (vegetarischen Vorspeisen) und diversen Hauptgerichten bereit. Empfehlenswert, aber vor allem freitags unbedingt reservieren.

✚ 197 E4 ✉ El-Asher-Park, Sharia Saleh Salem ☎ 02-510 9150/51 🕓 tägl. Mittag- und Abendessen

Egyptian Pancake House $

Auf dem Khan el-Khalili gibt es nicht viele Restaurants. Das empfehlenswerte Egyptian Pancake House bietet ägyptische Pfannkuchen an, eine Mischung aus Pizza und Crêpe. Es gibt süße Varianten mit Nüssen und Honig oder würzige mit Käse, Tomaten und Chili. Drinnen ist es ruhig; draußen kann man die nicht nachlassende Faszination des Stadtteils auf sich wirken lassen.

✚ 197 E4 ✉ zwischen Sharia el-Ashar und Midan Hussein auf dem Khan el-Khalili 🕓 tägl. vom Morgen bis zum späten Abend

Felfela $–$$

Wenn man zum ersten Mal ägyptische Gerichte probieren möchte, ist man im Felfela an der richtigen Adresse. Das Restaurant wird überwiegend von ausländischen Gästen besucht; aber auch Ägypter zieht es wegen der traditionellen Küche hierher. Am besten beginnt man mit *mezza* und Salat, als Hauptgericht sollte Kebab oder gegrillte Taube folgen. Obwohl das Felfela mittlerweile einer Restaurantkette angehört, ist es nach wie vor als ursprüngliches Lokal zu empfehlen.

✚ 196 C4 ✉ 16 Sh. Hoda Sharawi, Zentrum ☎ 02-392 2833 🕓 tägl. 8–24 Uhr

El Fishawi $

Das älteste Kaffeehaus der Stadt wurde 1773 gegründet. Es ist eines der wenigen Lokale, in denen man ägyptische Frauen mit ihren Männern zusammen sitzen sehen kann. Am Tag ist das Fishawi ein schöner Ort, um bei einem Pfefferminztee oder einer Wasserpfeife die Welt vorüberziehen zu lassen. Nachts wird es sehr lebhaft. Da das Lokal nahe der Hussein-Moschee liegt, wird kein Alkohol serviert.

- 197 E4
- Khan el-Khalili, nahe Midan el-Husayn
- tägl. 24 Stunden

Greek Club $

Ideal für Nostalgiker: In diesem altmodischen Club mit dem verblassten klassizistischen Interieur und der belebten Außenterrasse kann man sich bei einem kühlen Stella-Bier erholen und dazu ein paar Vorspeisen genießen. Eine Institution in der Stadt!

- 196 C4   Sh. Mahmoud Bassioni, oberhalb von Groppi, Zentrum
- 02-575 0822
- tägl. 8–24 Uhr

Marriot Garden $$

Das Restaurant des Marriot Hotel ist einer der seltenen Orte, an denen man in friedlicher Atmosphäre im Freien essen und sich entspannen kann. Es ist ein Treffpunkt für wohlhabende Kairoer und arabische Golfspieler. Neben Getränken und Eis werden auch köstliche Sandwiches, Pizzas und ausgezeichnete ägyptische Grillspezialitäten angeboten.

- 196 B5
- Marriot Hotel, 33 Sh. Saraya Saray el-Gesira, Samalik
- 02-735 8888
- tägl. 9–1 Uhr

Naguib Mahfouz Coffee Shop $ & Restaurant auf dem Khan el-Khalili $$

Diese Kombination ist das einzige anspruchsvolle Speiselokal auf dem Basar und verfügt nebenbei über gepflegte Toiletten. Im Coffee Shop werden original ägyptische heiße Getränke, frische Säfte, Wasserpfeifen und Süßigkeiten in orientalischem Ambiente serviert. Das teurere Restaurant bietet neben *mezza* eine große Auswahl ägyptischer Hauptgerichte an. Das überwiegend von Touristen frequentierte Restaurant ist ein gemütlicher und ruhiger Ort abseits der lebhaften Straße.

- 197 E4
- 5 Sikket el-Badistan (Gasse auf dem Khan el-Khalili)
- 02-590 3788
- tägl. 10–2 Uhr

Sabaya $$–$$$

Das hübsche libanesische Restaurant bietet natürlich authentische libanesische Küche, darunter eine enorme Auswahl an *mezze* und Salaten. Zu den Spezialitäten des Hauses zählen *kibbeh najjeh* mit rohem Lammfleisch und *hummus* (Kichererbsenpüree) mit gebratenem Lamm und Pinienkernen.

- 196 B3/4
- Semiramis InterContinental, Corniche el-Nil, Gartenstadt
- 02-795 717
- tägl. 19.30–1 Uhr

Sequoia $$

Sequoia ist noch recht neu in der Restaurantszene von Kairo – und eine echte Bereicherung, die sich vor allem bei den betuchteren Kairoern großer Beliebtheit erfreut. Das Restaurant auf der Halbinsel Gesira hat seine Tische nur im Freien (in den Wintermonaten mit Wärmestrahlern), und man blickt direkt auf den Nil. Die ägyptischen Speisen schmecken hervorragend und sind angesichts dieses Ambientes nicht überteuert; die Cocktailkarte ist ebenso umfangreich wie die Auswahl an Aromen für die Wasserpfeife. Hierher kommt man, um zu sehen und gesehen zu werden.

- bei 196 A5
- Ende der Sh. Abou el-Feda, Samalik
- 02-735 0014
- tägl. Mittag- und Abendessen

Wohin zum …

Einkaufen?

Kairo wirkt oft wie ein einziger großer Basar; an Einkaufsmöglichkeiten gibt es keinen Mangel. Die Auswahl reicht von exotischen Gewürzen über Baumwollkleidung bis hin zu Beduinenschmuck.

Bücher und *Musik*

Die umfangreichste Auswahl an Büchern findet man im **Buchgeschäft der AUC** (Hill House auf dem Hauptcampus der amerikanischen Universität, Sh. Mohammed Mahmoud, Zentrum). Bei **Lehnert and Landrock** (44 Sh. Sharif, Zentrum) gibt es ebenfalls ein gutes Sortiment an Büchern über Ägypten. Eine große Auswahl an Büchern, arabischen Videos/DVDs und Musik findet man auch bei **Diwan** (159 Sh. 26. Juli) in Samalik. Die vielleicht beste Musikauswahl bieten der **Mirage Megastore** (71 Sh. Gami'at el-Duwal el-Arabiya, Mohandiseen) und **Vibe** (1A Sh. Sayed el-Bakry) direkt hinter der Buchhandlung Diwan.

Mit wertvollen antiquarischen Büchern, Karten und Drucken handelt **l'Orientale** (Shop 757 im Untergeschoss der Nile Hilton Shopping Mall, Midan Tahrir, Zentrum).

Kunsthandwerk

Auf dem **Khan el-Khalili** (▶ 70) gibt es Souvenirs in Fülle zu kaufen. Kunsthandwerk von besserer Qualität ist aber eher in Spezialgeschäften zu finden. Dr. Ragab produziert echten Papyrus; verkauft wird er zu annehmbaren Preisen in **Dr Ragab's Papyrus Institute** (Corniche el-Nil, nahe am Cairo Sheraton, Gisa). Bei **Senouhi** (54 Sh. Abd el-Khalek Sarwat, 5. Stock, Appartement 51, Zentrum, Tel. 02-3 91 09 55) betritt man eine Schatzkammer mit Schmuck, Teppichen und Bildern. Ägyptisches Kunsthandwerk von hoher Qualität wird besonders von **Khan Misr Touloun** (gegenüber der Ibn-Tulun-Moschee, Tel. 02-3 65 22 27) und von **Fair Trade Egypt** (Appartement 8, 1. Stock, Sh. Jahjia Ibrahim in Samalik, Tel. 02-7 36 51 23) gefördert. Das Angebot umfasst Töpferwaren, Tischwäsche, Spitzen und Teppiche zu festen Preisen. **Oum el Dounia** (1. Stock, Sh. Talaat Harb, Zentrum, Tel. 02-393 8273) handelt mit hochwertigem ägyptischem Kunsthandwerk, und zwar zu festgelegten und akzeptablen Preisen. Alte Möbel und neue Designerstücke erhält man bei **Makan** (4 Sh. Ismail Mohamed, Samalik, Tel. 02-738 2632). Bei **Nagada** (8 Sh. Dar el-Shefa, 3. Stock, Gartenstadt, Besuch nach Vereinbarung, Tel. 02-792 3249) findet man hervorragende handgewebte Baumwolle und Töpferwaren aus dem Faijum. Kunsthandwerk von der Oase Siwa wird in der eleganten **Nomad Gallery** (1. Stock, 14 Sh. Saraya el-Gesira, Samalik, Tel. 02-736 1917) oder in der Einkaufspassage des Marriot Hotel verkauft. In den Geschäften auf dem **Basar der Zeltmacher** in der Umgebung des Bab Zuweila gibt es traditionelle Stickereien für Zelte, Kissenhüllen oder Wandbehänge.

Die **El Khatoun Gallery** (3 Sh. Mohammed Abduh) direkt hinter der El-Ashar-Moschee vertreibt zeitgenössisches Kunsthandwerk aus Ägypten, darunter viele Arbeiten, die einen Sinn für Humor verraten. In der gleichen Straße befindet sich auch Abd el-Zaher, ein Buchbinder alter Schule, der Alben und Notizbücher in schönen Ledereinbänden fertigt, auf die er wahlweise auch den Namen des Kunden in goldenen Lettern aufträgt.

Kleidung

Arcadia (Corniche el-Nil) ist die anspruchsvollste Einkaufspassage in Kairo. In den Geschäften findet man auch Freizeitkleidung aus Baumwolle. Die neue Passage in der **First Residence** (35 Sh. el-Gisa, Gisa) macht dem World Trade Centre Konkurrenz. Alles für den Bauchtanz gibt es im **Haberdashery**, das über dunkle Treppen an der Sh. Gawhar el-Quajed (nahe dem Fishawi) auf dem Khan el-Khalili zu erreichen ist.

Wohin zum ... Ausgehen?

Kairo ist bei Nacht ebenso lebendig wie am Tag. Informationen finden Sie in englischer Sprache in den Zeitungen *Egyptian Gazette, Cairo Times, Al Ahram Weekly* und der Monatsillustrierten *Egypt Today*.

Kaffeehäuser (*achwa*)

Ägyptische Männer verbringen den Abend gern in ihrem Stammkaffeehaus mit Gesprächen bei Wasserpfeife und Kaffee oder Tee. Alkoholische Getränke werden nicht ausgeschenkt (▶ 28ff). Besonders lebhaft geht es nachts im **El Fishawi** (▶ 75) und in der Umgebung der Hussein-Moschee zu.

Musik

Klassische Konzerte werden meist in der **Oper** von Kairo (Gesira) gegeben (Tel. 02-739 8144; www.operahouse. gov.eg). Herren sollten mit Jackett und Krawatte erscheinen. Arabische Konzerte und Theateraufführungen finden – vor allem in den Nächten des Ramadan – im **Beit el-Harrawi** (hinter der El-Ashar-Moschee, Tel. 02-510 4174) statt. Am ersten Donnerstag eines jeden Monats gibt es dort ein Konzert mit klassischer arabischer Musik. Im **Kulturzentrum El Sawy** (Sh. 26. Juli, Samalik, unter der Brücke nach Aguza; Tel. 02-736 61 78) kann man abends experimentelle Theateraufführungen oder Konzerte erleben. Live-Musik erklingt täglich im **Cairo Jazz Club** (197 Sh. 26. Juli, Aguza, Tel. 02-345 9939; www.cairojazzclub.com).

Bauchtanz

Die anspruchsvollen Shows werden in den Clubs der teuren Hotels gezeigt.

Am beliebtesten sind die Shows im **Cairo Sheraton** (Tel. 02-336 9700) und im **Semiramis Intercontinental** (Tel. 02-7 95 71 71). Die Nachtclubs, wie z. B. **Palmyra**, im Stadtzentrum bieten anspruchslosere Bauchtanzprogramme.

Tanzende Derwische

Die Mewlewije sind eine ägyptische Sufisekte, die man auch als **tanzende Derwische** kennt. Wenn die **Tannoura Egyptian Heritage Dance Troupe** in der Stadt ist, können Besucher im Palast Mamluk El-Ghoury (bei der Fußgängerbrücke über die Sh. El-Ashar) jeden Samstag und Mittwoch um 21 Uhr einer Darbietung des Wirbeltanzes beiwohnen (Tel. 02-510 0823).

Diskotheken

Donnerstagnacht ist in Kairo die beste Zeit zum Ausgehen. Die Hoteldiskos lassen dann häufig externe Gäste ein, allerdings zu einem erhöhten Eintrittspreis. Sehr beliebt sind derzeit **Latex** (Nile Hilton Hotel, Corniche el-Nil, Zentrum; Tel. 02-578 0444) und **Absolute** (Casino el-Shaggara, gegenüber dem World Trade Centre, Corniche el-Nil, Bulaq, Tel. 02-579 6512). Die Restaurant-Bar **El Morocco** (Blue Nile Boat, 9 Saray el-Gesira, Samalik, Tel. 02735 3114) verwandelt sich nachts in eine vielfrequentierte Disko. Bodenständiger ist das **Exit** (Atlas Hotel, 2 Sh. Mohamed Rushdi, Zentrum, Tel. 02-391 8127); das **Rive Gauche** (Hotel Samalik, Sh. Maahad el-Swissry, Samalik, Tel. 012-735 1846) hat die besten DJs.

Reiten

Pferde sollte man nur bei einem anerkannten Stall mieten. In Nazlet El Semaan nahe dem Sphinx gelten **AA** (Tel. 02-385 0531) und **MG** (Tel. 02-385 3832) als die besten Reitställe. Am allerbesten ist der **International Equestrian Club** (an der Sakkara-Straße am Ende der Ringstraße Moneeb; Tel. 02-742 7654/385 3832). Im **Sakkara Country Club Hotel** (Sakkara-Straße nach Abu El Nomros, Tel. 02-384 6115) ist eine zeitlich befristete Mitgliedschaft möglich.

Luxor

Erste Orientierung

500 Jahre lang war Luxor die Hauptstadt des Neuen Reiches. Die außergewöhnlichen Kulturdenkmäler dieser Stadt legen von dieser glanzvollen Zeit ein beeindruckendes Zeugnis ab. Viele der Monumente haben die Jahrtausende überdauert. Als Provinzstadt ist Luxor heute, besonders am Westufer des Nils, verhältnismäßig ruhig und friedlich.

Tagsüber geht es um den von Suks und Hotels umgebenen Luxor-Tempel geschäftig zu. Auf der Corniche wimmelt es von Einheimischen und Touristen und von Bussen, die an den Sehenswürdigkeiten vorbeifahren. Bei Nacht, wenn Spaziergänger in der kühlen Abendbrise zur Erfrischung an den Nil kommen, wird es ruhig.

Bereits in frühester Zeit hat es an diesem Ort Siedlungen gegeben. Erst als die Fürsten von Theben das Neue Reich (1540–1075 v. Chr.) begründeten, wurde die Stadt (von den alten Ägyptern Waset und später Theben genannt) zu einem bedeutenden Ort. Nachfolgende Pharaonen strebten nach immer größerer Prachtentfaltung und fügten dem Reichstempel des Amun von Karnak und seinem Gegenstück in Luxor noch weitere Tempelbauten hinzu.

Auch unter römischer Herrschaft blieb der dem Amun geweihte Luxor-Tempel die bedeutendste Kultstätte Vorhergehende Seite: Tempel Ramses' II. im Tempelbezirk von Luxor

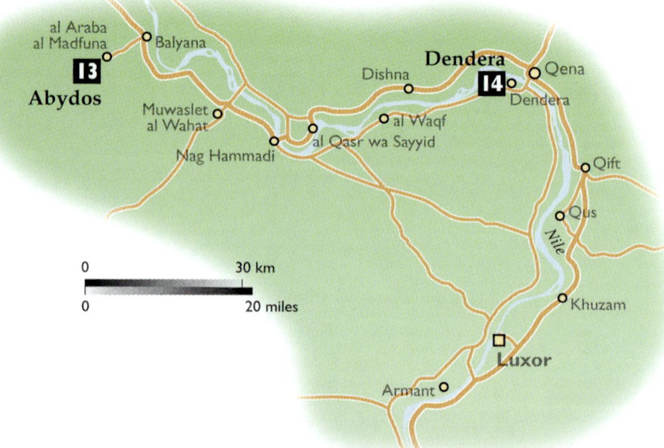

★ Nicht verpassen!

1 Karnak ➤ 84
4 Luxor-Tempel ➤ 88
9 Tal der Könige ➤ 91
10 Deir el-Bahari ➤ 94
11 Privatgräber ➤ 96

Nach Lust und Laune!

2 Museum für altägyptische Kunst (Luxor-Museum) ➤ 98
3 Mumien-Museum ➤ 98
5 Medinet Habu ➤ 98
6 Grab der Nefertari ➤ 99
7 Tal der Königinnen ➤ 99
8 Deir el-Medina ➤ 99
12 Ramesseum ➤ 100
13 Abydos ➤ 101
14 Dendera ➤ 102

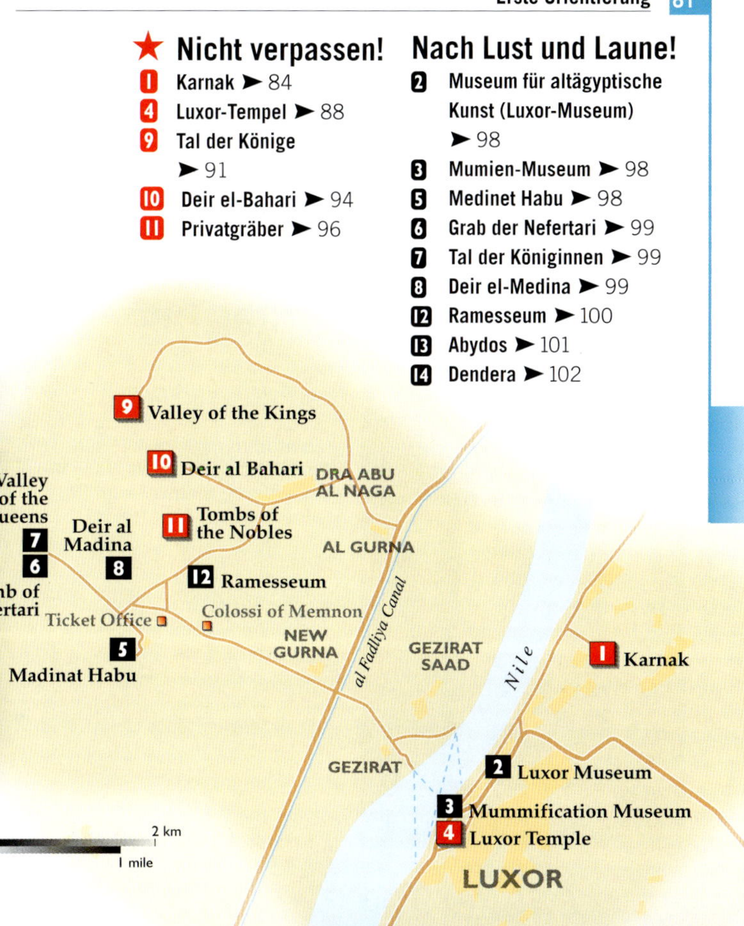

Am Westufer des Nils, in der Nekropole Theben, wurden die Toten bestattet. Unermessliche Reichtümer wurden in den Felsen des abgelegenen Tals verborgen. Die zum Schutz der Grabstätten getroffenen Vorkehrungen konnten das Eindringen von Grabräubern jedoch nicht verhindern. Für die Königinnen und Adligen waren weniger streng geschützte Grabanlagen vorgesehen.

Zwischen beiden Ufern verkehren Fähren, die gegenüber dem Luxor-Tempel anlegen; sechs Kilometer weiter südlich gibt es mittlerweile aber auch eine Brücke. Nach dem Terroranschlag von 1997, bei dem 58 Touristen ums Leben kamen, wurden strenge Sicherheitsvorkehrungen getroffen, und auf dem Landweg können Besucher die Stadt nur noch in einem gesicherten Konvoi verlassen.

Die Moschee des Schutzheiligen Abu el-Haggag überragt den Luxor-Tempel

In Luxor finden sich die beeindruckendsten Zeugnisse altägyptischer Bautätigkeit. Die monumentalen Tempel waren Ausdruck des Wohlstandes und der Phantasie ihrer Erbauer.

Luxor in drei Tagen

Erster Tag

Morgens

Fahren Sie am frühen Morgen, bevor es heiß wird, mit einer Pferdekutsche (*kalesch*) zum ❶ **Karnak-Tempel** (links; ➤ 84ff). Nach einer ausführlichen Besichtigung können Sie im Restaurant Dawar el-Umda (➤ 104) in hübschen Ambiente und unter freiem Himmel zu Mittag essen.

Nachmittags

Zu Fuß geht es anschließend zum ❹ **Luxor-Tempel** (➤ 88ff), dessen Ruinen Sie mit Muße durchwandern können. Ein kurzer Fußmarsch führt Sie zum **Old Winter Palace** (➤ 103), wo Sie auf der Terrasse Tee trinken und den Nachmittag in luxuriöser Atmosphäre genießen können. Am frühen Abend ist es Zeit für einen Einkaufsbummel auf dem Suk.

Zweiter Tag

Morgens

Besonders im Sommer sollten Sie früh aufbrechen. Nehmen Sie ein Taxi zum Westufer, wo Sie beim Inspektorat Tageskarten für alle gewünschten Sehenswürdigkeiten kaufen können. Mit dem Taxi fahren Sie weiter zum ❾ **Tal der Könige** (rechts; ➤ 91ff). Bitten Sie den Fahrer zu warten, weil es kaum andere Verkehrsmittel gibt. Ein gutes einfaches Mittagessen bekommen Sie im Nour el-Gurna (➤ 105).

Nachmittags

Besichtigen Sie das nahe gelegene
Ramesseum (➤ 100). Obwohl es
hier keine Schwierigkeiten gibt, ein
Taxi zu finden, können Sie sich zur
Abwechslung unter die Einheimischen begeben, indem Sie einen der
vorbeifahrenden Lieferwagen (*kabut*)
anhalten, die meist in Richtung der
Fähranlegestelle unterwegs sind. Am
Ostufer angekommen, gelangen Sie
zu Fuß zum **Museum für altägyptische Kunst** (links: koptisches Relief;
➤ 98). Anschließend können Sie,
günstige Windverhältnisse voraus-
gesetzt, in einer Feluke dem Sonnenuntergang entgegensegeln und nach
dem Abendessen den **Luxor-Tempel**
noch einmal im Licht der Scheinwerfer betrachten.

Dritter Tag

Morgens

Mieten Sie ein Fahrrad (➤ 182f) oder nehmen Sie ein Taxi und fahren Sie zur
Fähranlegestelle, um zum Westufer zu gelangen. Kaufen Sie wiederum
Tageskarten für die gewünschten Sehenswürdigkeiten. Auf dem Weg zum
Tempel von Deir el-Bahari (unten; ➤ 94f) kommen Sie an den beiden
Memnonkolossen (➤ 183) vorbei. Von Deir el-Bahari kehren Sie zu den
Privatgräbern (➤ 96f) zurück, wo Darstellungen des altägyptischen Alltags-
lebens zu entdecken sind. Ausruhen können Sie sich im Garten des
Restaurants Muhammad (➤ 105) beim Kartenschalter.

Nachmittags

Nach dem Essen machen Sie einen
Spaziergang oder eine Radtour zum
Tempel von Medinet Habu (➤ 98),
der im weichen Nachmittagslicht am
besten zur Geltung kommt. Nehmen
Sie sich genügend Zeit, über das
Tempelgelände zu wandern. Beobachten Sie den Sonnenuntergang von
einem der gegenüberliegenden Cafés,
oder mieten Sie in den Reitställen
nahe der Fähranlegestelle (➤ 106)
ein Pferd für einen Ausritt in die
Umgebung.

Abends

Zum Abendessen fahren Sie mit dem
Taxi (Abholung arrangieren!) ins El-
Moudira-Hotel; genießen Sie ein stil-
volles Mahl in einem der dortigen
Restaurants. Vorher reservieren!

Karnak

Ipet-Isut (»der vollkommenste Ort«), wie Karnak im alten Ägypten genannt wurde, war 1500 Jahre lang die bedeutendste religiöse Kultstätte. Sie diente der Verehrung des großen Gottes Amun. Der Ort ist nicht nur als eines der geistigen Zentren der Antike berühmt, sondern darüber hinaus als überwältigend großer Komplex von Tempeln, Kapellen, Pylonen, Obelisken und Heiligtümern, der sich über 400 Hektar erstreckt. Alle bedeutenden Pharaonen erweiterten den Tempelbezirk, um ihrer Verehrung für Amun Ausdruck zu verleihen. Im Laufe der Zeit ist in Karnak eine der größten und prachtvollsten Tempelanlagen der antiken Welt entstanden.

In einer Pferdekutsche oder per Taxi gelangt man entlang der Corniche nach Karnak, dessen Pracht und Geschichte den Besucher zunächst verwirren können. Die Tempelanlage besteht aus einzelnen Bauten, die von verschiedenen Herrschern stammen. Man besichtigt den Tempelbezirk entgegen der chronologischen Reihenfolge: Je weiter man in das Innere vordringt, umso älter sind die Anlagen.

Der am leichtesten zugängliche Teil der Tempelanlage von Karnak ist der

Der Tempel und insbesondere der Große Säulensaal von Karnak beeindrucken den Betrachter durch ihre würdevolle Größe

✚ 202 B4
✉ 2,5 km nördlich von Luxor
🕐 tägl. 6–17.30 Uhr (im Sommer 6–18 Uhr)
🍴 Café beim Heiligen See ($)
✋ Tempelbezirk: mittel; Museum: preiswert

Die Göttertriade von Theben

Die Tempel in Luxor und Karnak wurden der thebanischen Göttertriade Amun, Mut und Chons geweiht. Amun wurde später als erhabener Schöpfergott Amun-Re, eine Verschmelzung von Amun und dem Sonnengott Re, zum Reichsgott. Mut, Herrin des Himmels, war Amuns Gemahlin, der Mondgott Chons (»der Reisende«) ihr gemeinsamer Sohn.

Amuntempel, der wie eine scheinbar endlose Folge von massiven Pylonen (Tempeltoren), monumentalen Statuen und Säulensälen wirkt. Man erreicht den Tempel des Amun auf dem von einer **Sphingenallee** gebildeten Prozessionsweg. Die Sphingen tragen Widderköpfe; Amun wurde häufig in menschlicher Gestalt und mit den Hörnern eines Widders dargestellt. Die Sphingenallee verbindet den Karnak-Tempel mit dem von Luxor (► 88f). Durch sie gelangt man zum **Ersten Pylon**, der – unvollendet geblieben – mit 43 Meter Höhe das größte Tempeltor in Ägypten

Jeden Tag wurden Wasservögel durch einen Steintunnel vom Vogelhof zum Heiligen See geführt

ist. Im Vorhof befindet sich der Schrein Sethos' II., der die heiligen Barken der Göttertriade beherbergte. In südlicher Richtung liegt der **Tempel Ramses' III.** (20. Dynastie). Die Wände dieses Tempels, der dem klassischen Bauplan perfekt entspricht, sind mit Szenen des jährlichen Opet-Festes geschmückt. Vor dem **Zweiten Pylon** ragen die Kolossalstatuen Ramses' II. auf, eine der Töchter des Pharao ist an seiner Seite abgebildet.

Hinter dem Zweiten Pylon erhebt sich der **Große Säulensaal**, eine architektonische Meisterleistung aus dem 13. Jahrhundert v. Chr. 134 Säulen aus Sandstein, die in Form von Papyrusblüten gestaltet sind, stehen auf einer Fläche von 5000 Quadratmetern. Sethos I. und Ramses II. ließen den riesigen Saal anlegen, der ursprünglich ein Dach hatte. In den Höfen hinter dem Dritten und Vierten Pylon stehen fein gemeißelte **Obelisken** von Thutmosis II. und einem weiblichen Pharao, der Königin Hatschepsut (1473–1458 v. Chr., ► 94f). Die Spitze des zweiten, umgestürzten Obelisken der Königin liegt am Weg zum Heiligen See.

Hinter dem Sechsten Pylon kommt man an zwei Säulen vorbei, die mit Ornamenten in Form von Lotus- und Papyrusblüten, den Symbolen für Ober- und Unterägypten, ausgestaltet sind,

Eine Allee aus widderköpfigen Sphingen verband die Tempel von Karnak und Luxor

und gelangt zum **Allerheiligsten**. Der Nachfolger Alexanders des Großen ließ diesen Schrein, in dem Amuns Bildnis und seine Barke aufbewahrt wurden, im 4. Jahrhundert v. Chr. zu Ehren des Reichsgottes errichten. An den Wänden sind rituelle Handlungen dargestellt. Über einen großen Hof, ehemals das Zentrum des Tempels, gelangt man zur **Großen Festhalle** von Thutmosis III. Sie diente für Feiern, bei denen die Lebenskraft und Macht des Pharaos symbolisch erneuert wurde. Die große Tempelanlage war ehemals nur der machtvollen Priesterschaft zugänglich. Für das einfache Volk wurden an der Umwallung des Tempels Kulträume erbaut, in denen vermittelnde Gottheiten verehrt wurden.

Zwischen dem Dritten und Vierten Pylon verzweigt sich die Tempelanlage entlang dem **Heiligen See** nach Süden. Im Jahre 1903 wurden in einem unterirdischen Versteck (Cachette) vor dem See 17 000 Bronze- und 800 Steinstatuen gefunden.

Das **Freilichtmuseum** beherbergt Rekonstruktionen einiger älterer Bauwerke, zwei schöne Barkenschreine und eine elegante weiße Kapelle mit zarten Reliefs aus der 12. Dynastie.

Zwei Kolossalstatuen Ramses' II. bewachen den Zweiten Pylon

KLEINE PAUSE

Im Café in der Nähe des Heiligen Sees kann man entspannt unter Bäumen sitzen. Zum Mittagessen empfehlen sich das Restaurant **Dawar el-Umda** an der Corniche (➤ 104) oder das Kaffeegeschäft des nahe gelegenen ruhigen **Luxor Hilton Hotel**.

KARNAK: INSIDER-INFO

Top-Tipps: Zwischen 10 und 15 Uhr sind auf dem Tempelgelände meist größere **Touristengruppen** unterwegs. Zu früherer oder späterer Stunde ist es ruhiger, und das Licht hat darüber hinaus eine schönere Wirkung.

• Eine besonders sehenswerte **Ton- und Lichtshow** von 90 Minuten Dauer wird jeden Abend drei- bis viermal in mehreren Sprachen vorgeführt. Der erste Teil der Show besteht aus einem Spaziergang durch den mit Flutlicht beleuchteten Tempelbezirk. Der zweite Teil findet auf einer Tribüne in der Nähe des Heiligen Sees statt. Eintrittskarten erhält man vor Ort (Tel. 02-385 2880). Weitere Informationen im Internet: www.sound-light-egypt.com.

Geheimtipp: Die **Reliefs** an der Nordseite der Großen Säulenhalle, die Szenen siegreicher Schlachten Sethos' I. darstellen, sind von besonderer Schönheit.

Muss nicht sein! Der in südlicher Richtung gelegene **Tempel der Mut** und der Tempel des Month im Norden werden, wie auch die Höfe hinter dem Siebten Pylon, selten besucht.

4

Luxor-Tempel

Ein drei Kilometer langer, von einer Sphingenallee gebildeter Prozessionsweg verbindet den Tempel von Karnak (➤ 84ff) mit dem von Luxor, der in alter Zeit als »Harem des Südens« bekannt war. Auch der Luxor-Tempel war der Göttertriade Amun, Mut und Chons geweiht; ihre Statuen wurden während des Opet-Festes an dieser Kultstätte aufgestellt.

Im Laufe der Zeit ist der Luxor-Tempel mehrmals erweitert worden, wirkt aber heute geschlossener und zusammenhängender als der Tempel von Karnak. Nur zwei Pharaonen haben an seinem Bau mitgewirkt: Amenophis III. (1390–1352 v. Chr.) und Ramses II. (1279–1213 v. Chr.). Die Reliefs, mit denen die Wände geschmückt sind, gehören zu den schönsten in Ägypten. Lediglich die Köpfe der Kolossalstatuen Ramses' II. und die Spitzen der Obelisken ragten aus dem Erdboden hervor. Das Dorf Luxor, das sich ursprünglich an der Stelle der beginnenden Ausgrabungen befand, wurde zerstört. Als auch das Grab und die Moschee des Schutzheiligen von Luxor, Abu el-Haggag, zerstört werden sollten, stieß dieses Vorhaben auf Widerstand. Heute ragt die kleine Moschee des Abu el-Haggag etwas befremdlich über dem freigelegten Tempel auf.

Abu el-Haggag

Der Scheich von Luxor, Abu el-Haggag, wurde um 1150 n. Chr. in Bagdad geboren, zog nach Mekka und später nach Luxor, wo er eine Sufischule gründete. Beim jährlichen Heiligenfest (*Mulid*) zu Ehren des Schutzpatrons ziehen Prozessionen durch die Straßen, und Feluken werden um die Moschee herum gezogen. Dieser Brauch ist dem antiken Opet-Fest angelehnt, bei dem Barken um den Tempel zogen.

✠ 202 B4
✉ Corniche, Ostufer
🕑 Sommer tägl. 6–22 Uhr; Winter 6–21 Uhr
✋ mittel

Die **Sphingenallee** führt zum monumentalen **Ersten Pylon**, den Ramses II. errichten ließ. Davor erhoben sich ursprünglich zwei Obelisken und sechs Kolossalstatuen des Pharaos. Im 19. Jahrhundert wurden jedoch einer der Obelisken und zwei Statuen nach Frankreich gebracht. Seitdem steht der Obelisk auf der Place de la Concorde in Paris.

Der Pylon ist mit Reliefs bedeckt; sie zeigen Szenen der Schlacht von Kadesch, die Ramses II. gegen die Hethiter führte. Hinter dem Pylon liegt der **Säulenhof**, dessen Säulen in Form von Papyrusblüten gestaltet sind. Auf der linken Seite ragt die Moschee des Abu el-Haggag auf, auf der rechten Seite befindet sich der Barkenschrein, der während des jährlichen Opet-Festes die Statuen der Göttertriade beherbergte (▶ 90).

Oben: Der Luxor-Tempel ist bei Nacht eindrucksvoll beleuchtet

Links: Die wuchtigen Säulen des Amun-Tempels in Luxor

Auf dieser Seite sind außerdem Reliefs von Interesse, in denen Szenen einer Prozession dargestellt sind, die von den Söhnen Ramses' II. angeführt wird. An den Säulenhof schließt sich der von Amenophis III. errichtete **Säulengang** an, der als Vorbild für den Großen Säulensaal des Karnak-Tempels diente. Die Reliefs gehen bemerkenswerterweise auf Tutanchamun zurück und stellen Szenen der Prozessionen auf dem Opet-Fest dar. Am Ende des Säulenganges liegt der vielleicht eindrucksvollste Teil des Tempelbaus, der ebenfalls von Amenophis III. stammende **Hof**. Die zarten Dekorationen wurden während der Regierungszeiten von Amenophis III. bis hin zu Alexander dem Großen weiterentwickelt. Da dieser Teil besonders von zunehmender Feuchtigkeit bedroht ist, wurde ein umfangreiches Renovierungsprojekt eingeleitet.

An den Hof schließen sich eine Vorhalle, die einstmals römischen Soldaten als Kapelle diente, und ein Vorsaal an. Durchquert man die Säle, gelangt man zum **Allerheiligsten**, in dem Alexander der Große einen Schrein für die Barke des Amun errichten ließ. Im benachbarten Geburtssaal Amenophis' III. beschreiben Reliefs die göttliche Empfängnis und Geburt des Königs und seine Ernährung durch Göttinnen.

KLEINE PAUSE

Ein kühles Bier tut nach der Besichtigung gut; man bekommt es im hübschen **Metropolitan Café** (➤ 104). Der herrliche Ausblick auf den Nil ist selbstverständlich auch nicht zu verachten.

Die Nachmittagssonne verleiht den Monumenten einen warmen, rosigen Schimmer

Das Opet-Fest

Als Höhepunkt des festlichen Fruchtbarkeitsrituals brachten Priester die Statuen der Götter Amun, Mut und Chons in einer Prozession heiliger Barken flussaufwärts von Karnak nach Luxor, wo das Götterpaar Amun und Mut eine symbolische Hochzeit vollzog. Das Fest fand im zweiten Monat der Nilflut statt und sollte eine gute Ernte garantieren.

LUXOR-TEMPEL: INSIDER-INFO

Top-Tipps: Am besten lässt sich der Luxor-Tempel tagsüber erkunden. Sehen Sie ihn sich aber auch einmal bei Nacht an, wenn das Flutlicht die geheimnisvolle Atmosphäre erhöht und die Konturen der feinen Reliefs hervorhebt.
• In der Touristeninformation erfahren Sie, wann das *Mulid*-Fest stattfindet.

Geheimtipp: Studieren Sie die Reliefs sorgfältig, um ein vertieftes Verständnis der Rituale des **Opet-Festes** zu gewinnen.

9

Tal der Könige

Seit der britische Archäologe Howard Carter im Jahre 1922 das Grab des Tutanchamun und dessen reich gefüllte Schatzkammer (▶ 52) entdeckte, hat das Tal der Könige die Phantasie der Menschen beflügelt. Mehr als 500 Jahre lang war das karge und abgeschlossene Tal, das man den »Ort der Wahrheit« nannte, die letzte Heimstätte der mächtigen Pharaonen des Neuen Reiches. Ihre prunkvollen Grabstätten wurden in die Felsen gemeißelt, ihre Mumien mit Gold und Edelsteinen umhüllt und mit allen Beigaben umgeben, die sie in ihrem jenseitigen Leben benötigten.

Oben: Karge Hügel bergen die reich verzierten Gräber

✚ 202 B4
✉ Westufer, außerhalb von El-Gurna
☀ Sommer tägl. 7–18 Uhr; Winter 7–17 Uhr
🍴 Cafeteria ($), derzeit geschl.
✋ teuer; Grab des Tutanchamun: teuer

Die Grabstätten wurden an besonders geschützten Orten angelegt, wo die Mumien für alle Ewigkeit ruhen sollten. Doch alle Vorsichtsmaßnahmen waren vergeblich: Plünderer und Grabschänder ließen sich nicht in die Irre führen. Die meisten Gräber wurden schon bald geplündert. Die gewaltigen Ausmaße einiger Grabstätten und die Schönheit ihrer Wandmalereien lassen die ursprüngliche Pracht aber noch heute erahnen.

Offene Geheimnisse

Obwohl sich ziemlich schnell herausstellte, dass es nicht besonders schwierig war, Zutritt zu den Grabanlagen zu erlangen, wurde die Form ihres Aufbaus 500 Jahre lang im Wesentlichen beibehalten. Der Aufbau einer Grabstätte spiegelte symbolisch den Lebensweg des verstorbenen Pharaos wider. In die Felsen gehauene Grabanlagen, in denen lange Korridore in eine

Die königlichen Mumien

Im Jahr 1875 entdeckten Bauern in der Nähe des Tempels der Hatschepsut im Fels eine Cachette mit den Mumien von 40 Pharaonen, Königinnen und Adligen, u. a. Amenophis I., Thutmosis III., Sethos I. und Ramses II. Der beachtliche Fund verbarg sich in einer riesigen ‚Felskammer‘, von der man annimmt, dass Priester des Neuen Reiches die Mumien dort versteckten, nachdem sie die Gefahr der Plünderung erkannt hatten. Einige der Mumien sind heute im Mumiensaal des Ägyptischen Museums in Kairo (➤ 50ff) ausgestellt.

Vorkammer und schließlich in die Grabkammer führten, symbolisierten die Unterwelt. Künstler und Handwerker aus der Gegend von Deir el-Medina (➤ 99f) verzierten die Grabwände mit geheimnisvollen und komplizierten Inschriften und Bildnissen aus den Totenbüchern, die dem Verstorbenen als Wegweiser in das Totenreich dienen sollten.

Tutanchamun war unbedeutend und jung gestorben, dennoch ist sein ansonsten einfaches Grab wegen der darin enthaltenen Schätze berühmt geworden. Im Vergleich muss man sich die Schätze, die mächtigeren Pharaonen, wie z. B. Ramses II. oder Thutmosis III., beigegeben worden waren, um ein Vielfaches reicher vorstellen. Thutmosis I. (1479–1425 v. Chr., 18. Dynastie) wurde als erster Pharao im Tal beigesetzt. Während sein Grab an einer besonders geschützten Stelle in den Felsen angelegt wurde, errichtete man den Totentempel in weiter Entfernung vom Grab, um potenzielle Plünderer irrezuleiten.

Das Grab Ramses' III. gehört zu den größten des Tals; der Sarkophag steht heute im Pariser Louvre. Am allergrößten war die Grabanlage Ramses' II., die allerdings durch Überflutungen schwere Schäden erlitten hat. Am schönsten ist das Grab seines Vaters Seti I. (1294–1279 v. Chr.), dessen Dekor

Neue Entdeckungen

Bisher wurden ca. 80 Gräber entdeckt. Die neuesten Entdeckungen sind fast so spektakulär wie der Fund von Howard Carter. 1995 stellte der amerikanische Archäologe Kent Weeks fest, dass das seit Jahrhunderten als unbedeutend vernachlässigte Grab mit der Bezeichnung KV5 die größte Grabstätte war, die jemals in Ägypten gefunden wurde. Weeks und sein Team fanden bisher 110 Grabräume, von denen vermutet wird, dass sie den zahlreichen Söhnen Ramses' II. gewidmet waren. Den Fortgang der Ausgrabungsarbeiten kann man im Internet unter der Adresse www.kv5.com verfolgen.

sogar den im Tempel von Abydos (▶ 101) übertrifft; leider wird es in absehbarer Zeit nicht öffentlich zugänglich sein.

KLEINE PAUSE

Zur Zeit der Recherche fur dieses Buch war das Café am Eingang zum Tal der Könige geschlossen. Händler verkaufen dort immerhin Eis und kalte Getränke.

Die Griechen der Antike suchten das Grab Ramses' VI. auf, das sie mit dem sagenumwobenen König Memnon in Verbindung brachten. Rechts: Der aus rotem Granit bestehende Sarkophag von Thutmosis III. wurde in seinem Grab belassen, seine Mumie befindet sich im Ägyptischen Museum von Kairo

TAL DER KÖNIGE: INSIDER-INFO

Top-Tipps: Die Grabanlagen werden in regelmäßigen Intervallen **geschlossen**, um sie vor Feuchtigkeitsschäden zu bewahren. Erfragen Sie am besten vorher, welche Gräber zugänglich sind.

• Eine Eintrittskarte ist für jeweils **drei Gräber** gültig, eine **Extrakarte** muss für das Grab des Tutanchamun gekauft werden.

• Um dem **Andrang** zu entgehen, sollte man die entfernten Gräber zuerst besuchen.

• Am frühen **Dienstagmorgen** wird am Westufer ein **Markt** abgehalten, und zwar dort, wo die Straße zum **Tal der Könige** beginnt. Er findet auf dem freien Platz hinter dem modernen Friedhof und gegenüber vom Tempel Setis' I. statt. Dort entdeckt man manchmal Objekte, die an die Malereien in den Pharaonengräbern erinnern.

Muss nicht sein! Das **Grab des Tutanchamun** ist klein, und die Verzierungen haben sich durch Pilzbefall schwarz verfärbt. Da sich der Grabschatz im Ägyptischen Museum befindet, ist das Grab an sich wenig eindrucksvoll.

10

Deir el-Bahari

Die Architektur des prachtvollen Totentempels der Königin Hatschepsut, hinter dem sich die steile Felswand der thebanischen Berge erhebt, wirkt überraschend streng und modern. Zu Lebzeiten der Königin waren die imposanten Terrassen allerdings mit exotisch duftenden Sträuchern und mit Springbrunnen ausgestattet, die zur Luftbefeuchtung dienten. Als der Tempel im Jahre 1891 freigelegt wurde, fand man lediglich eine Ruine, die aber in jahrelanger Arbeit sorgfältig restauriert wurde.

Ursprünglich war der Tempel über eine breite Sphingenallee mit dem Nil verbunden. Die untere Terrasse (zur Zeit der Recherche geschlossen) war von duftenden Myrrhensträuchern und erfrischenden Brunnen gesäumt. Die Pylone sind verschwunden, und die Säulengänge wurden von Thutmosis III. verunstaltet. Noch immer sind aber die Stümpfe von 3500 Jahre alten Sträuchern zu finden. Die massive Rampe, durch welche die Terrassen miteinander verbunden sind, und die märchenhaften Reliefs der mittleren Ebene sind ebenfalls noch vorhanden. An der nördlichen Seite liegt die Geburtshalle, in der die göttliche Abstammung der Königin und ihr Herrschaftsanspruch bildlich festgehalten sind. In südlicher Richtung befindet sich die Punthalle, auf deren Wandbildern die Expedition in das Weihrauchland Punt (vermutlich im heutigen Somalia) dargestellt ist. Im benachbarten Kulthof der Göttin Hathor ist ein verstecktes Abbild des Architekten des Tempels, Senenmut, zu finden. Die schöne dritte Terasse mit dem Granitportikus führt ins Heiligtum des Amun.

KLEINE PAUSE

Händler verkaufen kalte Getränke; entspannender ist allerdings eine Pause in einem der **Cafés von El-Gurna**.

✚ 202 B4 ✉ El-Gurna, Westufer
🕐 Sommer tägl. 6–17 Uhr; Winter 6–16.30 Uhr
✋ mittel

Der weibliche Pharao

Königin Hatschepsut, eine der wenigen Regentinnen Ägyptens, war eine Tochter Thutmosis' I. Nach dessen Tod heiratete sie ihren Halbbruder Thutmosis II., der früh starb. Sein einziger Nachkomme, Thutmosis III., war der Sohn einer Nebenfrau. Zum Zeitpunkt des Todes seines Vaters war Thutmosis III. noch ein Kind. An Stelle des rechtmäßigen Nachfolgers regierte Hatschepsut von 1473–1458 v.Chr. Sie ließ sich häufig als Mann darstellen. Nach ihrem Tod versuchte Thutmosis III., ihren Namen aus der Geschichte zu tilgen, indem er ihre Bildnisse und Kartuschen verunstaltete.

Der Totentempel der Hatschepsut vor der Kulisse der thebanischen Felsen

DEIR EL-BAHARI: INSIDER-INFO

Top-Tipps: Eintrittskarten für den Tempel der Hatschepsut wie auch für alle anderen Monumente am Westufer müssen am Ticketschalter bei der Kreuzung vor Deil el-Madina erworben werden. Der Hitze wegen möglichst früh kommen und genug Wasser mitbringen!
• Zwei Pfade führen den Berg bei Deir el-Bahari hinauf. Ein Spaziergang ins Tal der Könige (➤ 91ff) ist besonders reizvoll.

Privatgräber

Die Grabstätten von Adligen, Priestern und Beamten stammen aus der 11. bis 26. Dynastie. Zu dieser Zeit wünschte man sich, die Fülle des diesseitigen Lebens ins Jenseits übertragen zu können. Daher unterscheiden sich die Privatgräber von denen der Pharaonen im Wesentlichen in den Ausschmückungen, die überwiegend vom alltäglichen Leben im alten Ägypten handeln. Sie vermitteln ein lebendiges Bild der antiken ägyptischen Gesellschaft und des täglichen Lebens wohlhabender Ägypter.

Im Gegensatz zu den Pharaonengräbern, die in den Felsen verborgen waren, wurden die Privatgräber betont auffällig gegenüber den Totentempeln der Herrscher angelegt. Über 1000 Gräber wurden gefunden, aber nur wenige sind für die Öffentlichkeit zugänglich. Das Grab des **Sennefer**, der während der Herrschaft Amenophis' II. Bürgermeister von Theben war, ist als »Grab der Reben« bekannt. Die Bezeichnung rührt von den plastischen Verzierungen der Decke her, die Weinreben darstellen. Das Grab des **Rechmire** zeigt Szenen des Wesirs, wie er Geschenke von einer ausländischen Abordnung entgegennimmt. Die Ausschmückungen des nahe gelegenen Grabes des **Ramose** verdeutlichen den Wechsel der Macht von Amenophis III. zu Echnaton, unter deren beider Herrschaft Ramose das Amt eines Wesirs bekleidete. Einige der Reliefs sind im klassischen Stil der Zeit Amenophis' gehalten, während andere den sog. Armana-Stil zeigen und auf die von Echnaton eingeführte Verehrung des Sonnengottes Aton (► 22) hinweisen. In südlicher Richtung liegt das Grab des königlichen Schreibers **Chaemhat**.

Das Grab des **Nacht**, der Beamter und Astronom war, birgt die rührende Darstellung eines Festmahls mit Tänzerinnen, bei dem ein blinder Harfenspieler auftritt, unter dessen Stuhl eine Katze sitzt und einen Fisch verspeist. Im Grab des **Menena**, Feldvermesser unter Thutmosis IV., sind bildliche Beschreibungen seiner Tätigkeit und seines Familienlebens zu sehen.

Oben: Eingang zum Grab des Feldvermessers Menena

KLEINE PAUSE

In **El-Gurna** gibt es zwei Cafés. Zum Mittagessen ist das Restaurant im Hotel **Nour el-Gurna** (► 103) zu empfehlen.

Rechts: Das mit Weinreben verzierte Grab des Sennefer ist eines der schönsten Gräber des Tales

✚ 202 B4

✉ Alt-Gurna

🕐 tägl. 7–17 Uhr; einige kleinere Gräber werden gegen 15 Uhr geschlossen

🍴 Cafés ($)

♿ Eintrittskarten für die verschiedenen Gruppen von Gräbern sind preiswert

Nach Lust und Laune!

2 Museum für altägyptische Kunst (Luxor-Museum)

Ein Besuch dieses kleinen Museums ist sehr empfehlenswert. Die umfangreiche Sammlung der in der Umgebung gefundenen Statuen und Grabbeigaben wird vor einem dunklen Hintergrund präsentiert, wodurch Konturen und Einzelheiten der Gestaltung gut zur Geltung kommen. Zu den vielen Schätzen gehören die überwältigend schöne Statue des ewig jungen Königs Thutmosis III., eine außergewöhnliche Statuengruppe von

Relief des Königs Thutmosis III. mit Bart und Atefkrone als Zeichen der königlichen Würde

Amenophis III. und dem krokodilköpfigen Gott Sobek sowie Einrichtungsgegenstände des Grabes von Tutanchamun.

Weiterhin sind zwei schön gestaltete Büsten des Ketzerkönigs Echnaton und einige seiner Tempelreliefs zu sehen, in denen die bizarre Physiognomie seiner Zeit deutlich wird.

✚ 202 B4 ✉ Corniche el-Nil, Luxor ☎ 095-238 0269 ◎ Sommer tägl. 9–13 und 17–22 Uhr; Winter 9–13 und 16–21 Uhr ✋ mittel; Extragebühr fürs Fotografieren

3 Mumien-Museum

In dem interessanten kleinen Museum werden die zugrunde liegenden Glaubensvorstellungen und die geschichtliche Entwicklung der Mumifizierung sowie die verschiedenen Stufen des langwierigen Prozesses dargestellt. Zu den Ausstellungsstücken gehören Instrumente, die bei der Mumifizierung verwendet wurden, und kunstvolle Mumien von Tieren.

✚ 202 B4 ✉ Corniche el-Nil, Ostufer, nahe der Fähranlegestelle ☎ 095-238 1501 ◎ Sommer tägl. 9–13 und 17–22 Uhr; Winter 9–13 und 17–21 Uhr ✋ mittel

5 Medinet Habu

Der riesige Totentempel Ramses' III. (1184–1153 v. Chr.) wurde nach dem Vorbild des Ramesseums (➤ 100) seines Vorgängers Ramses II. als letzter klassischer Pharaonentempel erbaut. Das Gebäude ist bemerkenswert gut erhalten; der Säulensaal und die Heiligtümer wurden jedoch bei einem Erdbeben im 1. Jahrhundert v. Chr. schwer beschädigt. Der Eingang zum Tempel wird von einem hohen Torhaus gebildet, dessen oberer Raum mit Darstellungen von Musikern und Tänzerinnen verziert ist. Dort ließ Ramses III. vermutlich seine Gäste unterhalten. Auf der rechten Seite befinden sich ältere Kulträume und ein Überrest des Heiligen Sees, zu dem noch heute ägyptische Frauen kommen, die an diesem Ort die Heilung ihrer Un-

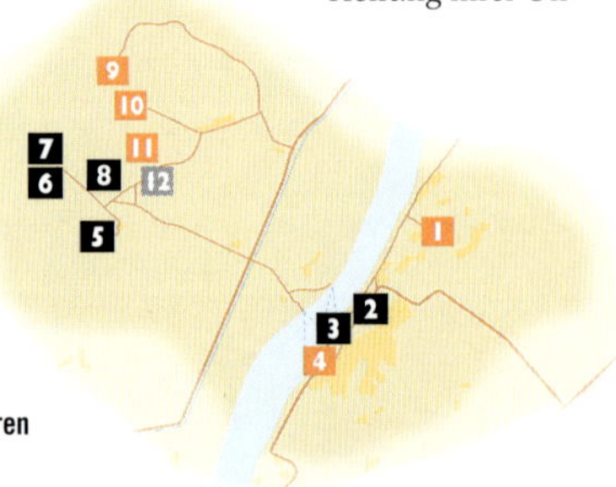

Überall in Medinet Habu finden sich Überreste der koptischen Siedlung Djeme

fruchtbarkeit erhoffen. Der hoch ragende Erste Pylon ist wie auch der Zweite Pylon mit Schlachtenszenen des siegreichen Ramses II. geschmückt.

Lehmziegelruinen deuten auf die koptische Stadt Djeme hin, die sich im 19. Jahrhundert über das gesamte Tempelgelände erstreckte.

✚ 202 B4 ✉ Kom Lola, in der Nähe der Kasse ⊕ tägl. 7–17 Uhr ⊞ Café-Restaurants gegenüber dem Eingang ($) ✋ mittel

⑥ Grab der Nefertari

Ramses II., Pharao des Neuen Reiches, ließ das Grab der Nefertari, das als eines der schönsten gilt, für seine Gemahlin errichten. Die Korridore und Wände der drei Kammern sind vollständig mit Malereien in leuchtenden Farben bedeckt. Berühmt ist ein Bildnis der Königin in einem durchscheinenden weißen Gewand mit goldenem Kopfschmuck. Die Decke ist mit leuchtenden goldenen Sternen bemalt. Das Grab wurde restauriert und 1995 für Besucher geöffnet, 2003 aber bis auf Weiteres geschlossen.

✚ 202 B4 ✉ Tal der Königinnen, Westufer ⊕ vorläufig geschl. ✋ teuer; pro Tag erhalten 150 Besucher Zutritt; Eintrittskarten werden ab 6 Uhr verkauft, wenn das Grab wieder offen ist

⑦ Tal der Königinnen

In den ca. 80 bisher gefundenen Gräbern wurden nicht nur Königinnen, sondern auch Prinzen und Prinzessinnen bestattet. Neben dem Grab der Nefertari sind nur drei weitere Gräber für Besucher geöffnet. Das Grab des Amun-her-Chepeschef zeigt anrührende Darstellungen, in denen der Vater seinen Sohn in die Unterwelt begleitet. Ein weiterer Sohn Ramses' III., Cha-em-Wese, wurde hier bestattet und wiederum mit Abbildungen umgeben, die ihn gemeinsam mit dem Vater zeigen, der seinen Sohn in das Totenreich einführt. Die eindrucksvollen Darstellungen, besonders die Opferszenen, gehören zu den am besten erhaltenen aus der Zeit der 20. Dynastie.

✚ 202 B4 ✉ Westufer ⊕ tägl. 7–17 Uhr ⊟ keine öffentlichen Verkehrsmittel ✋ preiswert; Extraeintrittskarte für das Grab der Nefertari

⑧ Deir el-Medina

Ein Besuch des Dorfes Deir el-Medina vermittelt ungewöhnliche Einblicke in das Leben des einfachen Volkes im alten Ägypten. Künstler, Steinmetze und Arbeiter, die am Bau der Gräber im Tal der Könige (▶ 91ff) mitwirkten, lebten an diesem Ort mit ihren Familien isoliert von der übrigen Bevölkerung, damit die Plätze der königlichen Gräber geheim gehalten werden konnten. Man findet u. a. satirische Beschrei-

Eingang zum Tempel von Deir el-Medina

bungen der Tätigkeiten von Handwerkern und Arbeitern, die wohl dazu dienten, den Beamtenstand dagegen als erstrebenswerter aufzuwerten. Nahe am Dorfeingang liegen die Gräber der Künstler Anch-her-Cha und Sennedjem, die ihre eigenen Ruhestätten mit farbenprächtigen und zuweilen parodistischen Interpretationen jener Darstellungen verzierten, mit denen sie die königlichen Gräber schmückten. Im Grab des Pesched

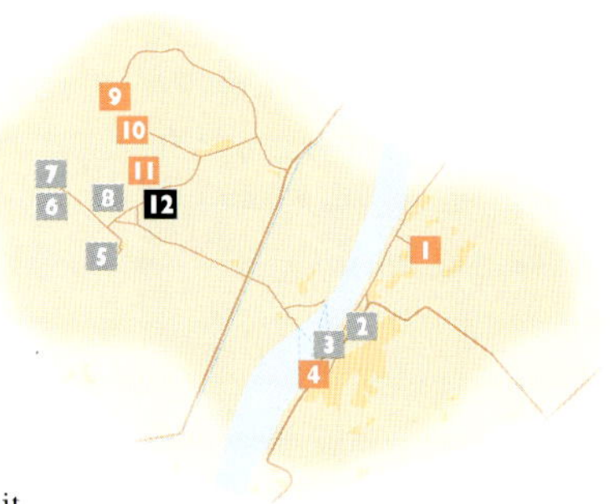

»Ich traf einen Reisenden aus einem antiken Land. Er sagte: Zwei riesenhafte und rumpflose Beine aus Stein stehen in der Wüste … neben ihnen im Sand halb versunken liegt ein zertrümmertes Antlitz …

… Nichts sonst bleibt. Um den Verfall der kolossalen Ruine, grenzenlos und karg, dehnt sich weit der einsame und ebene Sand.«
Aus *Ozymandias* von Percy Bysshe Shelley, 1792–1822

zeigt eine Szene den Künstler beim Gebet unter dem Baum der Erneuerung. Am nördlichen Dorfende liegt ein Tempel, der den Göttinnen Maat und Hathor geweiht war.

✚ 202 B4
✉ Westufer
🕐 tägl. 7–17 Uhr
✋ preiswert; Extraeintrittskarte für das Grab des Pesched (preiswert)

Teile der Kolossalstatue von Ramses II. liegen überall verstreut

12 Ramesseum

Ramses II. beabsichtigte mit dem Bau seines Totentempels (der im nebenstehenden Gedicht von Shelley verewigt wurde), ein bleibendes Monument zu schaffen. Er war dem Reichsgott Amun geweiht und ursprünglich von ähnlich grandiosen Ausmaßen wie der berühmte Tempel von Abu Simbel (➤ 118ff). Er wurde jedoch an einer Stelle errichtet, die von der jährlichen Nilflut bedroht war. Der Tempel ist heute stark verfallen. Eine Kolossalstatue von Ramses II. war mit ihrer Höhe von 18 Metern zu damaliger Zeit die höchste Statue der Welt. Als sie umstürzte, zerstörte sie mit der Wucht ihres Gewichts von 900 Tonnen den Zweiten Pylon und den Zweiten Hof des Totentempels. Die Bruchstücke der Statue liegen auf dem Tempelgelände verstreut und lassen noch ihre ursprüngliche Größe erahnen. Eine kleinere Statue Ramses' II. mit unbeschädigtem Gesicht ist erhalten geblieben.

Die Wände des Ersten und Zweiten Pylons sind mit Szenen siegreicher Schlachten Ramses' II. verziert, die denen im Karnak-Tempel ähneln. Auch der

Große Säulensaal ist mit ähnlichen Bildnissen geschmückt. Von den ursprünglich 48 Säulen stehen noch 29. Zwei weitere kleine Säulensäle sind ebenfalls erhalten. An der Decke eines dieser Säle prangt ein astronomischer Kalender, der die älteste bekannte Jahreseinteilung in zwölf Monate zeigt.

✚ 202 B4 ✉ El-Gurna, Westufer, Luxor ◷ tägl. 7–17 Uhr 🚌 keine öffentlichen Verkehrsmittel; per Taxi oder Fahrrad erreichbar ✋ preiswert

🔢 Abydos

Abydos liegt ca. 130 Kilometer nördlich von Luxor. Für die Dauer von 2000 Jahren war der Ort der wichtigste Begräbnisplatz des alten Ägypten. Seine große Bedeutung ging auf den Glauben zurück, dass das Haupt des Osiris, des Herrschers der Unterwelt, in Abydos

Die Wandreliefs im Tempel Sethos' I. in Abydos gehören zu den schönsten aus der Zeit des Neuen Reiches

bestattet worden war (➤ 12f). Die Legende des Osiris versprach auch dem einfachen Volk die Aussicht auf ein Fortleben nach dem Tod, sodass Menschen aus allen Gegenden des Landes an diesem Ort bestattet werden wollten und – falls ihre Mumien nicht überführt werden konnten – zum Ersatz Scheingräber anfertigten.

Der Tempel Sethos' I. ist eine der schönsten Tempelanlagen aus dem 14. Jahrhundert v. Chr. Ramses II. ließ ihn für seinen Vater errichten.

✚ 202 B5 ✉ El-Araba el-Madfuna, 10 km südwestlich von El-Baljana ◷ Sommer tägl. 8–17 Uhr; Winter 8–16 Uhr 🚌 Zug oder Bus von Luxor nach El-Baljana, weiter im Konvoi ✋ preiswert

Für Kinder

- Felukenfahrt auf dem Nil (➤ 106)
- Reiten (➤ 106)
- Mumien-Museum (➤ 98)
- Privatgräber (➤ 96)
- Buchladen El Aboudi (➤ 105); große Auswahl an Kinderbüchern über Ägypten

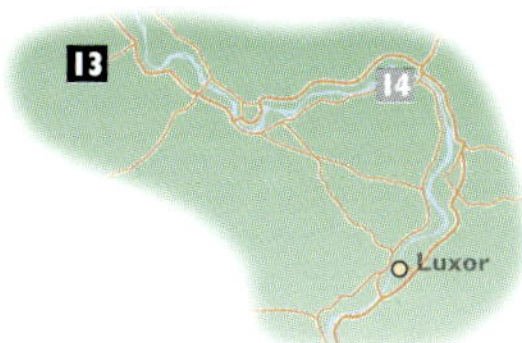

Säulensaal im Tempel der Hathor

14 Dendera

Der Tempel von Dendera wurde an der bedeutendsten Kultstätte der Him-

mels- und Liebesgöttin Hathor errichtet. Bereits im Alten Reich verehrte man an diesem Ort Hathor und ihren Gemahl Horus. Der Tempel wurde in der Zeit von 125 v. Chr.–60 n. Chr. im klassischen ägyptischen Stil von den Ptolemäern und Römern errichtet. Hathor wurde vielfach mit der griechischen Göttin Aphrodite assoziiert.

Beim jährlichen Neujahrsfest wurde die Statue Hathors auf dem Dach symbolisch dem Sonnengott zugeführt.

✝ 202 B5 ✉ 4 km von Qena, 64 km nördlich von Luxor 🕐 Sommer tägl. 7–18 Uhr; Winter 7–17 Uhr 🍴 Café ($) 🚌 Zug oder Bus nach Qena, weiter per Pferdekutsche (zeitweise beschränkt) ✋ preiswert

Im Heißluftballon über Luxor

Den schönsten Blick auf die Monumente und Dörfer in der Gegend von Luxor genießt man aus der Vogelperspektive. Die Fahrten von ca. einer Stunde Dauer variieren in Abhängigkeit von den Windverhältnissen. Jedes Mal aber ist es ein unvergessliches Erlebnis. Zwei Unternehmen starten am frühen Morgen und servieren hinterher ein Sektfrühstück: **Hod Hod Soleiman** (Tel. 095-237 0116) und **Magic Horizon** (Tel. 095-236 5060; www.magic-horizon.com). Buchungen können auch über das Hotel vorgenommen werden.

Wohin zum … Übernachten?

Preise
Die Preise beziehen sich auf ein Doppelzimmer pro Nacht.
$ unter 400 LE $$ 400–900 LE $$$ über 900 LE

OSTUFER

Mövenpick Jolie Ville Luxor $$$

Das ausgezeichnete Familienhotel liegt auf einer eigenen Insel mitten im Nil, sechs Kilometer südlich von Luxor. Die Zimmer sind schlicht, aber bequem eingerichtet; alle besitzen eine kleine Terrasse zum Garten hinaus. Bei gutem Wetter wird das Frühstücksbüfett auf einer Terrasse direkt am Nil aufgebaut; das Restaurant zählt zu den besten der Stadt. Ideal für Kinder: ein großer Pool, ein kleiner Zoo und ein Spielplatz.

✠ 202 B4 ✉ Krokodilinsel, 6 km südlich von Luxor ☎ 095-237 4855; www.moevenpick-hotels.com

New Emilio Hotel $$

Alle Zimmer dieses ausgezeichneten Hotels sind mit eigenen Badezimmern, Klimaanlage, Minibar, Fernseher und einem hauseigenen Videokanal ausgestattet. Auf dem Dach gibt es einen Swimmingpool mit Liegestühlen zum Sonnenbaden. Für die Hochsaison sollte man lange im Voraus buchen.

✠ 202 B4 ✉ Sh. Jussuf Hassan ☎ 095-237 3570; Fax 095-237 0000

Old Winter Palace $$$

Das Hotel Old Winter Palace ist seit 100 Jahren eine Institution. Das prachtvolle Gebäude im Kolonialstil liegt in Sichtweite des Nils und der thebanischen Berge. In der Inneneinrichtung vermischen sich Gegenstände aus der Kolonialzeit mit neuen Fabrikaten und Kunstobjekten, die von der vergangenen Zeit inspiriert sind. Die großen komfortablen Zimmer haben hohe Decken und sind elegant eingerichtet. Im Park gibt es einen Swimmingpool. Ein Nachteil ist der etwas chaotische Service.

✠ 202 B4 ✉ Sh. Corniche el-Nil ☎ 095-238 0422; E-Mail h1661@accor-hotels.com

WESTUFER

El-Moudira $$$

Dieser Wüstenpalast sucht in Ägypten seinesgleichen! Der bekannte ägyptische Architekt Olivier Sednaoui hat hier ein wirklich prachtvolles Gebäude errichtet; die großen, luxuriösen Zimmer sind schön mit Möbeln aus heimischer Handwerksproduktion und Antiquitäten ausgestattet. Das Haus liegt zwischen Wüste und fruchtbarem Land; der hübsche Pool befindet sich inmitten eines duftenden Gartens, und man blickt von hier aus auf die thebanischen Berge.

✠ 202 B4 ✉ Daba'ijja, 15 km südlich vom Ticketschalter am Westufer ☎ 012-325 1307/392 8332; E-Mail moudirahotel@yahoo.com

Nour el-Balad $$

Das hübsche Schwesterhotel des Nour el-Gurna (unten) mit geräumigen Zimmern und Blick auf die Berge. Etwas weiter von den Sehenswürdigkeiten entfernt, aber dafür angenehm ruhig. Das Frühstück wird im gepflegten Garten aufgetischt, Abendessen gibt es auf Vorbestellung.

✠ 202 B4 ✉ Ezbet Bisily, über den Weg auf der Rückseite des Medinat-Habu-Tempels ☎ 095-242 6111

Nour el-Gurna £

Ein angenehmes kleines Hotel mit einfachen, stilvollen Zimmern. Die Gäste blicken auf Zuckerrohrfelder und ein Palmenwäldchen. Alle Zimmer besitzen Ventilatoren und Moskitonetze.

✠ 202 B4 ✉ gegenüber dem Ticketschalter in Gurna am Westufer ☎ 095-231 1430/010-129 5812

Wohin zum ...
Essen und Trinken?

Preise
Die Preise beziehen sich auf ein Gericht pro Person ohne Getränke und Trinkgeld.
$ bis 100 LE $$ 100–150 LE $$$ über 150 LE

In den meisten Hotels am Ostufer gibt es Restaurants mit internationaler Küche. Einige wenige Lokale entlang der Corniche servieren ägyptische Speisen. Die Restaurants am Westufer bieten schlichte, aber frisch zubereitete ägyptische Eintopfgerichte, gegrillte Hähnchen und Kebabs an. Ausgefallenere Gerichte wie z. B. Ente oder gefüllte Taube sollten rechtzeitig im Voraus bestellt werden.

Dawar el-Umda $$
Das empfehlenswerte ägyptische Restaurant befindet sich in einem schönen Hotelgarten. Hier erhält man eine ausgezeichnete Auswahl klassischer ägyptischer Speisen – von *mezze* (Vorspeisen) bis zu Kebabs, *kofta* und Gemüseaufläufen.
202 B4 Mercure Inn, Sh. el-Karnak 095-237 3321 tägl. Mittag- und Abendessen

Kings Head Pub $–$$
In diesem beliebten Lokal findet man alles, was man von einem typisch englischen Pub erwarten kann: Darts, Billard, Fußball im Fernsehen und kaltes Bier.
202 B4 Sh. Khaled Ibn Walid, nahe beim Passamt 095-237 1249 tägl. 10–2 Uhr

La Mamma $$
Im Hotelpark neben einem Teich mit Enten und Pelikanen gelegen, gehört das Restaurant La Mamma zu den reizvollsten der Stadt und ist besonders bei Kindern beliebt. Frische Pasta, Pizzas und italienische Fleischgerichte.
202 B4 Sheraton Hotel, Sh. Khalid Ibn Walid 095-237 4544 tägl. Mittag- und Abendessen

Metropolitan Café $–$$
Ein angenehmes Café direkt am Ufer des Nils; man schaut aufs Wasser und kann den Bootsleuten in den Feluken beim Navigieren zusehen. Auf den Tisch kommt ägyptische und internationale Küche; man kann aber hier auch einfach nur ein kühles Bier trinken.

202 B4 unterhalb der Corniche el-Nil, gegenüber dem Old Winter Palace am Ostufer kein Telefon tägl. 10–23 Uhr

Miyako $$
Wem der Kulturschock beim Blick in die Welt der alten Ägypter noch nicht genügt, kann hier sogar noch japanische Küche kosten: Das Restaurant im Hotel Sonesta St. George kocht hervorragend. Alles ist ganz frisch; die Sushi und die Grillgerichte sind besonders zu empfehlen.
202 B4 Hotel Sonesta St. George, Sh. Khalid Ibn Walid 095-238 2575

Mövenpick Garden Terrace $$
Die schöne Gartenterrasse ist bestens zu empfehlen, wenn Sie sich zum Mittagessen etwas Besonderes gönnen möchten. Auf der Speisekarte werden Sandwiches, u. a. mit reichlich *kofta* (Hackfleisch), ausgezeichnete Salate und köstliche frische Pasta angeboten. Die größte Attraktion sind für viele Gäste die Nachspeisen, besonders die großen

Portionen der besten Eiscreme, die in der Stadt zu finden ist.

✚ 202 B4 ✉ Krokodilinsel, 6 km südlich von Luxor, nahe der neuen Brücke ☎ 0 95-237 4855 ⏰ tägl. Frühstück (bei schönem Wetter); Mittag- und Abendessen drinnen

Oasis Café $

Ein großartiges Café-Restaurant in einem Gebäude aus den 20er Jahren im Zentrum von Luxor.

✚ 202 B4 ✉ Sharia Dr Labib Habashi ☎ 012-336 7121 ⏰ tägl. 10–22 Uhr

El Moudira $$$

Egal, ob man nun das Restaurant am Pool oder das Orient-Restaurant bevorzugt – El-Moudira bietet sicherlich das romantischste Ambiente der ganzen Stadt. Die Speisen sind eine Mischung aus hervorragender europäischer und libanesischer Küche. Alles schmeckt köstlich, und das Erlebnis ist die Anreise von Luxor mit Sicherheit wert. Vorab reservieren.

✚ 202 B4 ✉ Daba'ijja, 15 km südlich vom Ticketschalter am Westufer ☎ 012-325 1307/392 8332

Nour el-Gurna $–$$

In diesem einfachen Restaurant inmitten eines schattigen Gartens werden heimische Gerichte gekocht, beispielsweise *meloukhija* (eine Suppe aus einem spinatartigen Gemüse), gebratene Ente oder gefüllte Taube. Kein Alkohol.

✚ 202 B4 ✉ gegenüber dem Ticketschalter, Gurna ☎ 095-231 1430 ⏰ tägl. 10–22 Uhr

Restaurant Muhammad $

Ein kühles Haus mit schattiger Terrasse; auf der Karte stehen einige einfache ägyptische Gerichte. Falls man dies morgens vorbestellt, bekommt man eventuell aber auch eine köstliche *meloukhija*, eine gefüllte Taube oder eine gebratene Ente.

✚ 202 B4 ✉ neben dem Pharaoh's Hotel in der Nähe des Ticketschalters, Westufer ☎ 095-231 1014 ⏰ tägl. 12–22 Uhr oder später

Wohin zum ...
Einkaufen?

Das Zentrum von Luxor ist besonders in der Umgebung des Tempels ein einziger großer Basar mit Hunderten von Ständen, an denen billige Souvenirs verkauft werden. Feste Preise findet man selten, also ist es hier wie überall in Ägypten angebracht, hart um den Preis zu verhandeln; gelegentlich kann man so ein gutes Geschäft machen. Die kleinen Statuen altägyptischer Götter, Schals aus authentischem Material (achten Sie auf die Echtheit) und handgewebte Baumwolltischwäsche aus Achmin sind eine gute Wahl. Ein schönes Mitbringsel ist auch einer der traditionellen Tonkochtöpfe, die an zwei Ständen neben der Polizeistation verkauft werden. Sie können im Backofen oder auf dem Herd verwendet werden, müssen aber vor dem ersten Gebrauch mit einer Mischung aus Öl und Melasse bei kleiner Hitze eine halbe Stunde lang vorbehandelt werden. Der Basar ist von frühmorgens bis 13 Uhr und von 17 bis mindestens 21 Uhr geöffnet.

Alabaster

Alabaster wird in einem Gebiet 80 Kilometer nördlich vom Tal der Könige gewonnen. In den Werkstätten am Westufer können Sie zuschauen, wie die Steine bearbeitet und poliert werden. In mehreren großen Geschäften werden neben manchmal kitschigen Statuen und Sphingenlampen auch schöne unpolierte Alabastervasen oder -schalen in einfachen Formen verkauft. Sie ähneln den Exponaten im Ägyptischen Museum.

Bücher

Auf dem Touristenbasar neben dem Hotel Old Winter Palace liegt das Buchgeschäft **El Aboudi** (Tel. 095-2373390), das eine ausgezeichnete Kinderbuchabteilung hat und verschiedene preiswerte Bücher über Ägypten sowie Postkarten anbietet.

Wohin zum ...
Ausgehen?

Luxor überwältigt seine Gäste mit so vielen Eindrücken, dass die meisten sich am Ende eines Tages nichts anderes wünschen als eine Runde im Swimmingpool, einen kalten Drink, ein gutes Abendessen und ein weiches Bett. Das ist ganz verständlich, da das Nachtleben ohnehin eher beschaulich ist. Wenn Sie aber noch Energie übrig haben, finden Sie Tipps in der Monatsillustrierten *Egypt Today*.

Feluken und Motorboote

Von Luxor kann man wie andernorts in Ägypten in einer Feluke zu einer geruhsamen Fahrt auf dem Nil aufbrechen. Wiederum sollte der Preis vorab verhandelt werden. Ein beliebter Zielort ist Banana Island, vier Kilometer flussaufwärts gelegen. Oder lassen Sie sich einfach einige Stunden lang auf der Feluke dahintreiben, und genießen Sie die Schönheit des Nils und der Sie umgebenden Landschaft, die im Sonnenuntergang besonders reizvoll ist. Bei Windstille werden die Boote gerudert. Man kann stattdessen auch eines der kleinen Motorboote mieten.

Reiten

Bei einem der Reitställe kann man ein Pferd oder ein Kamel leihen. Wenden Sie sich an **Nobi Horse Stables** (Tel. 010-504 8558) oder an **Pharaoh's Stables** (Tel. 095-231 0015), beide hinter der Mobil-Tankstelle am Westufer. Bei einem einstündigen Ausritt können Sie die Landschaft erkunden.

Schwimmen

Fast alle Hotels halten ihre Swimmingpools auch für Gäste von außerhalb, entweder gegen Eintritt oder beim gleichzeitigen Verzehr von Getränken oder kleinen Mahlzeiten, geöffnet.

Nachtleben

In einigen Hotels von Luxor gibt es Diskotheken. Man sollte nicht die neueste Tanzmusik oder eine Lasershow erwarten. Die lebhafteste Atmosphäre herrscht in der Disko des **Mercure Inn Hotel** und im **Tutotel**, 1 Sh. Salah el-Din am Ostufer (Tel. 095-237 7990). Im **Mövenpick**-Hotel werden gute Bauchtanz- und folkloristische Shows geboten.

Besichtigungen bei Nacht

Eine hervorragende **Ton- und Licht-Show** wird in verschiedenen Sprachen täglich beim Karnak-Tempel (▶ 84ff) veranstaltet. Ein abendlicher Besuch des Luxor-Tempels (▶ 88ff) bei eindrucksvoller Beleuchtung ist bis 22 Uhr möglich und bietet sich als außergewöhnlicher Spaziergang an.

Ebenfalls neben dem Old Winter Palace findet man bei **AA Gaddis** (Tel. 095-237 0753) Bücher über das moderne und alte Ägypten sowie Postkarten und hochwertige Souvenirs.

Kunsthandwerk

Seit Jahrhunderten werden in Achmin feine Textilien in Handarbeit gewebt. Die schönste Auswahl von Textilien und Tischwäsche aus dieser Gegend findet man in der **Winter Akhmin Gallery** (Tel. 095-238 0422) in der Passage des Hotels Old Winter Palace. Das **Fair Trade Centre Luxor** (Tel. 0 95-238 7015), Sh. el-Karnak, ist ebenfalls ein hervorragendes Geschäft. Dort werden kunsthandwerkliche Produkte zum Verkauf ausgestellt, die von NGO-Projekten aus allen Landesteilen Ägyptens stammen. Das Angebot umfasst handgewebte Decken aus der Libyschen Wüste, handgearbeitete Spitze aus dem Sinai, Keramik, nubische Korbwaren und eine Fülle anderer Produkte von hoher Qualität, die zu festen Preisen verkauft werden.

Oberägypten und Nubien

Erste Orientierung

Während des 19. Jahrhunderts, als immer mehr archäologische Entdeckungen gemacht wurden, verbrachten viele Menschen den Winter in Oberägypten. Wohlhabende Europäer mieteten sich ein privates Dahabiyya, ein Segel-Hausboot, für eine Fahrt auf dem Fluss von Kairo, von wo aus sie Ruinen besichtigten.

Am einfachsten und angenehmsten gelangt man heute wieder mit dem traditionellen Segel-Hausboot zu den Sehenswürdigkeiten entlang des Nils. Nicht selten dauert die Fahrt von Esna nach Assuan eine ganze Woche, und man bekommt unterwegs auch diejenigen Attraktionen zu sehen, an denen die größeren Schiffe gar nicht halten. Auf den Luxus-Kreuzfahrtschiffen kann man drei- bis fünftägige Nilfahrten zwischen Luxor und Assuan unternehmen. Wem der Sinn nach Abenteuern steht, der sollte eine

Rechts: Es scheint in ganz Assuan Tempel und Nekropolen zu geben

drei- oder viertägige Fahrt auf einer Feluke ausprobieren; man schläft dort einfach unter dem Sternenhimmel. Einige Kreuzfahrtunternehmen bieten eine viertägige Rundfahrt auf dem Nassersee an; unterwegs kann man dort die geretteten nubischen Denkmäler besichtigen oder den riesigen Nilbarsch angeln.

Man sollte jedoch beachten, dass momentan Besucher nur in einem privaten Fahrzeug innerhalb eines bewaffneten Polizeikonvois von Luxor nach Assuan reisen dürfen. Dieser startet zweimal pro Tag von beiden Orten aus, er hält jedoch an keiner Sehenswürdigkeit. Auf Grund von Sicherheitsvorschriften ist die Fahrt auf dem Landweg von Assuan nach Abu Simbel nur im Rahmen organisierter und von der Polizei begleiteter Bustouren möglich.

Südlich von Luxor ändert sich die Landschaft, die Wüste nähert sich an den Nil an. Hat man Assuan erreicht, wird deutlich, dass man das Mittelmeer und den Nahen Osten hinter sich gelassen hat. Man befindet sich nun in einer exotischeren, afrikanischen Landschaft.

Vorherige Seite und oben: Beim Segeln auf einer Feluke zwischen Luxor und Assuan lernt man am besten die Tempel kennen

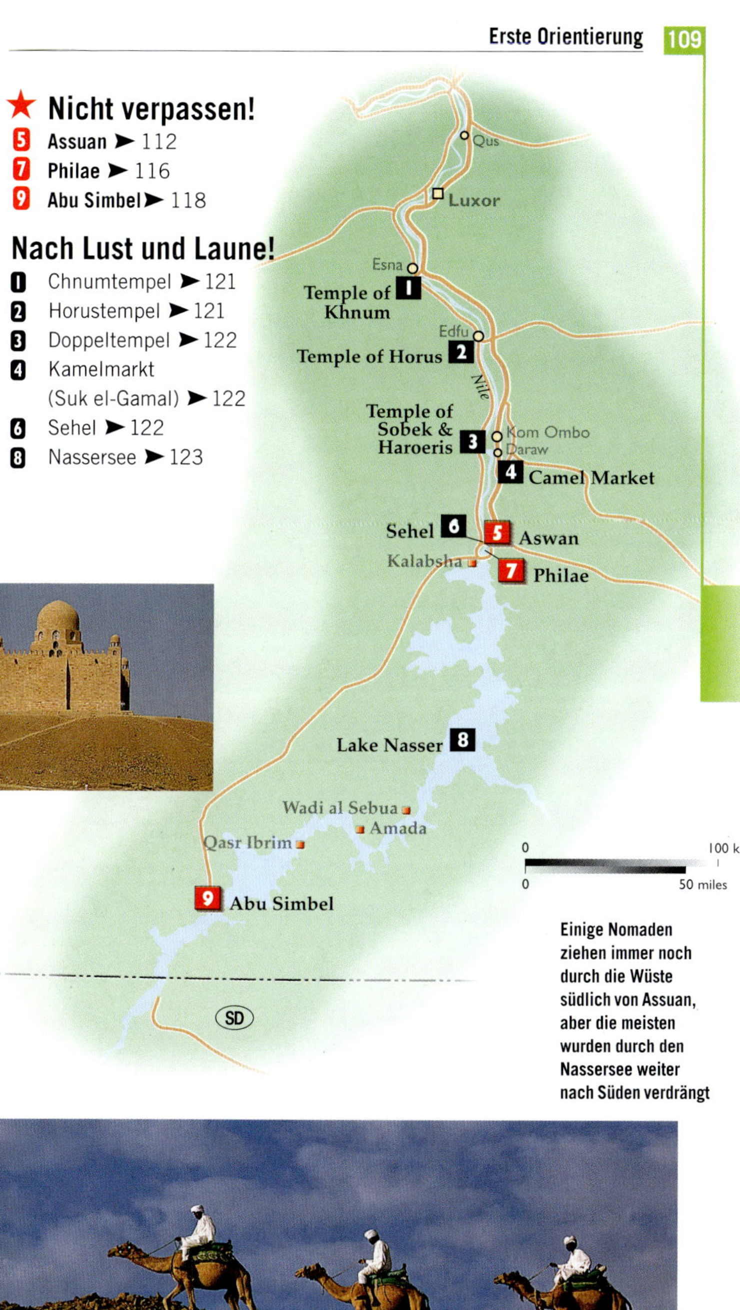

★ **Nicht verpassen!**

5 Assuan ➤ 112
7 Philae ➤ 116
9 Abu Simbel ➤ 118

Nach Lust und Laune!

1 Chnumtempel ➤ 121
2 Horustempel ➤ 121
3 Doppeltempel ➤ 122
4 Kamelmarkt
   (Suk el-Gamal) ➤ 122
6 Sehel ➤ 122
8 Nassersee ➤ 123

Einige Nomaden ziehen immer noch durch die Wüste südlich von Assuan, aber die meisten wurden durch den Nassersee weiter nach Süden verdrängt

Die friedliche Stimmung von Assuan und dem Nassersee ist ein Genuss. Es empfiehlt sich, die Sehenswürdigkeiten nicht nur mit dem Taxi, sondern überwiegend mit dem Motorboot oder der Feluke anzusteuern. Lassen Sie sich vom Licht des frühen Morgens oder des späten Nachmittags und dem fröhlichen Singen der nubischen Kinder auf dem Fluss vor Sonnenuntergang beeindrucken.

Oberägypten und Nubien in drei Tagen

Erster Tag

Vormittags

Man sollte frühmorgens aufbrechen und sich ein privates Taxi für einen halben Tag mieten. Man verlässt **5 Assuan** (➤ 112) entlang der Straße, die am **fatimidischen Friedhof** (➤ 114) und am **Unvollendeten Obelisken** (➤ 114) vorbeiführt, Richtung Stadtrand. Über den alten Staudamm von Assuan erreichen Sie den Philae-Hafen in Shallal, wo Sie sich eine Eintrittskarte besorgen. Ein Boot bringt Sie zur **7 Insel** (➤ 116). Dafür sollten Sie etwa 90 Minuten einplanen. Fahren Sie dann weiter, um den **Assuan-Hochdamm** (➤ 115) zu besichtigen. Über den alten Staudamm kehren Sie nach Assuan zurück, wo Sie im **Aswan Moon Restaurant** (➤ 125) das Mittagessen einnehmen können.

Nachmittags

Vom Abfahrtsort gegenüber dem Büro von Egypt Air nehmen Sie eine Fähre zur Nilinsel Elephantine, um das **Assuan-Museum** (➤ 115) zu besichtigen. Durch Palmenhaine und nubische Dörfer geht es zurück zum Norden der Insel. Vom Anlegeplatz der Fähre aus kann man sich eine Feluke zur Inselrundfahrt nehmen. Planen Sie jedoch genügend Zeit für einen Besuch des Botanischen Gartens auf der **Kitchener-Insel** (➤ 115) ein, bevor Sie weiter – vorbei am **Mausoleum des Aga Khan** am Westufer (➤ 115) – um die Inseln herumsegeln.

Abends

Beschließen Sie den Tag mit einer orientalischen Show im **Nubian House Restaurant** (➤ 126).

Zweiter Tag

Vormittags

Unternehmen Sie mit dem Taxi eine Rundfahrt im Süden zum **8 Tempel von Kalabscha** am Nassersee (unten links; ➤ 123). Je nach Wasserstand muss ein Boot vom Hafen aus gechartert werden. Nach Ihrer Rückkehr nach Assuan suchen Sie sich zum Mittagessen ein Restaurant entlang der Uferpromenade (Corniche, ➤ 125 f).

Nachmittags

Es empfiehlt sich, ausreichend Wasser und Sonnencreme mit hohem Lichtschutzfaktor mitzunehmen, wenn Sie am Nachmittag zu einer zweistündigen Kreuzfahrt auf einer Feluke zur **6 Sehel-Insel** (links; ➤ 122) starten. Nach der Rückkehr können Sie am Spätnachmittag das **Nubische Museum** (➤ 114) in Assuan besichtigen. Danach spazieren Sie zum **Old Cataract Hotel** zurück und erholen sich dort auf der wunderschönen Terrasse. Das richtige Ambiente für ein herrliches Abendessen bietet der elegante Speisesaal im maurischen Stil (➤ 126).

Dritter Tag

Vormittags

Nachdem Sie bereits im Voraus Ihre Rückflugtickets in einem Reisebüro oder direkt bei Egypt Air gebucht haben, bietet sich ein halbtägiger Ausflug zum Felsentempel von **9 Abu Simbel** (rechts; ➤ 118) an, ein Flug von etwa 30–45 Minuten.

Nachmittags

Genießen Sie doch einmal die Zeit bis zum Spätnachmittag am hoteleigenen Swimmingpool (➤ 127), und bummeln Sie später durch die Basare.

Abends

Zum Besuch der Ton-und-Licht-Show (➤ 128) in Philae nehmen Sie sich am besten ein Taxi. Auskunft über die Anfangszeiten des Programms bekommen Sie im Fremdenverkehrsamt oder auch im Internet unter: www.sound-light.egypt.com.

5

Assuan

Assuans malerische Lage am Nil ist sowohl eindrucksvoll als auch idyllisch. Ab hier trennt der Fluss die Östliche Wüste und die Sahara. Das kühle, funkelnde Wasser bildet einen starken Gegensatz zum heißen, goldenen Wüstensand, den rötlichen Granitklippen, die es umspült, und den saftig grünen Inseln seiner Strömung. Die Aussicht auf Assuan und den Nil ist besonders am Spätnachmittag ein wahres Erlebnis.

Als südlichst gelegene Stadt Ägyptens ist Assuan bereits seit dem Altertum Grenzstadt, die das Tor zu Nubien und Afrika bildet. Die dunkelhäutige nubische Bevölkerung dieses friedlichen, exotischen Ortes ähnelt mehr den Sudanesen als den Ägyptern. Im Winter ist das Klima traumhaft – trocken-heiß – und die Stimmung sehr friedlich. Weil Assuan im Gegensatz zu Luxor oder Kairo über nicht ganz so bedeutende Sehenswürdigkeiten verfügt, hat der Reisende hier mehr Zeit, um in den an der Corniche gelegenen Restaurants zu entspannen, den Sonnenuntergang und die segelnden Feluken zu betrachten und durch die belebten Basare zu spazieren.

Nilometer

Das Instrument wurde bis zur Fertigstellung des Hochdammes verwendet, um das jährliche Anschwellen der Nilfluten aufzuzeichnen. Es war von großer Bedeutung, das exakte Niveau des Nils zu kennen, da auf dieser Grundlage die Berechnung der Steuer erfolgte: je höher der Wasserstand, desto ertragreicher die Ernte, desto höher die Steuern.

Modernes Assuan

Assuan ist eine freundliche und gut zu überblickende Stadt. An der ansprechenden Uferpromenade säumen sich zahlreiche Restaurants mit Blick auf den Fluss. In Sharia el-Suk, der Haupteinkaufsstraße, spürt man noch immer den exotischen Flair, obwohl immer mehr Touristen dorthin kommen. Am südlichen

Feluken segeln sanft und friedlich um die kleinen Inseln des Nils in Assuan

---

✚ 202 C 3 ✉ 215 km südlich von Luxor
☎ 097-231 2811 (Fremdenverkehrsamt)

3826 🕐 tägl. 9–13, 17–21 Uhr
🚌 zu Fuß oder privates Taxi ✋ mittel

Assuan-Museum/Nilometer/Ruinen von Jebu
✉ Südspitze der Nilinsel Elephantine
🕐 Sommer tägl. 8.30–18 Uhr; Winter 8–17 Uhr
🚌 Fähre gegenüber den Büros von Egypt Air
✋ preiswert

Fatimidischer Friedhof/Unvollendeter Obelisk
✉ 1,5 km südlich von Assuan 🕐 Obelisk Sommer tägl. 8–18 Uhr; Winter 7–16 Uhr
✋ mittel, beim Friedhof Trinkgeld

Nubisches Museum
✉ Sharia Abtal el Tahrir, zwischen Old Cataract und den Basma Hotels ☎ 097-231

Botanischer Garten
✉ Kitchener-Insel 🕐 Sommer tägl. 8–18 Uhr; Winter 8–17 Uhr 🍴 Cafeteria ($)
🚌 Fähre vom Westen der Insel Elephantine, gemietetes Boot oder Feluke ✋ mittel

Felsengräber der Adligen
✉ Westufer, Assuan 🕐 Sommer tägl. 8–17 Uhr; Winter 8–16 Uhr
🚌 Fähre vom nördlichen Ende der Corniche, dann nach oben wandern ✋ preiswert

Hochdamm-Pavillon
✉ einige Kilometer südlich von Assuan
🕐 tägl. 7–17 Uhr ✋ preiswert; Trinkgeld an den Wächter

Ende der Corniche befinden sich die Ferial Gardens, ein ruhiger und friedlicher Platz, um sich auszuruhen und den Sonnenuntergang zu genießen, falls die Terrasse des Old Cataract Hotel (▶ 126) einmal überfüllt sein sollte.

Hinter dem Hotel befindet sich das **Nubische Museum** zur Erinnerung an die Menschen, deren Land bei dem Bau der Dämme zur Schaffung des Nassersees überschwemmt wurde.

Etwa 1,5 Kilometer südlich von Assuan trifft man auf den riesigen **fatimidischen Friedhof**, dessen malerische Kuppelgräber aus dem 9. Jahrhundert stammen. Hier ist auch der gewaltige **Unvollendete Obelisk** zu finden, an dem nicht mehr weitergearbeitet wurde, als man Risse im Gestein entdeckte. Man sagt, dass er einst für den Tempel von Tuthmosis III. in Karnak bestimmt war (▶ 84ff).

Stromaufwärts am Ersten Katarakt (▶ 122) befindet sich der alte Staudamm von Assuan, erbaut im Jahre 1902, und weiter südlich der Hochdamm, der im Jahre 1971 fertig gestellt wurde.

Das alte Assuan

In der Antike befanden sich die Hauptstadt und die Tempel auf der Nilinsel Elephantine – heute dem modernen Assuan gegenüber –, dort hauptsächlich in der südlichen Spitze, die in alter Zeit Jebu genannt wurde (gleichbedeutend mit »Elfenbein« und »Elefant«). Jebu war ein wichtiger Kultort, der Chnum, dem für den Wasserstand des Nil verantwortlichen Gott, sowie seiner Gattin Satis und deren Tochter Anukis gewidmet war. Während des islamischen Zeitalters wurde Jebu zu einem wichtigen Handelsplatz für die Karawanen von Kamelen und Elefanten, die mit Elfenbein, Gold, Gewürzen und Sklaven beladen waren. Ausgrabungen werden immer noch vorgenommen. Bis jetzt ist nur ein Granitportal zu sehen, auf dessen Wänden der Sohn Alexanders des Großen beim Opfer vor Chnum dargestellt ist, außerdem der Chnum-Tempel der 30. Dynastie. Weiter nördlich steht das Nilometer. Auf Marmortafeln kann man den Nilstand als griechische, römische, pharaonische und arabische Ziffern ablesen.

Die Basare in Assuan sind stark afrikanisch geprägt – Amulette, Textilien und exotische Gewürze sind besonders zu beachten

Die Staudämme Assuans: Daten und Fakten
• Der alte Staudamm – 1898–1902 von den Briten erbaut – zählte zu den längsten Talsperren der Welt und wurde später zweimal erweitert.
• Er ist 50 Meter hoch, zwei Kilometer lang und an seiner Basis 30 Meter breit. Er verfügt über 180 Schleusentore.
• Der Hochdamm ist 111 Meter hoch, 3,8 Kilometer lang und 980 Meter breit.
• Der Nassersee, das größte Staubecken weltweit, fasst 6000 Kubikkilometer.
• Es ist verboten, den Assuan-Staudamm zu fotografieren.

Sowohl das Nilometer als auch die Ruinen von Jebu bilden nun einen Teil des **Assuan-Museums**. Innen ist eine umfangreiche Sammlung von Architekturfragmenten, Kult- und Gebrauchsgegenständen sowie eine herrliche vergoldete Statue des Chnum zu besichtigen.

Das Westufer
Das **Mausoleum des Aga Khan** gehört zu den imposantesten Bauwerken gegenüber von Assuan am Westufer des Nils. (Mittlerweile ist es für die Öffentlichkeit jedoch nicht mehr zugänglich.) Dort liegen Aga Khan III. und auch seine Gattin Begum begraben. Weiter nördlich befinden sich die Felsengräber der Fürsten und Vornehmen von Elephantine, die bei Nacht beleuchtet sind und eine prächtige Aussicht bieten.

Von der Terrasse des Old Cataract Hotel aus ist der Sonnenuntergang besonders schön

KLEINE PAUSE
Restaurant-Terrassen entlang des Nils, besonders das **Aswan Moon** (► 125), servieren köstliche frisch gepresste Säfte und einfaches ägyptisches Essen.

ASSUAN: INSIDER-INFO

Top-Tipps: Mindestens einmal sollten Sie **mit einer Feluke um die Inseln fahren**, um Entspannung pur zu genießen. Wählen Sie die Zeit des Sonnenuntergangs, wenn die einheimischen Kinder auf ihren selbst gemachten Booten herausfahren.
• Ein Besuch des **Botanischen Gartens** auf der Kitchener-Insel lohnt sich. Hier pflanzte General Kitchener Sträucher, die er aus allen Teilen der Welt mitbrachte.

Geheimtipp: Auf einem erlebnisreichen, wenn auch anstrengenden 30-minütigen Spaziergang durch die Wüste gelangen Sie von den Gräbern der Fürsten und Vornehmen der Insel Elephantine zu den wunderschönen Ruinen des aus dem 7. Jahrhundert stammenden **Simeonsklosters** (tägl. 8–17 Uhr; Eintrittsgebühren mittel). Ein Wächter öffnet die Basilika und verweist auf den Ort, an dem der Bart des hl. Simeon an der Decke festgemacht wurde, sodass er während seiner Gebete nicht einschlafen konnte.

Muss nicht sein! Haben Sie bereits das Westufer in Luxor besichtigt, können Sie die schlichteren Gräber auf der Insel Elephantine außer Acht lassen.

7
Philae

Der wunderbare Isistempel, auf einer Insel umgeben von den blauen Fluten des Nassersees, ist eine der romantischsten Sehenswürdigkeiten Ägyptens, besonders wenn man mit dem Schiff ankommt. Mehr als 800 Jahre lang, bis 550 n. Chr., zählte dieser Isis-Osiris-Tempel zu den wichtigsten ägyptischen Kultstätten.

Auch ptolemäische und römische Herrscher, die selbst mit diesem machtvollen altägyptischen Kult identifiziert werden wollten, hinterließen ihre Spuren, sodass der Tempel heute eine interessante Mischung von Baustilen aufweist. Die Verehrung der Isis als Mutter aller Götter verbreitete sich schließlich im ganzen Römischen Reich; die frühkoptische Kunst brachte die Jungfrau Maria und das Jesuskind eindeutig mit Isis in Verbindung, die ihren kleinen Sohn Horus stillt.

Bevor der Philae-Tempel nach Agilkia versetzt wurde, mussten Besucher zwecks Besichtigung ein Ruderboot benutzen

Ursprünglich stand der Isis-Tempel auf der Nilinsel Philae (»Insel aus der Zeit des Re«) gegenüber der Bigah-Insel, die für eine der Grabstätten des Osiris gehalten wurde. Die Bigah-Insel war aber nur für Priester zugänglich, weshalb alle religiösen Feste auf Philae stattfanden. Während der Errichtung des ersten Staudamms von Assuan stand der Tempel für ein halbes Jahr unter Wasser. In den 70er Jahren, als der Hochdamm ihn völlig zu überfluten drohte, versetzten die UNESCO und die Ägyptische Historienorganisation den gesamten Komplex auf die nahe gelegene Insel Agilkia, wo Philae sorgfältig rekonstruiert wurde.

Besonderheiten des Tempels

Die Boote legen in der Nähe des ältesten Teils der Insel an, am Vestibül des **Nectanebo I.**, hinter dem ein großer Hof liegt, eingerahmt von zwei eleganten Säulen und dem eindrucksvollen **Ersten Pylon** des Isis-Tempels. Die kleine Tür auf der linken Seite führt in ein **Geburtshaus** aus dem 3. Jahrhundert v. Chr., die hintere

Unten: Einige Reliefs sind bemerkenswert gut erhalten

✚ 202 C3
✉ Agilkia, zwischen dem Alten Staudamm von Assuan und dem Hochdamm, 9 km südlich von Assuan 🕐 Sommer tägl.
7–17 Uhr; Winter und Ramadan 7–16 Uhr
🍴 Cafeteria ($$)
🚌 mit dem Taxi zur Anlegestelle Shallal, dann mit einem Boot zur Insel ✋ mittel

Wand zeigt wunderschöne Szenen der Isis, die ihren Horus in den Sümpfen stillt. Das Haupttor mit zwei Löwen aus Granit führt zum **Zweiten Pylon** und öffnet sich zu einem **Hypostil**. Der Tempel verlor einen Großteil seiner Ausstattung, als er um das Jahr 553 n. Chr. in eine Kirche umgewandelt wurde. Das **Sanktuarium** enthält jedoch noch immer die heilige Barke der Isis.

Gleich daneben steht der **Tempel der Hathor** (u. a. Göttin der Musik) mit einem wunderschönen Relief musizierender Götter. Hier befindet sich auch der anmutige **Trajanskiosk** mit einer überragenden Sicht über den See.

Der erhabene Trajanskiosk mit seinen 14 Säulen ist auch bekannt als das »Bett des Pharaos«

KLEINE PAUSE

Am Hafen gibt es ein paar einfache Cafés, auf der Insel selbst nur eine Cafeteria mit Außenterrasse, die Snacks, kalte Getränke, Tee und Eis im Angebot hat.

PHILAE: INSIDER-INFO

Top-Tipps: Vor der Anmietung eines Bootes sollte man einen Blick auf die offizielle Preisliste am Hafen werfen. Der Preis bezieht sich auf einen einstündigen Besuch. Bei einem längeren Aufenthalt sollte der Bootsführer extra bezahlt werden.
• Die Ton-und-Licht-Show im Isis-Tempel ist oft als die beste in ganz Ägypten bezeichnet worden.

Geheimtipp: Im Osiris-Zimmer im oberen Stockwerk, wo Osiris-Schauspiele aufgeführt wurden, findet man interessante Reliefs, die die Geschichte der Isis und des Osiris darstellen. Der Raum ist eigentlich geschlossen, aber gegen ein kleines Trinkgeld werden die Wärter sicher die Türen öffnen.

9

Abu Simbel

Der im 13. Jahrhundert v. Chr. entstandene Felsentempel Ramses' II. in Abu Simbel gehört zu den eindruckvollsten Baudenkmälern Nubiens, die das imperialistische Streben und die Kühnheit des Zeitalters des Neuen Reiches perfekt widerspiegeln. Die vier 21 Meter hohen Sitzbilder Ramses' II., die majestätisch vor dem Felsenpylon des Tempels stehen, gehören zu den größten Skulpturen des Landes.

Kein Europäer kannte den Tempel, bis der Schweizer Forscher Jean Louis Burckhardt das Bauwerk im Jahre 1813 bei einer Segeltour entdeckt hat. Zu diesem Zeitpunkt waren die massiven Statuen jedoch bis zu den Köpfen im Wüstensand versunken. Erst im Jahre 1817 begann man mit der Freilegung der Heiligtümer, die etwa 15 Meter tief im Sand begraben waren. In den 60er Jahren wurde der wunderschöne Tempel in einer spektakulären Aktion an einen anderen Ort versetzt, um ihn vor den steigenden Fluten des Nassersees zu retten. Der Tempel und der Hang, in den er hineingebaut worden war, wurden in über Tausend bis zu 30 Tonnen schwere Blöcke zersägt und an einem höher gele-

---

✚ 202 A1 ✉ 280 km südlich von Assuan, 40 km vor der sudanesischen Grenze 🕓 Sommer 6–18 Uhr; Winter 6–17 Uhr
🍴 Café ($)
🚌 Bus von Assuan im bewaffneten Konvoi
✈ Flüge mit Egypt Air von Kairo und Assuan. Flüge von Assuan werden als Pauschalangebot verkauft, einschließlich Rückflug und Transfer zum bzw. vom Hotel. Für die Besichtigung haben Sie etwa zwei Stunden Zeit, was ziemlich kurz sein kann, besonders wenn der Flug Verspätung hat
✋ teuer; einschließlich der Tour durch einen einheimischen Führer

genen Ort aufgebaut. Vor der Rettungsaktion besichtigten nur wenige Menschen Abu Simbel, während der Tempel heutzutage zu den Hauptsehenswürdigkeiten Ägyptens gehört.

Ein Liebesdienst

Ramses II. benötigte etwa 30 Jahre, um seinen »Tempel des Ramses, innig geliebt von Amun«, zu errichten. Zwar weihte er den Tempel Re-Harachte, Amun-Re und Ptha, nutzte das Bauwerk aber vorwiegend, um sich selbst diesen Göttern gleichzustellen. Daneben baute er für seine Lieblingsfrau Nefertari einen kleineren Tempel, in dem sie der Liebesgöttin Hathor gleichgesetzt wurde. Die Achse des ursprünglichen Tempels war so nach Osten ausgerichtet, dass nur zweimal im Jahr, am Geburtstag Ramses' II. und an seinem Krönungstag, die Göttergestalten im Sanktuarium von der aufgehenden Sonne erhellt wurden. Der versetzte Tempel fängt die Strahlen einen Tag später auf, am Morgen des 22. Februar und des 22. Oktober. Dann gelangen die Sonnenstrahlen in das innere Sanktuarium des Sonnentempels und erleuchten die Überreste der vier Gottheiten.

Vor der mächtigen Tempelfassade erheben sich vier Kolossalstatuen von Ramses II. Die ausdrucksvollen Gesichter strahlen einen Hauch von Ewigkeit aus. Die Köpfe und Körper der Statuen sind fein gemeißelt (im Jahre 27 v. Chr. zerstörte ein Erdbeben die obere Hälfte einer Statue), während die Beine und Füße eher grob ausgearbeitet scheinen.

Dem klassischen Tempeldesign folgend, befinden sich im Inneren eine Reihe immer kleiner werdender Zimmer mit einem spürbar höher werdenden Boden. In der großen Pfeilerhalle stehen acht zehn Meter hohe Statuen des Königs in Gestalt des

Die massiven Tore des Tempels werden mit einem Anch-Schlüssel geöffnet

Links und unten: Kolossalstatuen von Ramses II. vor dem Großen Tempel und dem Tempel der Königin Nefertari

Osiris. Auf den Wandreliefs sieht man Szenen aus Feldzügen. Ein kleinerer Saal führt zum Vorplatz und zum Sanktuarium, in dem vier große Figuren stehen: Ptah, Amun, Ramses II. und Re-Harachte.

Auf dem Weg ins Sanktuarium werden die Ausmaße der Hallen des Großen Tempels allmählich kleiner

Der Tempel der Königin Nefertari

Im Norden befindet sich der kleinere Tempel der Königin Nefertari, welcher der Liebesgöttin Hathor geweiht ist. Wie auch bei Ramses' Tempel wurde das Gestein in Nachahmung eines Pylonen geschliffen und geschnitten. Blickfang der Fassade sind sechs über zehn Meter hohe Standbilder. Obwohl kleiner, ist dieser Tempel ähnlich konzipiert. Er enthält ein Hypostylos mit Wandreliefs von Hathor, einen Vorplatz und ein kleines Sanktuarium.

KLEINE PAUSE

Zum Ausruhen bietet sich hier lediglich ein kleines Restaurant an, das kalte Getränke und eine kleine Speisekarte führt. Daher ist es ratsam, sich ein Picknick mitzubringen.

ABU SIMBEL: INSIDER-INFO

Top-Tipps: Genießen Sie den Tempel am frühen Morgen oder Spätnachmittag nahezu für sich **allein**. Wenn man im Flugzeug von Kairo nach Assuan Plätze auf der linken Seite wählt, hat man einen guten Ausblick auf den Tempel.
• Täglich werden verschiedene **Ton-und-Licht-Shows** gezeigt, im Winter um 18 Uhr, im Sommer um 20 Uhr (Tel. 02-385 2880; www.sound-light.egypt.com).

Geheimtipp: Eine Königin wurde im alten Ägypten gewöhnlich nur als winzige Figur dargestellt, die ihrem Gatten gerade einmal bis zu den Knien reichte. Der Tempel der Nefertari in Abu Simbel hingegen zeigt an der Frontseite zwei Statuen ihres Gatten Ramses II. und vier Statuen der Königin, und alle sind von gleicher Höhe – sicherlich ein Zeichen ihres einzigartigen Ranges.

Nach Lust und Laune!

❶ Chnum-Tempel

Dieser Tempel, der von Ptolemäus VI. (180–145 v. Chr.) vollkommen neu errichtet worden war, liegt etwa 155 Kilometer nördlich von Assuan in Esna. Das Bauwerk war von der Größe wahrscheinlich einmal mit dem Tempel in Edfu (siehe unten) vergleichbar. Heutzutage kommen die Menschen, um den wunderschönen Hypostyl-Saal aus dem 1. Jahrhundert zu bestaunen – der einzige Teil des Tempels, der ausgegraben wurde. Hier können Sie sich eine wahre Vorstellung von der einstigen Pracht der Säulenhalle machen. 24 Säulen mit prächtigen Kapitellen aus Pflanzenkelchen vermitteln den Eindruck eines herrlichen umzäunten Gartens. Die Wände sind verziert mit Bildern verschiedener römischer Kaiser, die ihre Opfergaben ägyptischen Göttern darbringen.

✚ 202 B4 ✉ Esna, 54 km südlich von Luxor, 155 km nördlich von Assuan ☻ Sommer tägl. 6–17 Uhr; Winter 6–16 Uhr 🚌 Bus oder Taxi von Luxor oder Assuan 🚆 Züge von Luxor, Edfu oder Assuan nach Esna, dann weiter mit der Kalesche zum Tempel ✋ der am Flussufer gelegene Kiosk in der Nähe des Touristenbasars bietet preiswerte Eintrittskarten an

❷ Horus-Tempel

Der Ptolemäer-Tempel in Edfu (105 km nördlich von Assuan) wurde 257–237 v. Chr. errichtet und gehört zu den am besten erhaltenen und prächtigsten Tempeln Ägyptens. Der im klassischen Pharaonenstil gebaute Tempel, an dessen Mauern zahlreiche Inschriften angebracht wurden, zeigt auf deutliche Weise das Erscheinungsbild und den Zweck eines ägyptischen Tempels. Der Standort wurde gewählt, weil der falkengestaltige Gott Horus hier mit Seth (► 12) um die Macht über die Welt gekämpft hat. Die Besucher erreichen den Tempel heute von der Rückseite. Doch am besten beginnen Sie mit der Besichtigung

vom Ersten Pylon aus, vor dem zwei prächtige Horus-Falken platziert sind. Die Wandbilder an den Innenwänden zeigen Szenen des jährlichen Festes der schönen Umarmung. Die Statue des Horus vereinigte sich mit der Statue der Hathor in ihrem Tempel in Dendera (► 102). Die jährlich abgehaltenen Feierlichkeiten fanden in der Festhalle statt. Rezepturen von Parfums und Salben für kultische Zwecke sind an den Wänden eines kleinen seitlichen Laborraums aufgezeichnet. Während der Feierlichkeiten zum Neujahr wurde die Horus-Statue auf das Dach gebracht, um von der Sonne wieder zum Leben erweckt zu werden. Das Geburtshaus befindet sich außerhalb des Tempels. Sehenswert ist vor allem das Relief, das Horus zeigt, der von seiner Mutter Isis gestillt wird.

✚ 202 C4 ✉ Edfu, 115 km südlich von Luxor, 105 km nördlich von Assuan ☻ Sommer tägl. 6–17 Uhr; Winter 6–16 Uhr 🍴 Cafés ($) 🚌 keine öffentlichen Verkehrsmittel; Ausflugsschiffe, Feluken oder Taxis ✋ mittel

Einige Reliefs am Doppeltempel von Kom Ombo sind bemerkenswert gut erhalten

Dahabiyyas

Die komfortablen Segel-Hausboote oder Dahabiyyas (➤ 108), kleine Segelschiffe mit Kabinen, sind ideal zur Nilerkundung geeignet. Zu den besten zählen *Nour el-Nil* mit zehn Kabinen und *Assuan* mit acht Kabinen (Tel. 010-657 8322 / 010-570 5341; http://nourelnil.com). Angeboten werden siebentägige Fahrten mit Zwischenstopps an kleinen Inseln.

❸ Doppeltempel

Die Überreste dieses griechisch-römischen Tempels in Kom Ombo, der gleich zwei Gottheiten geweiht wurde, sind – besonders vom Fluss aus betrachtet – noch immer beeindruckend. Der Tempel besteht aus zwei identischen Hälften: Die östliche Hälfte ist dem krokodilköpfigen Gott Sobek geweiht und die westliche Hälfte der falkenköpfigen Haroëris oder Horus dem Älteren, dem guten Doktor, zu dem Tausende von kranken Pilgern kamen, um Heilung für ihre Krankheit zu finden. Die zauberhafte Lage an einer Biegung des Nil war verantwortlich dafür, dass der Pylon und der Eingangshof schließlich in den Wasserfluten versanken, der Innere Tempel aber ist weit gehend erhalten. Die Kapelle der Göttin Hathor in der Nähe des Eingangs enthält eine große Anzahl von Krokodilmumien. Ein doppeltes Eingangstor führt in das innere Hypostyl mit seinen eleganten Pflanzenkapitellen und zwei feierlichen Wegen, die in den symmetrisch angeordneten Sanktuarien enden. Dahinter befinden sich sieben Kapellen, deren Außenwände eine faszinierende Anordnung hoch entwickelter Instrumente zeigen, die für Gehirnoperationen verwendet wurden.

➕ 202 C3 ✉ Kom Ombo, 45 km nördlich von Assuan ⊕ Sommer tägl. 6–17 Uhr; Winter 6–16 Uhr 🍴 Cafeteria direkt am Tempel 🚌 Bus oder Taxi von Assuan, im Konvoi ✋ preiswert

❹ Kamelmarkt (Suk el-Gamal)

Der größte Kamelmarkt Ägyptens ist ein faszinierender Ort, besonders früh am Morgen, wenn die Händler aus dem Sudan lautstark verhandeln. Herdenbesitzer laufen mit den Kamelen durch die Wüste, entlang dem Weg der 40 Tage aus dem Sudan bis nördlich von Abu Simbel. Von dort aus werden die Kamele nach Daraw und manchmal nach Birqash (➤ 71) getrieben.

➕ 202 C3 ✉ Vorort von Daraw, 5 km südlich von Kom Ombo – folgen Sie einfach den Menschenmassen ⊕ Sonntag 6.30–14 Uhr im Winter (ebenso am Dienstagmorgen, am besten vor 10.30 Uhr) 🍴 Restaurants (preiswert) 🚌 Servicetaxi von Assuan, privates Taxi ab Kom Ombo

❻ Sehel

Von dieser kleinen Insel aus hat man einen herrlichen Ausblick auf das Wildwasser des Ersten Katarakts. Hier stürzt der Nil durch dramatische Ausbuchtungen die Granitfelsen hinunter. Die alten Ägypter glaubten, dass dies die Quelle des Nil sei, von der aus der Fluss südlich nach Nubien fließt und nördlich nach Ägypten. Man erzählte, dass die Nilgötter Hapi und Chnum in einer Höhle unter den Stromschnellen lebten und von dort aus die jährliche Flut steuerten. Die Einheimischen gaben ihre Opfer für eine gute Ernte, und Urlauber beteten hier für eine sichere Rückkehr, da das Gebiet bis zum Bau der Staudämme von Assuan eine Gefahr für jeden war, der in den Süden reiste.

Heutzutage ist der Fluss weniger stürmisch, und eine Fahrt auf der Feluke gilt als Hauptattraktion. Zwei Hügel aus Granitfelsen tragen mehr als 250 altägyptische Inschriften, die verschiedene Expeditionen stromaufwärts aufzeichnen. Die Hungersnot-Stele auf einem der beiden Bergrücken erzählt, dass unter König Djoser eine siebenjährige Hungerkatastrophe beendet werden konnte, indem man einen Tempel auf der Insel Sehel baute. Auf der anderen Seite von Sehel

Kreuzfahrten auf dem Nassersee

Verschiedene Luxus-Kreuzfahrtschiffe bieten drei-, vier- oder siebentägige Touren von Assuan nach Abu Simbel an, mit Zwischenstopp an den anderen nubischen Tempeln. Erfreulicherweise ist die Teilnehmerzahl begrenzt. Sie können zwischen der eleganten *Eugenie* (www.eugenie.com.eg) und *Qasr-Ibrim* (www.kasribrim.com.eg) wählen (Tel. 02-516 9653), daneben gibt es noch die *Prince Abbas* (Tel. 097-231 4660) und *Nubian Sea* (Tel. 012-322 2065).

befinden sich die nubischen Dörfer mit ihren herrlichen Gärten.

🕀 202 C 3 ⊠ 4 km stromaufwärts von Assuan 🍴 einige Dorfbewohner bieten gegen ein kleines Trinkgeld Tee an 🚢 nur per Feluke oder Motorboot von Assuan aus erreichbar (➤ 128)

❽ Nassersee

Der Bau der Staudämme von Assuan in den nubischen Nil hinein ließ den weltgrößten Stausee entstehen, der sich bis zu einer Länge von 500 Kilometern südlich von Assuan erstreckt. Das nubische Volk, das Tausende von Jahren entlang des Nils lebte, verlor seine Häuser, sein Land und vieles seiner vielfältigen Kultur auf Grund der Landflutung. Unterstützt durch internationale Hilfsprogramme, konnten viele der antiken Denkmäler von ihrem alten Platz entfernt und an neuen Standorten wieder aufgestellt werden. Der wenig besuchte Tempel von Mandulis in Kalabscha gehört auch dazu. Der Heilstempel, gewidmet dem nubischen Fruchtbar-

Etwas für Kinder

Es werden hier zwar keine speziell auf Kinder ausgerichtete Attraktionen geboten, aber ihnen gefällt vermutlich:
• eine Felukenfahrt entlang der Inseln in Assuan
• der Kamelmarkt in Daraw (➤ 122)
• Babykrokodile in den Basaren (➤ 127)

Eine Kreuzfahrt auf dem Nassersee ist eine friedlichere und entspannendere Alternative zur traditionellen Nilkreuzfahrt

keitsgott Marul, wurde während des ptolemäisch-römischen Zeitalters zum größten Teil wieder aufgebaut. Nebenan befinden sich der schöne Ptolemäische Kiosk von Kertassi und der kleine Felstempel von Beit el-Wali. Dieser wurde zu Ehren von Ramses II. gebaut. Die interessante, aber eher abgelegene Tempelgruppe Wadi es-Sebua, Daqqa und Amada sowie die Festung von Qasr Ibrim können bislang nur auf einer Luxus-Kreuzfahrt besichtigt werden, obwohl neue Straßen im Bau sind.

Kalabscha-Tempel/Beit el-Wali

🕀 202 C 2 ⊠ in der Nähe des Hochdammes 🕐 tägl. 8–16 Uhr 🚌 privates Taxi, auch gemietetes Boot vom Hafen aus 🖐 preiswert

Wadi es-Sebua / Amada/Qasr Ibrim

🕀 202 C 2 🕐 tägl. 6–18 Uhr 🚢 zurzeit nur mit dem Kreuzfahrtschiff erreichbar 🖐 preiswert

Wohin zum … Übernachten?

Preise
Die Preise beziehen sich auf ein Doppelzimmer pro Nacht.
$ unter 400 LE $$ 400–900 LE $$$ über 900 LE

Elephantine Island Mövenpick $$–$$$

Der Turm, der die Skyline von Assuan beherrscht, wirkt zwar eher hässlich, doch ansonsten ist das Mövenpick ein sehr angenehmes Hotel inmitten üppiger Gärten auf der ruhigen Insel Elephantine. Von den geräumigen Zimmern aus hat man einen schönen Blick auf den Nil.

✛ 202 C3 ✉ im Norden der Insel Elephantine ☎ 097-230 3455;
www.moevenpick-aswan.com

Happi $

Dieses empfehlenswerte Hotel der einfachen Kategorie hat 64 gepflegte Zimmer mit Klimaanlage, Dusche und WC, die zum Teil Ausblick auf den Nil bieten. Gäste können zu ermäßigten Preisen den Pool auf der Dachterrasse des Cleopatra Hotel nutzen.

✛ 202 C3 ✉ Sh. Abtal et-Tahrir ☎ 097-231 4115; Fax 097-230 7572

Keylani Hotel $

Das freundliche Hotel in zentraler Lage besitzt sogar ein Internetcafé. Die Zimmer sind tadellos und komfortabel, alle mit Dusche und Klimaanlage bzw. Ventilator.

✛ 202 C3 ✉ Sh. Keylani, nahe Sh. el-Suq ☎ 097-231 7332;
www.keylanihotel.com

Nuba Nile $

Eine weitere preiswerte Unterkunft. Das Nuba Nile liegt direkt neben dem Bahnhof. Die Zimmer sind einfach und sauber; einige haben ein eigenes Bad. Ein beliebtes Café befindet sich gleich nebenan.

✛ 202 C3 ✉ nahe Midan el-Mahatta ☎ 097-231 3267;
E-Mail nubanil_hotel@hotmail.com

Old Cataract Hotel $$$

Als Schauplatz des Films *Tod auf dem Nil* nach dem Roman von Agatha Christie wurde dieses romantische Hotel berühmt. Das herrliche Gebäude im maurischen Stil ist 100 Jahre alt und von üppigen Gärten umgeben. Die meisten Zimmer bieten einen atemberaubenden Blick auf den Nil und die Nilinsel Elephantine.

✛ 202 C3
✉ Sh. Abtal et-Tahrîr ☎ 097-231 6000; E-Mail h1666@accor-hotels.com

Sarah Hotel $$

Das etwas abseits, aber ruhig gelegene Hotel ist sein Geld wert. Großartig sind die Ausblicke auf die Stromschnellen im Nil und auf die Libysche Wüste jenseits des Flusses. Die Zimmer sind nicht typisch ägyptisch, aber groß und sauber.

✛ 202 C3 ✉ auf einem Felsen, 1 km südlich vom Nubischen Museum ☎ 097-232 7234;
E-Mail slasheen@menanet.net

Eskaleh $$

Der freundliche nubische Musiker und Fremdenführer Fikri Kachif betreibt dieses hübsche Gästehaus. Die fünf einfachen Räume sind mit nubischen Möbeln ausgestattet; alle besitzen eine Terrasse zum See hin. Außerdem gibt es eine Bibliothek mit Literatur über Nubien und ein Restaurant, in dem vorwiegend Produkte aus dem Bio-Garten auf den Tisch kommen. Eine sehr entspannende Atmosphäre!

✛ 202 A1 ✉ am Ufer des Nil, Abu Simbel ☎ 012-368 0521;
E-Mail fikrykachif@genevalink.com

Wohin zum ...
Essen und Trinken?

Preise

Die Preise beziehen sich auf ein Gericht pro Person ohne Getränke und Trinkgeld.

$ bis 100 LE $$ 100–150 LE $$$ über 150 LE

Erwarten Sie keine gehobene Küche in Assuan. Viele Touristen ziehen es vor, an Bord der Kreuzfahrtschiffe zu essen. Die Restaurants an der Corniche servieren gute, aber einfache Gerichte, wie beispielsweise *kofta* und Gemüseeintopf. Die Imbisse auf dem Suk sind auf preiswerte Snacks wie Kebab, *tamija* oder Sandwiches mit *foul* und *kuschari* spezialisiert. Die internationalen Restaurants überzeugen oft nicht.

1902 Restaurant $$$

Das Datum im Namen bezieht sich auf das Jahr der Einweihung des alten Staudamms von Assuan. Die Einrichtung ist weniger historisch und weist einen orientalisch-maurischen Stil auf; man kann hier unter einer riesigen Kuppel dinieren. Das viergängige Tagesmenü ist ziemlich teuer und nicht immer sehr einfallsreich, Ambiente und Rahmenprogramm sind dennoch attraktiv.

202 C3 Old Cataract Hotel, Sh. Abtal el-Tahrir 097-231 6000 tägl. 7–24 Uhr (möglicherweise kein Einlass für Nichthotelgäste, wenn das Hotel voll belegt ist)

Aswan Moon $

Das Restaurant ist bei Feluken-Kapitänen und Touristen gleichermaßen beliebt. Tagsüber ist es der ideale Ort, um frische Säfte zu trinken, zu frühstücken oder ein leichtes Mittagessen im Schatten einzunehmen. Bei Nacht wird es zu den Klängen nubischer Musik richtig lebendig. Die Speisen entsprechen einfacher ägyptischer Hausmannskost, sind aber sehr schmackhaft zubereitet (oft in Steingutgeschirr). Es gibt keinen Alkohol.

202 C3 Corniche el-Nil 097-232 6108 tägl. 8–23 Uhr (oder bis der letzte Gast geht)

Aswan Panorama $

Die Speisekarte dieses Restaurants ist mit der des Aswan Moon vergleichbar. Hier ist es jedoch weitaus ruhiger. Man kann gut frühstücken oder einen gemütlichen Nachmittag verbringen und im Garten bei einem kühlen Getränk oder einem köstlichen *russ bi laban* (Milchreis mit einigen Tropfen Rosenwasser) den Ausblick auf die Insel Elephantine genießen. Kein Alkohol.

Biti Pizza $

In diesem freundlichen, hellen Lokal bekommt man wirklich gute ägyptische Pizzas (*fateer*), süß oder herzhaft, aber natürlich auch Pizzas im italienischen Stil.

202 C3 nahe beim Bahnhof, Midan el-Mahatta kein Telefon tägl. ganztags

Chef Khalil $$

Das hübsche kleine Restaurant erfreut sich großer Beliebtheit. Hier bekommt man frischen Fisch vom Nassersee und aus dem Roten Meer. Sie wählen Ihren Fisch aus, der direkt abgewogen wird, dann entscheiden Sie, auf welche Weise er zubereitet werden soll. Zu allen Fischgerichten gibt es gute Pommes frittes und Salate.

202 C3 Corniche el-Nil, gegenüber dem Dutyfreeshop 097-231 6169 tägl. 8–23 Uhr (oder bis der letzte Gast geht)

202 C3 Sh. el-Suq 097-231 0142 tägl. Mittag- und Abendessen

Emy $

Ein sehr beliebtes Lokal auf einem zweistöckigen Nilboot – und eines der wenigen, das noch Alkohol ausschenkt. Hier verkehren abends viele Feluken-Kapitäne; wer eine Flussfahrt mit einer Feluke vereinbaren möchte, hat hier also möglicherweise eine gute Gelegenheit dazu. Auf der Karte stehen die üblichen bei Rucksacktouristen beliebten Gerichte wie Pfannkuchen oder Spaghetti bolognese, aber auch ein paar ägyptische Eintöpfe. Der frische Fruchtsaft ist hervorragend.

✚ 202 C3 ⊠ in der Nähe des Aswan Moon, Corniche el-Nil ⊛ tägl. 9–24 Uhr

El Masri Restaurant $

In diesem einfachen Familienbetrieb werden die köstlichen Kebabs mit frischem Brot, *tehina* (Sesamcreme) und einem guten Salat serviert. Der vordere Raum ist nur für Männer vorgesehen. Frauen und Paare essen im Familienraum am anderen Ende des Restaurants, das bei den Einheimischen sehr beliebt ist. Es wird kein Alkohol ausgeschenkt.

✚ 202 C3 ⊠ Sh. el-Matar, abseits der Sh. el-Souk ☎ 097-230 2576 ⊛ tägl. 12–23 Uhr (oder bis der letzte Gast geht)

El Madina $

Das Madina ist ein beliebtes Touristenlokal, in dem man ein preisgünstiges Menü, bestehend aus Fisch, *kofta* oder Kebab mit Salat, *tehina* und Reis, bekommt.

✚ 202 C3 ⊠ Sh. el-Souk, in der Nähe des Cleopatra Hotel ⊛ tägl. ganztags

Nefartiti $$

Ein nettes Gartenlokal mit einem Büfett, auf dem ägyptische Speisen in großer Auswahl angeboten werden. Darunter sind auch ungewöhnlichere, z. B. Wachteln, Kaninchen oder mit Reis gefüllte Tauben, außerdem einige nubische Spezialitäten. Unbedingt Platz für das köstliche Dessert lassen!

✚ 202 C3 ⊠ New Cataract Hotel, Sh. Abtal el-Tahrir ☎ 097-231 6002 ⊛ tägl. 6.30–22 Uhr

Nubian House $–$$

Das Restaurant ist in einem schönen traditionellen nubischen Haus untergebracht und bietet einen Blick auf den Nil. Gekocht werden hier überwiegend nubische Spezialitäten, darunter Fleisch- und Gemüseeintöpfe, aber auch ägyptische Speisen. Wenn Sie im Old Cataract Hotel keinen Platz mehr bekommen haben, ist dies eine gute Alternative, um den Sonnenuntergang bei einem Abendimbiss (16–18 Uhr) zu betrachten und nubischer Musik zu lauschen.

✚ 202 C3 ⊠ Corniche, 700 m südlich vom Nubischen Museum ☎ 097-236 6226 ⊛ tägl. 11–23 Uhr

Nubia House Restaurant $$

Eine gute Wahl, um abends einmal auszugehen. Es gibt ein festes Menü mit drei Gängen und anschließend eine Folklore-Show mit heimischer Musik und Tanz. Das Essen ist schmackhaft; man bekommt Grillfleisch und Eintöpfe, hier allerdings auf nubische Art zubereitet, in der Regel also stärker gewürzt. Achtung:
Ein Großteil des Publikums scheint aus Reisegruppen zu bestehen. Alkohol wird nicht ausgeschenkt.

✚ 202 C3 ⊠ Essa-Insel, südlich von Elephantine; Gratis-Shuttleboote vom Ankerplatz gegenüber dem Büro von Egypt Air ☎ 097-230 2465 ⊛ tägl. 19–23.30 Uhr

Old Cataract Terrace $$

Das legendäre Lokal verfügt über eine herrliche Terrasse, die von einer zeltartigen Überdachung aus traditionellen ägyptischen Materialien beschattet wird und dazu einlädt, den Sonnenuntergang zu betrachten. Der Blick auf den Nil, die friedlichen Gärten und die Felsblöcke auf der Nilinsel Elephantine ist einzigartig. Der Nachmittagstee (Earl Grey, Kuchen und Sandwiches) ist ein wahrer Genuss.

✚ 202 C3
⊠ Old Cataract Hotel, Sh. Abtal et-Tahrir
☎ 097-231 6000
⊛ tägl. 8–23 Uhr (möglicherweise kein Einlass für Nichthotelgäste, wenn das Hotel voll belegt ist)

Wohin zum …
Einkaufen?

Der **Suk von Assuan** ist die einzige Einkaufsmöglichkeit in der näheren Umgebung. Er ist zwar kleiner als die meisten ägyptischen Märkte, dafür aber um vieles exotischer. Die beste Zeit für einen Einkaufsbummel ist der Spätnachmittag, wenn die Hitze des Tages nachlässt.

Assuan ist berühmt für den **Karkadeh-Tee** aus getrockneten Hibiskusblüten. Sie finden hier auch zu günstigen Preisen **Hennapulver** von guter Qualität, das von den einheimischen Frauen zur Färbung ihrer Hände und Füße verwendet wird, und außerdem *foul sudani*, leckere geröstete Erdnüsse aus dem Sudan. Bei Gewürzen sollte man diejenigen wählen, die auch von Einheimischen gekauft werden, wie Kümmel, Koriander, schwarzer Pfeffer und Chili, da andere **Gewürze** oft gefälscht sind. In den Gewürzläden können Sie auch die typischen farbenprächtigen, flachen **nubischen Körbe** erwerben. Ansonsten lohnt es sich, nach den ebenfalls sehr farbenprächtigen **Scheitelkäppchen** zu schauen, die von einheimischen Männern getragen werden. Überall auf dem Suk findet man die farbigen, **gewobenen Tücher**, die sehr hübsch aussehen. Auf dem Suk findet man mit Sicherheit eine faszinierende Fülle nubischer und sudanesischer Erzeugnisse und Skulpturen, die größte Auswahl an **afrikanischem Perlenschmuck** und **Kunsthandwerk**, aber auch an alten Kaftanen und nubischen Körben hat man jedoch im **Hanafy Bazaar** (41 Corniche el-Nil, Tel. 097-231 4083/230 6630). Dieser Laden hat sich auf Produkte der Nubier und Beschari spezialisiert. Waren von völlig anderer Art erhält man im Atelier du Palmier (16 Straße el-Berba, Ksar el-Hagar, Tel. 012-316 9547; atelierdu palmier@hotmail.com). Amer Awadalla stellt dort Mobiliar aus Palmwedeln her. Die Werkstatt wird nur nach Voranmeldung für Besucher geöffnet.

Wohin zum …
Ausgehen?

Assuan ist eine ruhige und angenehme Provinzstadt. Die meisten Touristen sind tagsüber mit dem Besichtigen von Sehenswürdigkeiten vollauf beschäftigt und entspannen sich gegen Abend am Hotelpool. Es kann Spaß machen, an der Corniche entlangzuspazieren und die Einheimischen zu betrachten. Der Nil bietet ein im Laufe des Tages immer wieder wechselndes Bild, aber besonders atemberaubend ist es, bei Sonnenuntergang oder auch zu späterer Stunde auf den Fluss zu blicken, wenn verschiedene Sehenswürdigkeiten beleuchtet sind.

Schwimmen

Nicht ratsam ist es, im Nil zu schwimmen – nicht unbedingt wegen der Krokodile (obwohl schon einige nördlich des Hochdamms gesehen worden sind), sondern wegen der ernsthaften Bedrohung durch die Bilharziose, eine chronische Erkrankung, die von den im Wasser vorkommenden parasitischen Plattwürmern verursacht wird.

Touristen ist es nicht gestattet, im öffentlichen Schwimmbad an der Corniche schwimmen zu gehen; man muss daher mit den Hotelpools vorlieb nehmen. Gegen eine Gebühr können Touristen einen kleinen Pool auf der Dachterrasse des **Cleopatra Hotel** oder die größeren, aber teureren Pools der Hotels **Basma** und **Isis Island** besuchen. Wenn es ruhiger ist, kann man vielleicht im Pool des **Mövenpick** baden.

Ausflüge auf der Feluke

Sie lernen Assuan und die Nilinseln am besten auf einer Felukentour kennen. Besonders die Zeit kurz vor Sonnenuntergang ist reizvoll, wenn das Licht seine magische Wirkung entfaltet. Die Boote werden entlang der Corniche festgemacht. Sie können ohne Anmeldung ein Boot mieten und herausfahren. Eine der Touren führt in der Regel an den Nilinseln Elephantine und Kitchener und am Mausoleum des Aga Khan entlang. Eine weitere, etwas längere und noch schönere Tour führt zur Insel Sehel (➤ 122).

Außerdem ist eine Fahrt mit der Feluke oder dem Segel-Hausboot die wohl romantischste Art, von Luxor nach Assuan zu gelangen. Gleichzeitig ist der Weg mit dem Boot auch praktischer als der Landweg, weil man nicht in einem Konvoi fahren muss. Eine derartige Tour dauert vier bis sieben Tage; es sind Zwischenstopps bei den Tempeln von Kom Ombo, Edfu und Esna eingeplant. Gegessen und geschlafen wird auf dem Boot.

Das Fremdenverkehrsamt in Assuan verfügt über die offizielle Preisliste für die verschiedensten Ausflüge und ist auch bei der Organisation von Fahrten mit zuverlässigen Bootskapitänen behilflich. Es ist ratsam, immer genug Wasser mitzunehmen.

Fischen

Das Fischen auf dem Nasser-Stausee (➤ 123) wird immer beliebter, denn hier kann man einige der größten Süßwasserfische der Welt fangen, darunter den Nilbarsch. Ein Franzose und ein Nubier betreiben gemeinsam **Lake Nasser Adventure** (Tel. 012-240 5897; www.lakenasseradventure.com); beide sind passionierte Angler und kennen sich in der Gegend gut aus. Sie organisieren Fisch-Safaris und Ausflüge in den wenig besuchten Süden der Arabischen Wüste.
African Angler unter der Leitung von Tim Bailey, ehemals Safari-Leiter in Kenia, bietet eine Vielzahl von Ausflügen, u. a. einwöchige Fischsafaris, an. Wenden Sie sich an Abercrombie & Kent, Kairo (Tel. 02-394 7735) oder in Assuan an Tel. 097-230 9748; www.africanangler.co.uk.

Ton-und-Licht-Show in Philae

Die informative Ton-und-Licht-Show beim Tempel von Philae startet zwei- bis dreimal am Tag. Beim Fremdenverkehrsamt erfahren Sie die Anfangszeiten der Shows, die in verschiedenen Sprachen abgehalten werden. Man kann sie auch im Internet unter www.sound-light.egypt.com abfragen. Karten bekommen Sie am Shallal-Kai. Von dort kann man auch mit der Fähre zur Insel fahren.

Musik und Tanz

Am häufigsten wird nubische Livemusik anlässlich einer nubischen Hochzeit gespielt. Weil man glaubt, dass ausländische Gäste dem Hochzeitspaar Glück bringen, kann es Ihnen passieren, zu den einwöchigen Feierlichkeiten eingeladen zu werden. Allerdings sollten Sie sich vor Betrügern hüten, die Ausländer zu Hochzeiten in ihr Dorf einladen und ihnen Alkohol oder Drogen einflößen, um sie auszurauben.

Die **Nubian Folk Troupe** tritt in dem nüchtern wirkenden Gebäude des Kulturpalastes (Tel. 097-231 3390) an der Corniche auf. Die Shows findet von Oktober bis Mai und im Fastenmonat Ramadan täglich von 9.30 Uhr bis 23 Uhr statt. Zu dem Musikereignis gehören eine Märchenerzählung, ein nubischer Rutentanz und traditionelle Hochzeits- und Erntelieder. Im Nubia House (➤ 126) findet jeden Abend eine Nachtshow mit nubischer Livemusik statt.

In den Nachtclubs im **New Cataract Hotel** (Sh. Abtal el-Tahrir, Tel. 097-231 6002) und im **Elephantine Island Mövenpick Hotel** (Nilinsel Elephantine, Tel. 097-231 4666) werden Touristen mit Shows unterhalten, bei denen westliche und nubische Musik gespielt wird. Im **Isis Hotel** (an der Corniche, Tel. 097-232 4744) gibt es jeden Abend (außer montags) eine wenig stimmungsvolle Disko mit westlicher Musik.

Mittelmeer-
küste und
Oasen

Erste Orientierung

Obwohl die meisten Ausländer zur Zeit der Revolution im Jahr 1952 das Land verlassen haben, kann man in Alexandria immer noch etwas vom einstigen kosmopolitischen Flair dieser Stadt spüren. Seit der Eröffnung der neuen Bibliothek hat die Stadt zudem eine beachtliche kulturelle Belebung erfahren. Die Mischung aus alter Geschichte und Moderne ergibt jedenfalls ein spannendes Ergebnis.

Weil die Einwohnerzahl bereits seit der Antike kontinuierlich anstieg, mussten die meisten historischen Denkmäler den modernen Gebäuden weichen oder versanken im Meer. Das Nationalmuseum von Alexandria ist der beste Ausgangspunkt für eine Besichtigung. Wandert man durch die Straßen der Innenstadt, die dem antiken Stadtplan entsprechen, kann man weitere Facetten der Stadt entdecken.

Die übrige Küste hat ihre Verbindung zum Mittelmeer und somit ihre mediterrane Prägung verloren. An der ehemals unberührten Küste entstanden mittelmäßige Badeorte, die auf ägyptische Urlauber abzielen. Die Oasen der Libyschen Wüste haben aufgrund der langen Isolation ihren eigenen typischen Charakter behalten. In neuerer Zeit sind Straßen in die Libysche Wüste gebaut worden. Zuvor waren die Oasen nur mit Kamelkarawanen zu erreichen, da sie Hunderte von Kilometern voneinander entfernt und vom Niltal abgeschnitten waren. Das Leben in den Oasen ist ruhig und von Traditionen geprägt. Insbesondere die Oase Siwa hat sich ihren sehr eigenwilligen Charakter bewahrt. Zu Beginn des 20. Jahrhunderts wurde hier eine Straße gebaut, jedoch ist es erst in den letzten Jahren für Reisende möglich geworden, die Straße ohne Sondergenehmigung zu passieren. Durch die Verbreitung des Fernsehens und den zunehmenden Wüstentourismus kommt es mittlerweile zu einem überstürzten Wandel.

Der Markt von Alexandria hinter dem Midan et-Tahrir bietet eine faszinierende Auswahl an Produkten

Farbenprächtige Fischerboote im Osthafen von Alexandria

★ Nicht verpassen!

Nach Lust und Laune!

Eine Rundfahrt zu den Oasen bildet einen starken Kontrast zum Aufenthalt in Alexandria. Nehmen Sie sich zwei Tage Zeit, um die schönen Seiten des antiken und modernen Alexandria kennenzulernen. Danach ist es eine besondere Erfahrung, die Freiheit der Wüste und die Stille der Oase Siwa zu erleben.

Mittelmeerküste und Oasen in fünf Tagen

Erster Tag

Vormittags

In **2 Alexandria** (➤ 134ff) führt der erste Weg ins **Nationalmuseum von Alexandria** (➤ 135f), denn nur dort und im römischen Amphitheater (➤ 136) im Stadtzentrum erhält man zumindest eine Ahnung davon, was diese Stadt einmal war. Nehmen Sie ein Taxi oder gehen Sie einfach zu Fuß an der Corniche entlang bis zur **Bibliotheca Alexandrina** (➤ 137) und schauen Sie sich diese neue Bibliothek einmal an; dort finden Sie dann auch das Hilton Café, wo Sie etwas zu Mittag essen können.

Nachmittags

Mieten Sie für drei Stunden ein Taxi, und besichtigen Sie das **Serapeion** und die **Pompejussäule** (➤ 136) sowie die nahe gelegenen Katakomben von **Kom esch-Schukafa** (➤ 135). Kehren Sie ins Stadtzentrum von Alexandria zurück, bummeln Sie durch die Straßen, und genießen Sie die großartigen Fassaden der Gebäude aus dem 19. Jahrhundert. Auf dem **Attarin-Markt** (➤ 149) kann man nach Trödel stöbern. In der Bar des Sofitel Cecil (➤ 145) können Sie einen kühlen Aperitif genießen. Die Abbildung unten zeigt die Kuppel der Moschee Abu el-Abbas.

Zweiter Tag

Vormittags

Mit dem Auto oder Taxi geht es auf einer etwa dreistündigen Fahrt nach **4 Marsa Matruh** (➤ 142). Unterwegs können Sie das Schwimmvergnügen im kristallklaren Wasser des kleinen Badeortes Sidi Abd er-Rahman genießen.

Nachmittags

Fahren Sie zu der kleinen Stadt Marsa Matruh weiter, die Sie zu Fuß besichtigen können, oder erkunden Sie einen der nahe gelegenen Strände, bevor Sie nach Marsa Matruh aufbrechen.

Dritter Tag

Vormittags

Fahren Sie in etwa vier Stunden durch die Wüste nach **5 Siwa** (Abb. oben und rechts; ➤ 138ff). Zum Mittagessen ist das Restaurant Kenooz (➤ 149) zu empfehlen.

Nachmittags

Ein halbstündiger Spaziergang durch die herrlichen Palmenhaine führt nach **Aghurmi**, wo Alexander der Große das Orakel befragte (➤ 140). Man gelangt zu Fuß weiter zum Amun-Tempel und dem Bad der Kleopatra. Dort können Sie in der Cafeteria eine Pause einlegen. Nach weiteren zehn Minuten Fußmarsch erreichen Sie den Gebel el-Dakrur. Von dort aus genießt man einen traumhaften Blick über Siwa. Auf der unbefestigten Straße kommt man in etwa einer halben Stunde zurück in die Stadt. Steigen Sie dort hinauf zur Shali (Altstadt), und lassen Sie sich mit einem herrlichen Weitblick belohnen.

Vierter Tag

Vormittags

Zu Fuß können Sie zum **Traditional Siwan House** (➤ 139) gehen, auf der Straße Richtung Marsa Matruh gelangen Sie nach weiteren 30 Minuten zu den Gräbern am **Gebel el-Mawta** (➤ 140). Mittags kehren Sie in die Stadt zurück.

Nachmittags

Auf einer organisierten Tour in die Wüste um die Oase Siwa können Sie hohe Sanddünen, Salzwasserseen und heiße Quellen entdecken.

Fünfter Tag

Mit dem Bus oder Taxi kehren Sie in etwa sieben Stunden nach Alexandria zurück.

2

Alexandria

Das moderne Alexandria hat zwar etwas von seinem einstigen Glanz verloren, aber mit dem Namen dieser Stadt verbindet man noch immer Bilder einer prachtvollen Vergangenheit. Alexander der Große gründete die Stadt im Jahre 331 n. Chr., die schöne Kleopatra hatte hier eine leidenschaftliche Liebesaffäre mit Marcus Antonius, die Bibliothek von Alexandria bildete einst das geistige Zentrum der Antike, der Leuchtturm von Pharos war eines der sieben Weltwunder.

Reichtum und Glanz Alexandrias verfielen allmählich, nachdem den Arabern im Jahre 641 n. Chr. die Eroberung der Stadt gelungen war. Jedoch erlangte Alexandria im 19. Jahrhundert durch den Handel mit Baumwolle einen Teil seines Reichtums und seiner Macht zurück. Die kosmopolitische Atmosphäre der Stadt wurde im *Alexandria-Quartett* von Lawrence Durrell nachempfunden.

Von der großen Vergangenheit und den alten Legenden ist im modernen Alexandria nur noch wenig zu spüren. Überreste des Palastes der Kleopatra und des Leuchtturms von Pharos wurden vor kurzem auf dem Grund des Mittelmeers gefunden.

Das Amphitheater von Kom el-Dik bot 800 Zuschauern Platz

Touristeninformation in Alexandria
✚ 200 A5 ✉ Midan Saad Zagloul ☎ 03-485 1556 🕐 tägl. 8.30–18 Uhr

Nationalmuseum von Alexandria
✉ 110 Tariq el-Hurriya ☎ 03-483 5519 🕐 tägl. 9–16 Uhr; Feiertage 9–15 Uhr ✋ mittel

Kom el-Dik (römisches Amphitheater)
✉ hinter dem Kino Amir, Sh. Salman Jussuf ☎ 03-486 5106 🕐 tägl. 9–17 Uhr ✋ preiswert

Pompejussäule
✉ Sh. Amud el-Sawari, Karmouz 🕐 tägl. 9–16 Uhr 🚌 Straßenbahn 16 von Ramleh ✋ preiswert

Bibliotheca Alexandrina
✉ Corniche el-Bahr ☎ 03-483 9999; www.bibalex.org 🕐 So–Do 11–19, Fr–Sa 15–19 Uhr ✋ mittel; separater Eintrittspreis für die Museen

Katakomben von Kom esch-Schukafa
✉ abseits der Sh. Amud el-Sawari, Karmouz ☎ 03-484 5800 🕐 tägl. 9–17 Uhr ✋ preiswert

Cavafy Museum
✉ 4 Sh. Sharm el-Sheikh, abseits der Sh. Sultan Hussein, Stadtzentrum ☎ 03-486 1598 🕐 Di–So 10–16 Uhr ✋ preiswert

Fort Qait Bey
✉ westliches Ende der Corniche ☎ 03-486 5106 🕐 wegen Renovierung bis auf weiteres geschl. 🚌 Straßenbahnlinie 15 von der Ramleh-Station

Griechisch-Römisches Museum
✉ Sh. Mathaf el-Romani ☎ 03-486 5820/487 6434; www.grm.gov.eg 🕐 tägl. 9–17 Uhr, Fr 11.30–13.30 Uhr geschl. ✋ mittel

Die Corniche
führt an der
Bucht von
Alexandria
entlang

Geschichte auf Schritt und Tritt

Die Vergangenheit Alexandrias liegt nicht offen vor Augen,
sondern verbirgt sich unter dem Asphalt. Jede Baustelle fördert
neue Überreste der alten Stadt zu Tage. Zufällige Löcher in den
Straßen der Stadt führen zur Entdeckung unterirdischer Schätze.
So wurde die größte römische Begräbnisstätte Ägyptens, die ge-
spenstischen Katakomben von **Kom esch-Schukafa**, entdeckt,
als ein Esel in ein Loch fiel. Die Katakomben aus dem 2. Jahrhundert n. Chr. sind in einem Mischstil aus altägyptischen, griechischen und römischen Motiven verziert. Man fand Darstellungen von bärtigen Schlangen, Medusen und den ägyptischen
Göttern Anubis und Sobek in Gestalt römischer Legionäre.

Sehenswertes

Auf den ersten Blick wirkt das moderne Alexandria wie eine be-
liebige übervölkerte Stadt. Wer sich jedoch etwas Zeit nimmt,
wird die verborgene Schönheit entdecken. Das faszinierende **Na-**

Unten: Ein Meis-
terstück aus dem
königlichen
Schmuckmuseu
m Ganz unten:
Ein Sphinx be-
wacht die riesige
Granitsäule des
Pompejus

tionalmuseum von Alexandria dokumentiert anhand sorgsam ausgewählter Exponate die Geschichte dieser Stadt von der Antike bis in die Gegenwart. Das Museum ist auf seinen drei Etagen chronologisch angelegt: Das Untergeschoss widmet sich der Zeit der Pharaonen, das Erdgeschoss präsentiert die griechisch-römische Zeit und das oberste Stockwerk führt den Besucher ins koptische, muslimische und ins moderne Alexandria. Das alte **Griechisch-Römische Museum** besitzt eine der weltweit umfassendsten Sammlungen griechisch-römischer Kunst mit über 40 000 Objekten. Allein schon die Sammlung der hübschen und sehr realistischen Tanagra-Tonfiguren aus griechischer Zeit ist einen Besuch wert, aber auch die drei Porträts Alexanders des Großen, des Stadtgründers.

Das nahe gelegene **Kom el-Dik** ist ein elegantes römisches Amphitheater aus dem 2. Jahrhundert n. Chr. mit Sitzflächen aus Marmor und den Überresten eines Mosaikbodens. In der Nähe verläuft eine Straße aus der Antike, die an Ruinen aus der römischen Spätzeit entlangführt.

Die **Pompejussäule** im Viertel Karmouz ist 27 Meter hoch und besteht aus rotem Granit. Sie wurde im Jahre 295 n. Chr. errichtet. Zwei Sphingen aus Granit und einige Statuen sind die einzigen Überreste des legendären Serapeions in Rhakotis, der ursprünglichen Siedlung, aus der unter der Herrschaft Alexanders des Großen die Stadt Alexandria entstand. Das Serapeion umfasste den prächtigen ptolemäischen Serapistempel und die Alexandrinische Bibliothek, in der sich die private Sammlung Kleopatras mit über 200 000 Manuskripten befand. 400 Jahre lang, bis zu seiner Zerstörung durch die Christen im Jahre 391 n. Chr., war das Serapeion das wichtigste religiöse und geistige Zentrum des Mittelmeerraumes.

ALEXANDRIA: INSIDER-INFO

Top-Tipps: Nehmen Sie sich ausreichend Zeit für die kleinen Gassen in der Innenstadt und den Markt von **Attarin** (➤ 149), um in die Vergangenheit der Stadt einzutauchen.
• Man entkommt dem geschäftigen Treiben der Stadt am besten, indem man sich in den östlich vom Zentrum gelegenen **Montazah-Park** oder den schönen **Antionadis-Park** zurückzieht.

Geheimtipp: Unterwasserarchäologen haben herausgefunden, dass große Teile des alten Alexandria heute bei Fort Qait Bey und im Osthafen unter Wasser verborgen liegen. Es gab zunächst ein paar recht vage Pläne für das erste Unterwassermuseum der Welt, doch mittlerweile bietet die kleine Firma **Alexandria Dive** (Tel. 03-483 2042; www.alexandria-dive.com) zumindest Tauchern die Möglichkeit, diese beiden Stätten im Rahmen von Touren zu erkunden.

Königliche Verbindungen

Die beiden Hauptstraßen der antiken Stadt Alexanders, die Via Canopica und Sema, heißen heute Sharia el-Horreya und Nabi Danial. Auf dem Gelände gegenüber dem Sofitel Alexandria Cecil Hotel (➤ 145), einem im alten Stil erbauten Hotel, standen einst die Paläste der Ptolemäer. Hier befand sich auch das Caesareum, Kleopatras Denkmal für Marcus Antonius. Teile eines Königspalastes, vielleicht sogar des Palastes der Kleopatra, wurden am Grund des Osthafens unter Wasser gefunden. Sehr eindrucksvoll ist der moderne Bau der **Bibliotheca Alexandrina**. Ähnlich wie das antike Vorbild soll die Bibliothek sich zu einem Zentrum der Künste und Wissenschaften entwickeln; die Säle sollen acht Millionen Bücher in den verschiedensten Sprachen fassen. Natürlich ist die Büchersammlung noch bei weitem nicht vollständig.

Die **Nabi-Danial-Moschee** in der Sh. Nabi Danial beherbergt die Grabstätten von Danial el-Maridi und Lukman dem Weisen. Es wird vermutet, dass sich das Grabmal Alexanders in der Krypta befindet. Nahebei wurde im Haus des griechischen Dichters Constantin Cavafy (1863–1933) das **Cavafy-Museum** eingerichtet. Am westlichen Ende der Corniche, wo einstmals der 125 Meter hohe Pharos-Leuchtturm stand, findet man das **Fort Qait Bey** aus dem 15. Jahrhundert und das Marinemuseum. Der Leuchtturm von Pharos wurde im Jahre 279 v. Chr. von Sostratus für Ptolemäus II. erbaut und zwischen dem 11. und 14. Jahrhundert durch Erdbeben zerstört.

KLEINE PAUSE

Das Stadtzentrum von Alexandria lädt zu einem Bummel ein. Empfehlenswert ist auch ein Besuch der Cafés und Bars.

Maschrabijen schmücken die Fenster der Moschee Abu el-Abbas an der Corniche

Ausruhen im Straßencafé

Oase Siwa

Die Oase von Siwa ist eine der abgelegensten und idyllischsten Gegenden Ägyptens. Hier erscheinen saftige Palmenhaine und Gärten wie eine Fata Morgana inmitten der umliegenden Felsen- und Sandwüste. Man findet Süßwasser- und heiße Quellen, Salzseen und die Dünen des Großen Sandmeeres.

In der Spätantike war die Oase Siwa wegen ihres Amun-Orakels berühmt, dessen Weissagungen bei allen Menschen der antiken Welt begehrt waren. Die Bedeutung des Ortes veranlasste den persischen Kaiser Kambysis, eine Armee von 50 000 Soldaten dorthin zu entsenden, welche die Oase erobern und das Orakel zerstören sollte. Die Truppe verlor sich in der Wüste, was den Mythos des Orakels noch verstärkte. Im Jahre 331 v. Chr. begab sich der junge Alexander von Alexandria aus auf eine achttägige Reise zum Orakel.

Selbst gewählte Einsamkeit

Bis zum Ende des 19. Jahrhunderts war Siwa praktisch vom Niltal abgeschnitten. Die Bewohner Siwas hatten den Ruf, Nichtmuslimen gegenüber besonders feindselig zu sein. Sie verfügen über eine eigene Sprache, Siwi, und eigene Bräuche. In den 80er Jahren kam es zu einem

---

✚ 198 A4
Touristeninformation von Siwa
✉ am Anfang der Tariq Meisa Matrouh, Siwa-Stadt ☎ 046-460 1338
🕐 Sa–Do 9–17 Uhr

Traditionelles Haus
✉ Siwa-Stadt
🕐 Sa–Mi 10–12 Uhr
✋ preiswert

schnellen Wandel, als eine neue Straße von Marsa Matruh gebaut und die Elektrizität mit dem Fernsehen im Gefolge eingeführt wurde. Darüber hinaus brachte der Ansturm von Touristen für die Dorfbewohner Siwas einschneidende Veränderungen mit sich, die nicht immer ihrem Wohl dienten. Die Siwanesen sind nun Fremden gegenüber aufgeschlossener, aber noch immer stolz auf ihre Traditionen und bestrebt, sie zu bewahren.

In und um Siwa

Der Ort wirkt immer noch ein wenig trist und monoton. Viele der alten Lehmziegelhäuser wurden durch schäbige Blockbauten und Hotels ersetzt. Im **Traditional Siwan House**, einem traditionellen Lehmziegelgebäude, ist eine wunderschöne Sammlung von Silberschmuck und Trachten untergebracht.

Die neue Stadt wird von den Ruinen von **Shali** überschattet. Die befestigte Stadt am Hügel wurde im Jahre 1203 gegründet und war bis 1926 bewohnt, als ein schwerer Sturm verheerenden Schaden anrichtete.

Außerhalb der Stadt liegt der **Gebel el-Mawta**, eine Felsformation, in der ägyptische und griechisch-römische Felsgräber angelegt wurden. Nur vier davon sind für die Öffentlichkeit zugänglich. Im Süden liegt **Aghurmi**, ein Festungshügel, von dem die Bewohner Siwas glauben, dass große Mengen an Schätzen darunter vergraben sind. Der **Tempel des Orakels** wurde im 6. Jahrhundert v. Chr. über einem älteren Tempel errichtet.

Ein Spaziergang durch die Palmenhaine führt am **Bad der Kleopatra** vorbei zum **Gebel el-Dakrur**. Dort lassen sich Rheumakranke im heißen Sand eingraben, um ihre Schmerzen zu lindern. Wenige Kilometer von Siwa beginnt das Große Sandmeer, das sich auf einer Länge von 800 Kilometern nach Süden ausbreitet und dessen Dünen bis zu 150 Meter hoch sein können.

KLEINE PAUSE

Die besten Restaurants in Siwa sind das **Kenooz** (➤ 149) und **Abdu's** (➤ 148). Hier trifft man Wüstenführer und findet Angebote für eine organisierte Tour in die Wüste.

Unten: Siwanesen warten vor einer Bäckerei auf heißes Fladenbrot

OASE SIWA: INSIDER-INFO

Top-Tipps: Die Oase ist noch immer von Traditionen geprägt. Man sollte die Gebräuche respektieren und sich nicht zu auffallend kleiden. Besonders Frauen sollten darauf achten, ihre Arme und Beine bedeckt zu halten.
- Bringen Sie keinen **Alkohol** in die Oase mit.
- Die beste Zeit für einen Besuch ist der Frühling oder Herbst. Dann sind die Temperaturen am angenehmsten.
- Um die Zeit des Vollmonds im Oktober findet drei Tage lang ein großes **Erntedankfest** in Gebel el-Dakrur statt.
- Freitag ist **Markttag** auf dem Hauptplatz.

Außerdem: Das große Sandmeer, eine 800 Kilometer lange Welt aus Sanddünen, beginnt unmittelbar bei Siwa – und sie ist eine Attraktion für sich. Wüstenführer stehen bereit und nehmen Sie gern auf eine **Tour** mit; in Fahrzeugen mit Allradantrieb gleitet man dabei Dünen hinab und fährt zu einem der erfrischend kühlen Seen oder einer heißen Quelle. Einer der besten Führer ist Abdallah Baghi; er weiß eigentlich alles über Siwa und über die Wüste (Tel. 03-460 1111; E-Mail shali55@hotmail.com).

Nach Lust und Laune!

1 Wüstenklöster im Wadi Natrun

Die Region Wadi Natrun (»Natrontal«) spielte in der Geschichte der koptischen Kirche Ägyptens eine wichtige Rolle, weil 1500 Jahre lang die koptischen Päpste in den Klöstern des Wadi Natrun gewählt wurden. Die koptische Kirche erfährt zurzeit eine klösterliche Renaissance, viele gebildete Kopten ziehen sich in das Tal zurück. Einer der ersten Mönche von Wadi Natrun war der spätere Heilige Bshoi (320–407 n. Chr.). Heute leben mehr als 100 Mönche und Eremiten in seinem Kloster. Im Kloster Deir es-Surjan, ursprünglich von syrischen Mönchen bewohnt und früher Heimat des amtierenden Patriarchen Schenuda III., findet man wunderschöne Fresken. Nahebei liegt die Höhle des heiligen Bshoi. Dort wurde sein Leichnam am Haar an der Decke aufgehängt, um ihn aufrecht zu halten. Das Kloster Deir Abu Makar hat zahlreiche koptische Patriarchen hervorgebracht und diente als deren letzte Ruhestätte. Die Fresken und die Ikonenwand der Makarios-Kirche des Klosters sind sehenswert.

Koptische Christen ziehen sich erneut in die Klöster des Wadi Natrun zurück

✝ 200 B4 ✉ an der Wüstenstraße zwischen Kairo und Alexandria ☎ Deir Anba Bishoi: 02-592 4448; Deir el-Baramus: 02-592 2775; Deir el-Suryani: 02-572 3658 ⏰ tägl. 9–18 Uhr (Deir el-Baramus Fr–So 9–17 Uhr). Einschränkungen in der Fastenzeit 🍴 Wadi Natrun Resthouse an der Wüstenstraße ($–$$) 🚌 Bus von Kairo–Alexandria über die Wüstenstraße mit Halt beim Rasthaus, Weiterfahrt zu den Klöstern per Kleintransporter ✋ Spenden willkommen

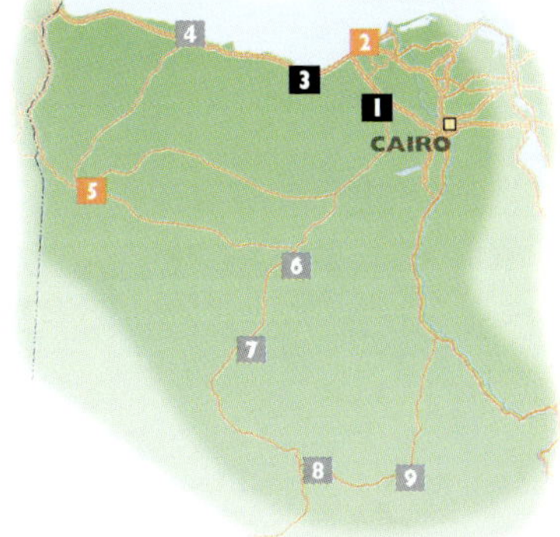

❸ El-Alamein

Im Jahre 1942 war dieser kleine Küstenort Schauplatz der Schlacht zwischen dem deutschen Afrikakorps unter Generalfeldmarschall Erwin Rommel und der britischen 8. Armee unter General Montgomery, in der über 80 000 Soldaten fielen oder verwundet wurden. Der britische Soldatenfriedhof besteht aus vielen Reihen von Einzelgräbern. Auf den deutschen und italienischen Friedhöfen stehen Ehrenmale. Das Kriegsmuseum beherbergt eine kleine Sammlung von Ausstellungsstücken, die mit dem Afrikafeldzug und der Schlacht von El-Alamein in Verbindung stehen.

✚ 198 C5 ✉ 106 km westlich von Alexandria ☎ 046-410 0031 ◉ Museum tägl. 9–16 Uhr; Commonwealth-Soldatenfriedhof tägl. 9–16 Uhr 🍴 Alamein Resthouse ($) 🚌 Busse von Alexandria–Marsa Matruh halten in der Nähe des Museums; keine öffentlichen Verkehrsmittel zu den Friedhöfen ✋ Museum preiswert; Friedhöfe frei

❹ Marsa Matruh

An der gesamten nördlichen Küste Ägyptens entstehen heute unschöne Badeorte für ägyptische Urlauber; das einst so friedliche Fischerdorf Marsa Matruh blieb davon nicht verschont. Im Sommer sind die herrlichen Strände von ägyptischen Familien bevölkert. Die große Zahl der Feriengäste führt zu einer zunehmenden Verschmutzung der Buchten. Nahe einem nach Rommel benannten Strandabschnitt, an dem er ein Bad genommen haben soll, wurde ein Museum eingerichtet,

das dem »Wüstenfuchs« gewidmet ist. Die schönsten Strände findet man weiter außerhalb des Ortes. Das »Bad der Kleopatra« besticht durch interessante Felsformationen; nach einer Legende soll Kleopatra hier mit ihrem Geliebten Marcus Antonius ein Bad genommen haben. Der Strand von Agiba (»Wunder«) verdankt seinen Namen vielleicht dem funkelnden türkisfarbenen Wasser.

✚ 198 B5 ✉ 290 km westlich von Alexandria, 512 km von Kairo ☎ Touristeninformation 046-4 93 18 41 🍴 Beausite Restaurant ($$) 🚌 von Kairo, Alexandria und Siwa

Naturwunder in den Oasen

• Felsen wie surreale Skulpturen in der Weißen Wüste
• Palmenhaine und Gärten in Siwa
• Sanddünen bei Mut in Dakhla
• Heiße Quellen in den Oasen

❻ Oase Baharija

In der Antike war Baharija ein bedeutendes landwirtschaftliches Zentrum und für seine guten Weine bekannt. Mit dem Niedergang des Römischen Reiches im 4. Jahrhundert n. Chr. wurde der fruchtbare Boden zu Wüstensand. In der Oase gibt es heute mehrere Dörfer; die Hauptstadt mit über 30 000 Einwohnern ist El Bawiti. Der Tourismus hat in den letzten Jahren erheblich an Bedeutung gewonnen.

1996 stürzte ein Esel nahe beim Tempel Alexanders des Großen in ein Erdloch; so entdeckte man das »Tal der Goldenen Mumien«, eine riesige Grabstätte mit vermutlich über 10 000 Mumien. Bis heute wurden etwa 250 Mumien aus griechisch-römischer Zeit ausgegraben, zehn von ihnen sind in einem neu errichteten **Museum** ausgestellt.

Das **Oasis Heritage Museum** präsentiert dagegen traditionelle Trachten der Region sowie Tonfiguren, mit denen Szenen aus dem Alltag der Oase nachgestellt werden; außerdem gibt es einen kleinen Laden, in dem heimisches Kunsthandwerk angeboten wird.

Im alten Viertel von Bawiti findet man Palmengärten, deren Thermalquellen 30 °C heißes Wasser an die Oberfläche befördern. Nicht weit entfernt liegt die alte Siedlung El-Qasr, die über der antiken Hauptstadt errichtet wurde. Bemerkenswert sind die Ruinen des Bes-Tempels (664–525 v. Chr.) und ein römischer Triumphbogen.

Einen Wüstentrip – ob zu den heißen Quellen in der Schwarzen Wüste oder zu den bizarren Felsen in der Weißen Wüste – sollte sich hier niemand entgehen lassen.

198 C4 330 km südwestlich von Kairo Touristeninformation 02-847 3835 Museum tägl. 8–14 Uhr; sonstige Stätten ca. 8–14 Uhr Popular Restaurant ($) Busse fahren tägl. ab Kairo und Mo, Do, Sa von Farafra mittel; ein Ticket für alle Stätten

Ein Bauer nahe der Oase Baharija

7 Oase Farafra

Diese abgelegene Oase war im Altertum als das »Land der Kuh« bekannt; sie war der Göttin Hathor geweiht. Die einzige Siedlung dieses wunderschönen Ortes ist Qasr el-Farafra. Das sehenswerte Badr-Museum, ein hübscher Lehmziegelbau, wurde von einem einheimischen Künstler erbaut. Die Oase Farafra zeichnet sich durch ihre Ruhe und Stille aus, besonders in den Palmenhainen und Gärten, sowie durch ihre Lage in der Nähe der grandiosen Weißen Wüste mit ihren bizarren, verwitterten weißen Felsformationen, die wie Mondkrater oder Eisberge wirken. In Ain Besai, 15 Kilometer von Qasr el-Farafra entfernt, befinden sich antike Felsgräber und eine Süßwasserquelle.

198 B3 180 km südlich von Bawiti, Oase Baharija Museum 8.30–16 Uhr El Badawiyya Hotel/Restaurant ($–$$) Busse von Kairo, Baharija und Dakhla fahren tägl. außer Mi

8 Oase Dakhla

Ausgrabungen haben bewiesen, dass die grüne Oase Dakhla bereits seit prähistorischer Zeit kontinuierlich besiedelt war; damals gab es hier sogar noch einen großen See. Die alte und neue

Das mittelalterliche El-Kasr in Dakhla

Felsformationen in der Weißen Wüste

Hauptstadt Mut besitzt als Attraktionen eine ehemalige Zitadelle, heiße Schwefelquellen und ein kleines Ethnologisches Museum, in dem Szenen aus dem Alltag der Oase zu betrachten sind. Westlich von Mut befinden sich die farbenprächtigen alten Massauaka-Felsgräber mit unversehrten Mumien und ein römischer Tempel aus dem 1. Jahrhundert (Deir el-Haggar).

Im Mittelalter war El-Kasr die Hauptstadt; der hübsche Ort besitzt zahlreiche Lehmziegelbauten. Auch das Minarett der Moschee von Nasr el-Din ist vollständig aus Lehmziegeln erbaut. Neben der Steingut-Fabrik kann man zusehen, wie die Lehmziegel auch heute noch auf mittelalterliche Weise gefertigt werden.

Das malerische Dorf Balat, auf dem Weg nach Kharga gelegen, hat ebenfalls nichts von seinem mittelalterlich-islamischen Charme verloren. Folgt man der Straße weiter, findet man nahe dem Ort Tuneida eigenartige Felsformationen mit prähistorischen Malereien von Antilopen, Fischen und Giraffen, die einstmals in dieser Gegend heimisch waren.

✚ 198 C2 ✉ 310 km südöstlich von Farafra ☎ Touristeninformation 092-782 0407 ◉ Museum Sa–Do 8–14 Uhr 🍴 Ahmad Hamdy ($) 🚌 tägl. Busse von Kairo, Assiut, Kharga, Farafra und Baharija ✋ frei oder preiswert

9 Oase Kharga

In Kharga, der Hauptstadt der Oase und der Provinz New Valley, spürt man nur noch wenig vom einstigen Charme. In nördlicher Richtung liegt die frühere Hauptstadt Hibis mit dem Hibis-Tempel aus dem 6. Jahrhundert v. Chr., den der persische Kaiser Darius I. zu Ehren Amuns erbauen ließ. Vom nahe gelegenen römischen Tempel von Nadura aus haben Sie einen herrlichen Blick. Auf dem frühchristlichen Friedhof Bagawat sind sehenswerte, naiv bemalte Gräber zu sehen. Vor den Ruinen des Klosters Deir el-Kaschef kreuzen sich zwei Karawanenrouten.

✚ 199 D2 ✉ 195 km östlich von Dakhla ☎ Touristeninformation 092-92 12 06 ◉ Museum tägl. 8–16 Uhr; Friedhof Bagawat tägl. 8–17 Uhr 🍴 Pioneers Hotel ($–$$) 🚌 tägl. von Kairo, den übrigen Oasen und Assiut, Minya und Beni Suef

Wohin zum … Übernachten?

In Alexandria kann man zwischen wunderbaren Hotels im alten Stil und neuen Hotelbauten wählen. Die Unterkünfte in anderen Orten entlang der Küste sind in der Regel einfach. Einige Hotels in den Oasen sind von üppigen Palmenhainen umgeben.

ALEXANDRIA

Four Seasons Alexandria $$$

Das neue Vier-Jahreszeiten-Hotel – es wurde im Sommer 2007 eröffnet – hat die Hotelszene in Alexandria sichtlich verändert. Mit seinen über hundert großzügig bemessenen Zimmern mit Mittelmeerblick ist es mit Abstand das luxuriöseste Haus der Stadt. Zum Hotel gehören neun exzellente Restaurants, ein großes Bad im europäischen Stil, ein hochmodernes Fitnesscenter und ein sauberer Privatstrand.

✚ 200 A5 ✉ San Stefano Mall, 2. Stock, 388 Tariq el-Geisch, Zizinya
☎ 03-469 0141;
www.fourseasons.com/Alexandria

Hotel Union $

Das ausgezeichnete Low-Budget-Hotel besticht durch tadellos saubere Zimmer, alle mit Bad, einige sogar mit Balkon und wunderbarem Blick auf den Osthafen. Frühstück ist inklusive. Vorab buchen, denn diese Unterkunft erfreut sich großer Beliebtheit.

✚ 200 A5 ✉ 164 Sh. 26. Juli
☎ 03-480 7312

Le Metropole $$–$$$

Vor nicht allzu langer Zeit war das Metropole noch eine nette und billige Alternative zum Cecil Hotel – jetzt ist daraus ein 4-Sterne-Haus mit allen Annehmlichkeiten eines modernen Hotels geworden. Das Gebäude mit Blick auf den alten Hafen und aufs Mittelmeer ist in wunderschönem Art-déco-Stil gehalten; auch in den großen, üppig ausgestatteten Zimmern ist noch ein Hauch von Kolonialatmosphäre spürbar. Das Hotel liegt äußerst günstig im Zentrum von Alexandria; es besitzt eine Kunstsammlung mit Werken heimischer und internationaler Künstler und eine Reihe von Antiquitäten.

✚ 200 A5 ✉ 52 Sh. Saad Zaghlul
☎ 03-486 4465;
www.paradiseinnegypt.com

Sofitel Alexandria Cecil Hotel $$$

Lange Zeit war es das prachtvollste Hotel in Alexandria und ist immer noch eine Institution. Das Cecil war ein Schauplatz in Lawrence Durrells *Alexandria-Quartett*. Es ist kein Treffpunkt der Stars mehr, und auch die Renovierung ist nicht gerade gelungen, aber seine Vergangenheit, der gemächlich arbeitende alte Ober, der immer eine Geschichte parat hat, und der traumhafte Blick auf die Bucht machen eine Übernachtung immer noch zu einem Erlebnis. Das verspiegelte Teezimmer und Monty's Bar sind ein absolutes Muss.

✚ 200 A5
✉ 16 Sh. Midan Saad Zaghlul
☎ 03-487 7173; www.sofitel.com

SIWA

Adrere Amellal $$$

Das prächtige Hotel am Siwa-See wird nach ökologischen Kriterien geführt. Die Zimmer sind einfach, aber gemütlich und stilvoll ausgestattet mit Fundstücken aus der Region und von Öllampen beleuchtet (in der Lobby und der Küche gibt es Strom). Auf der schönen Terrasse werden Getränke und Speisen serviert. Die Küche gehört zu den besten in Ägypten: Die Zutaten stammen aus dem hoteleigenen Bioanbau. Es gibt Angebote für Aktivitäten, beispielsweise können Gäste die herrlichen natürlichen Quellen besuchen oder auf eine Wüstensafari gehen. Die Zimmer müssen im Voraus über das Büro in Kairo gebucht werden.

✚ 198 A4 ✉ bei den Weißen Bergen, Sidi el-Jaafar, 18 km von Siwa-Stadt ☎ 02-736 7879/735 9976; www.adrereamellal.net

Shali Lodge $–$$

Das schöne Hotel aus Lehmziegeln liegt inmitten eines Palmenhains, und es gibt nur acht Zimmer, die rund um einen kleinen Pool angeordnet sind. Die großen Räume sind allesamt mit heimischen Möbeln ausgestattet und recht ansprechend. Das Personal ist sehr zuvorkommend,

und das Restaurant Kenooz (➤ 149) bietet ausgezeichnete Qualität zu einem vernünftigen Preis.

✚ 198 A4 ✉ Sh. Subukha, Siwa ☎ 046-460 1299; E-Mail info@eqi.co.eg

(➤ 149)

(➤ 149)

OASEN

Aquasun Farafra $–$$

Hisham Nessim betreibt in Farafra ein wunderbares Hotel mit 21 Zimmern im Chalet-Stil, die in einem Garten verteilt sind. Jedes Zimmer besitzt seine eigene schattige Terrasse aus Palmwedeln. Das Wasser im Pool stammt aus der Bir-Sitta-Quelle. Das Restaurant verarbeitet Zutaten aus dem Bio-Garten, und Hisham selbst veranstaltet interessante Touren in die Wüste.

✚ 198 B3 ✉ Bir Sitta, Farafra ☎ 012-211 8632/337 2898; www.eg-westerndesert.com

Desert Lodge $$

Eine wirklich ansehnliche Unterkunft im traditionellen Oasenstil und mit Blick auf die Altstadt von

El-Qasr und die Wüste. Sicherlich die beste Unterkunft in der Oase – und sie liegt auch im eindeutig schönsten Teil davon.

✚ 198 C2 ✉ El-Qasr, 29 km von Mut, Dakhla ☎ 092-772 7061; www.desertlodge.net

Nature Camp $

Ein freundliches Öko-Camp am Fuß des Berges Gebel Dist. Die einzelnen Hütten werden mit Kerzen beleuchtet und bieten einen Ausblick auf die Wüste. Die Anlage liegt in der Nähe der Bir-Ghaba-Quelle. Das Essen schmeckt köstlich; der Eigentümer, Ashraf, veranstaltet spannende Ausflüge in die Wüste.

✚ 198 C4 ✉ Bir el-Ghaba ☎ 02-347 3643/012-337 5097; E-Mail naturecamps@hotmail.com

Pioneers Hotel $$$

Dieses Hotel gehört zu den komfortableren Unterkünften in den Oasen. Das lachsfarbene Gebäude ist modern und nüchtern, jedoch ein idealer Ausgangspunkt für Wüstentouren. Es gibt

einen angenehmen Swimmingpool, und die geräumigen Zimmer mit Klimaanlage verfügen über jeglichen Komfort, einschließlich Satellitenfernsehen, falls Sie Ihr heimisches Lieblingsprogramm vermissen sollten.

✚ 199 D2 ✉ nahe dem Hibis-Tempel, Kharga ☎ 092-792 7982; Fax 092-792 7383; www.solymar-hotels.com

Qasr el-Bawity $$–$$$

Die angenehme Öko-Lodge befindet sich am Fuß des schwarzen Berges Gebel el-Ingleez und inmitten eines Palmenwäldchens. Die Gebäude sind im traditionellen Oasenstil gehalten. Es gibt 24 geräumige Zimmer und vier Suiten – alle sind aus heimischem Stein gemauert und mit Produkten aus den Oasen ausstaffiert. Der Pool im Garten wird aus einer Quelle gespeist; außerdem gibt es eine heiße Quelle, und dort kann man sogar unter dem Sternenhimmel ein Bad nehmen.

✚ 198 C4 ✉ am Fuß des Gebel el-Ingleez, 6 km von Bawiti, Bahariya ☎ 02 847 1880; www.qasrelbawity.com

Wohin zum ...
Essen und Trinken

Preise

Die Preise beziehen sich auf ein Gericht pro Person ohne Getränke und Trinkgeld.

$ bis 100 LE $$ 100–150 LE $$$ über 150 LE

Jene glanzvollen Restaurants, in denen einst Persönlichkeiten wie Aga Khan internationale Politiker und berühmte Schauspieler empfingen, gibt es in Alexandria zwar nicht mehr, dennoch findet man noch gute Speiselokale. Viele spezialisieren sich auf Fisch und Schalentiere. Die Speisekarte ist in der Regel weniger ägyptisch als griechisch-mediterran und europäisch-orientalisch. In manchen Bars, in denen Einheimische und Seeleute zusammentreffen, kann man eine typische Hafenatmosphäre erleben. Ägyptische Hausmannskost findet man entlang der übrigen Küste und in den Oasen. In Kharga kann man nur in den Hotels essen. Die beste Küche hat das Pioneers Hotel (▶ 146).

ALEXANDRIA

Cap d'Or $

Dieses kleine, aber reizende Bar-Restaurant im Art-nouveau-Stil ist das einzige seiner Art. Etwas Vergleichbares kann man sonst nur in den Gassen von Marseille finden. Hier werden kühles Bier und leckere, heiße Shrimps, Schmorgerichte und Tintenfisch zu den Klängen älterer europäischer Popmusik serviert.

✚ 200 A5 ✉ Sh. Adib, bei der Sh. Saad Zaghlul ☎ 03-483 5177
🕐 tägl. 12–2 Uhr

Coffee Roastery $–$$

Ungeheuer lebhaft geht es in diesem beliebten westlichen Café-Restaurant zu. Hier bekommt man einen wirklich guten Kaffee, frische Obstsäfte, Sandwiches und Salate, aber auch Grillfleisch. Wegen der großen MTV-Bildschirme und der guten Musik kommen viele Studenten und junge Familien hierher – echte Ruhezeiten gibt es deshalb praktisch nicht. Ideal, um einmal das neue Alexandria in einem älteren Teil der Stadt zu erleben.

✚ 200 A5 ✉ 48 Sh. Fuad, Innenstadt ☎ 03-483 4363
🕐 tägl. 7–2 Uhr

Fish Market $$

Das wohl vornehmste Fischrestaurant der Stadt liegt ganz buchstäblich direkt am Wasser, und man genießt dort einen herrlichen Blick über das Mittelmeer. An der großen Theke wird der frische Fang präsentiert, und man kann dort direkt etwas auswählen. Der Service ist zuverlässig, und alle Fische und Meeresfrüchte werden mit *mezze* und orientalischem Reis gereicht. Köstliches Gebäck erhält man in der gleich unter dem Restaurant gelegenen Bäckerei.

✚ 200 A5 ✉ neben dem Kashafa Club, Corniche el-Bahr ☎ 03-480 5119
🕐 tägl. 12–2 Uhr

Greek Club (Club Nautique Hellenique) $–$$

Der Greek Club hat etwas vom mediterranen Flair des alten Alexandria; von einer großen Terrasse aus überblickt man die gesamte Bucht. Das Essen ist akzeptabel (gekocht werden Mittelmeergerichte wie Fisch und Kalamares), am besten kommt man aber zum Sonnenuntergang hierher und genießt einfach ein kühles Bier mit *mezze*.

🕀 200 A5 ✉ Sh. Qasr Qaytbay, Anfushi ☎ 03-554 4512 🕔 tägl. 12–23 Uhr

Qadoura $$

Viele halten dieses beliebte Fischrestaurant für das beste der Stadt. Man sitzt wahlweise drinnen oder draußen an der Straße; allerdings wird kein Alkohol ausgeschenkt. Den gewünschten Fisch bzw. die Meeresfrüchte wählt man einfach an der Theke aus, und man kann auch die Art der Zubereitung vorgeben. Besonders zu empfehlen: der Krabbeneintopf, Muscheln mit Spaghetti und Krebse. Zu allen Gerichten gibt es *mezze* und Salat.

🕀 200 A5 ✉ Sh. Bayram el-Tunsi, el-Anfushi ☎ 03-480 0405 🕔 tägl. 9–3 Uhr

Seagull Restaurant $$–$$$

Das hervorragende Restaurant für Fisch und Meeresfrüchte lohnt den Ausflug in den Außenbezirk; es ist in einer Pseudo-Burg am Strand untergebracht. Obst und Gemüse stammen aus der Farm des Inhabers und sind so frisch wie der Fisch. Fleischgerichte, Hähnchen und Pizzas stehen ebenfalls auf der Karte.

🕀 200 A5 ✉ El-Agami-Straße, abseits der Wüstenstraße nach Kairo zwischen el-Max und Agami ☎ 03-440-5575; www.seagullegypt.com 🕔 tägl. Mittag- und Abendessen

Spitfire Bar $

Diese beliebte Kneipe aus den 70er Jahren bewirtet hauptsächlich unverdrossene Einheimische, ansässige Ausländer und amerikanische Seeleute. Die Wände sind mit Bildern von Kriegsschiffen und Stammgästen und anderen Erinnerungsstücken bedeckt, die Luft ist von Tabakrauch erfüllt, und aus den Lautsprechern dröhnt purer Rock'n Roll. Als ungewöhnliches Souvenir kann man am Tresen ein Spitfire-T-Shirt erwerben.

🕀 200 A5 ✉ 7 Sh. el-Bursa el-Qadima, bei der Sh. Saad Zaghlul ☎ 03-480 6503 🕔 tägl. 12–1 Uhr

Abdu's $

Dieses einfache Restaurant ist das beste in Siwa, wenn man ein begrenztes Reisebudget hat. Es werden traditionelle ägyptische Gerichte sowie Couscous und Pizza angeboten. Zum Frühstück sind Joghurts und Pfannkuchen besonders empfehlenswert.

🕀 198 A4 ✉ Siwa-Stadt ☎ 046-460 1243 🕔 tägl. Frühstück, Mittag- und Abendessen

Ahmad Hamdy $

Hamdy's ist ein beliebter Treffpunkt für Rucksacktouristen, wo man nicht nur gebratene Hähnchen, Kebab und Gemüseeintopf bekommt, sondern auch köstlichen frischen Limonensaft und eiskaltes Bier.

🕀 198 C2 ✉ Sh. el-Saura, Mut, Oase Dakhla ☎ 092-820 767 🕔 tägl. rund um die Uhr

Aquasun Farafra $

In dem sympathischen Freiluftrestaurant kommen frisch zubereitete ägyptische und europäische Speisen auf den Tisch. Die meisten Zutaten stammen aus dem eigenen Bio-Garten.

🕀 198 B3 ✉ Bir Sitta, Farafra ☎ 010-667 8099 🕔 tägl. 8–23 Uhr

Beausite Restaurant $$

Auf der Speisekarte findet man traditionelle Gerichte aus der griechischmediterranen Küche, die einst zu den Spezialitäten Alexandrias gehörten.

🕀 198 B5 ✉ Sh. el-Shati, Marsa Matruh ☎ 03-493 8555 🕔 tägl. Frühstück, Mittag- und Abendessen

Dunes $

Eine Restaurant-Bar mit sehr lockerer Atmosphäre. Die Speisekarte ist lang und interessant: Es gibt z. B. Gemüseeintöpfe, gefüllte Taube, Pasta und Couscous; einige ausgefallene Köstlichkeiten müssen vorab bestellt werden. Die meisten Gäste hocken den ganzen Tag hier, trinken Tee, spielen Backgammon oder lassen sich eine Wasserpfeife schmecken.

Manchmal ist nachts Live-Musik zu hören.

✚ 198 A4 ✉ Straße Gebel Dakrour direkt am Hauptplatz, Siwa-Stadt ☎ 010-653 0372 ⊕ tägl. rund um die Uhr

El Badawiyya Hotel Restaurant $–$$

Das Restaurant ist die beste Wahl in der Stadt. Das Badawiyya verfügt über einen schattigen Innenhof und serviert relativ teure, aber sehr gut zubereitete Speisen wie Nudelgerichte, Hähnchen und Reis.

✚ 198 B3 ✉ Farafra ☎ 092-510 060 ⊕ tägl. Frühstück, Mittag- und Abendessen

Kenooz $

Palmen haben hier eine besondere Bedeutung: Das Lokal liegt in einem Palmenhain, sodass man im Schatten von Palmen speist – und das Haus ist sogar mitten um eine Palme herumgebaut. Auf der Karte stehen lecker zubereitete authentische Gerichte der ägyptischen und der Siwa-Küche. Außerdem gibt es Grillfleisch, Fruchtsäfte und sonstige Getränke. Ein Tee oder die Wasserpfeife schmecken auf der Dachterrasse.

✚ 198 A4 ✉ Shali Lodge, Sh. Subukha, Siwa ☎ 046-460 1299 ⊕ tägl. 8–24 Uhr

Popular Restaurant $
(auch bekannt als Bayyumi's)

Das Bayyumi's, das einzige Restaurant außerhalb der Hotels in dieser Oase, bietet eine gute Auswahl an Fleisch- und Gemüseeintöpfen, Brot, Pfannkuchen, Omeletts und Suppen.

✚ 198 C4 ✉ Hauptkreuzung von Bawiti, Baharija ⊕ tägl. 5.30–22 Uhr

Talaa Ranch $

Man sitzt zum Abendessen in einem echten Beduinenzelt und kann in einem der sechs schönen Zimmer auch übernachten. Sherif veranstaltet Ausritte auf dem Kamel in die Wüste, währenddessen bereitet seine Frau die leckeren Vier-Gänge-Menüs im ägyptischen Beduinenstil zu. Nach dem Essen kann man den prächtigen Sternenhimmel bewundern.

✚ 198 A4 ✉ Gebel Dakrour ☎ 010-588 6003 ⊕ nur Abendessen

Wohin zum…
Einkaufen?

In Alexandria gibt es einen kleinen **Suk** abseits vom Midan et-Tahrir. Dort kann man preisgünstige Kleidung und Schuhe erwerben. Eine Alternative ist der **Attarin-Markt**, auf dem sich eine erstaunliche Vielfalt von Antiquitäten- und Trödelläden in einem Labyrinth von Gassen zusammendrängt. Viele Stücke wurden von den wohlhabenden europäischen Familien Alexandrias zurückgelassen, die nach der Revolution im Jahre 1952 (► 27) das Land verließen.

Die meisten der kunsthandwerklichen Produkte, die in den westlichen Oasen verkauft werden, sind aus Kamelhaar gefertigt. **Ganoub Traditional Handicrafts** an der Sh. Misr in Bawiti bietet eine große Auswahl von hochwertigen Oasen-Produkten an. Im **Al Badawiyya Hotel** in Farafra werden handgestrickte Kamelhaarsocken und Pullover verkauft.

Die Bewohner der Oase Siwa können auf eine lange kunsthandwerkliche Tradition zurückblicken. Viele der alten, häufig aus Familienbesitz stammenden Kunstgegenstände wurden an ausländische Sammler verkauft, daher sind die meisten der heute angebotenen Stücke aus neuer Produktion. Die Frauen der Oase Siwa tragen großen, schweren Silberschmuck. Wunderbare siwanesische aus Palmfasern geflochtene Körbe sind in bunten Farben bestickt. Im Laden von Adrere Amellal (► 145) bekommt man gute Handwerksarbeiten aus Siwazu recht günstig; authentischere Erzeugnisse findet man allerdings bei **Siwa Original Handicrafts** neben Abduh's Restaurant (► 148). Noch etwas besser ist **Siwa Traditional Handicraft** ganz in der Nähe des Marktplatzes (Tel. 010-304 1191).

Wohin zum …
Ausgehen?

ALEXANDRIA

Alexandria hat sich lange darum bemüht, kulturell zu Kairo aufzuschließen, und mittlerweile tragen diese Anstrengungen erste Früchte. Das alte Sayyid-Darwish-Theater (22 Sh. el-Hurriya; Tel. 03-486 5106) wurde hervorragend restauriert; nun dient es dem kleinen **Opernhaus von Alexandrien** als Spielstätte. Der wichtigste Aufführungsort ist die neue **Bibliotheca Alexandrina** (► 137); hier finden internationale Kunst-, Kultur- und Musikfestivals statt, aber auch große Konzerte mit internationaler Besetzung. Das **Kunstzentrum von Alexandria** (1 Sh. el-Hurriya, Tel. 03-495 6633) veranstaltet regelmäßig Ausstellungen und allwöchentlich mindestens ein Konzert. Im L'Atelier (8 Sh. Victor Bassili, Tel. 03-482 0526) finden häufig Filmvorführungen, Lesungen und Ausstellungen statt, ebenso im **British Council** (11 Sh. Mahmoud Abou el-Ela, Kafr Abdu, Rushdi, Tel. 03-545 6512) und im **Centre Culturel Française** (30 Sh. Nabi Danyal, Tel. 03-391 8952). Eine Liste der aktuellen Veranstaltungen und Ausstellungen findet man im Monatsblatt *Egypt Today.*

Abgesehen von diesen Kulturveranstaltungen ist das Nachtleben allerdings nicht sehr ausgeprägt; im Sommer nimmt es ein klein wenig zu. Einige Hotels bieten Bauchtanz-Shows an; die besten sieht man im **Helnan Palestine** und im nahe gelegenen **Muntazah Sheraton**.

Die meisten Familien in Alexandria verbringen ihre Freizeit in einer der Shopping-Malls der Stadt; dort gibt es Cafés, Restaurants, Kinos und sonstige Vergnügungen.

Für sportlich Interessierte organisiert der Anbieter **Delta Hash House Harriers** wöchentlich Läufe und Wanderungen in der ländlichen Umgebung von Alexandria (jeden Freitag um 14 Uhr von September bis Juni). Die Teilnehmer treffen sich am Portuguese Cultural Centre, Sh. Abdel Rushdi. Zusätzliche Informationen gibt es unter www.geocities.com/deltahhh und bei Howard Wellman (Tel. 03-545 4364).

OASEN

Die Nächte in den Oasen sind lang und still. Wem die Zeit zu lang wird, kann ein kühles Bier auf der Terrasse eines Cafés trinken, gemeinsam mit Einheimischen eine Wasserpfeife rauchen oder (bei ausreichender Beleuchtung) lesen. Am Tag kann man neben ruhigen Spaziergängen in den Palmenhainen und Ausflügen in die Wüste ein Bad in einer der heißen Quellen genießen. Die allgemein zugänglichen Quellen in der Stadt sollten besonders von Frauen gemieden werden. Abgelegenere Quellen sind oft sehr angenehm, doch sollten Frauen sie nicht allein aufsuchen.

Möchte man die Wüste näher kennen lernen, sollte man seine Tour sorgfältig planen. Man benötigt dazu einen erfahrenen Wüstenführer und ein Fahrzeug mit Allradantrieb. Mehrere zuverlässige und erfahrene Führer haben eigene Reisebüros: **Amr Shannon** führt seit mehr als 20 Jahren kleine Gruppen durch die ägyptische Wüste. Er verfügt über ein eigenes Fahrzeug mit Allradantrieb und Campingausrüstung und kann auch Proviant mitnehmen (Tel. 02-5 19 68 94). Ein recht renommierter Veranstalter ist **Egypt Off Road** (Tel. 010-147 5462; www.egyptoffroad.com). Der Inhaber Peter Gaballa hat schon vielen ausländischen Gästen das richtige Fahren in der Wüste beigebracht. Er organisiert wirklich fabelhafte Wüstentouren, darunter auch eine zweiwöchige Fahrt zum Gilf el-Kebir. Auch der erfahrene Ralley-Fahrer **Hisham Nessin** (Tel. 010-188 1368; www.eg-westerndesert.com) leitet hervorragende, bis zu zweiwöchige Touren in die Libysche Wüste.

Rotes Meer und Sinai

Erste Orientierung

Die größten Attraktionen des Roten Meeres und der Halbinsel Sinai liegen unter Wasser: Die kristallklare Tiefe des Roten Meeres zieht Taucher aus aller Welt in ihren Bann.
Im Roten Meer findet man die schönsten Korallenriffe mit etwa 1500 Fisch- und 150 Korallenarten. Das Festland und weite Küstenstriche am Sinai werden zurzeit vor allem wegen des ganzjährig warmen bis heißen Klimas und der wunderschönen Strände für den Tauchtourismus erschlossen. Die meisten Badeorte bieten eine große Zahl von Unterkünften an; mehrere international anerkannte Tauchclubs sind vertreten.

Die Halbinsel Sinai hat auch eine spirituelle Seite: Sie ist den Juden, Christen und Muslimen heilig. Der christlichen Überlieferung nach empfing Moses hier die Zehn Gebote und führte die Israeliten durch das Rote Meer, die Heilige Familie kam auf ihrer Flucht vor Herodes hierher. Seit Jahrtausenden haben sich christliche Eremiten am Wadi Feiran niedergelassen. Muslimische Pilger durchquerten das Gebiet auf ihrem Weg nach Mekka.

Das tiefblaue Wasser des Rotes Meeres ist von rauen Wüsten und mächtigen Gebirgskämmen umschlossen – Gegebenheiten, welche die frühen Christen Ägyptens zum Bau der ersten Klöster veranlasste. Bereits in der Antike kamen die Menschen auf der Suche nach Bodenschätzen in diese Region: Gold fand man in der Gegend um das Wadi Hammamat, Türkise in Serabit el-Chadem, und in jüngster Zeit baut man in der Arabischen Wüste Phosphate ab. Der Suezkanal verläuft an der Grenze zwischen Afrika und Asien. Die historischen Kanalstädte Ismailija und Port Said sind heute belebte Orte in karger Umgebung.

Die Küste des Sinai wird für den Tourismus erschlossen; die Felsufer im Nationalpark Ras Muhammad bleiben dagegen unberührt

Vorherige Seite: Das Katharinenkloster liegt wie eine Insel in der kargen Landschaft

Nicht verpassen!

1 Tauchen im Roten Meer ➤ 156

5 Mosesberg und Katharinen-kloster ➤ 160

8 Nationalpark Ras Muhammad ➤ 163

9 Antoniuskloster und Paulus-kloster ➤ 164

Nach Lust und Laune!

2 Quseir ➤ 166

3 Hurghada ➤ 166

4 El-Gouna ➤ 167

6 Sharm el-Sheikh ➤ 167

7 Dahab ➤ 168

10 Ismailija ➤ 168

11 Suezkanal ➤ 168

12 Port Said ➤ 169

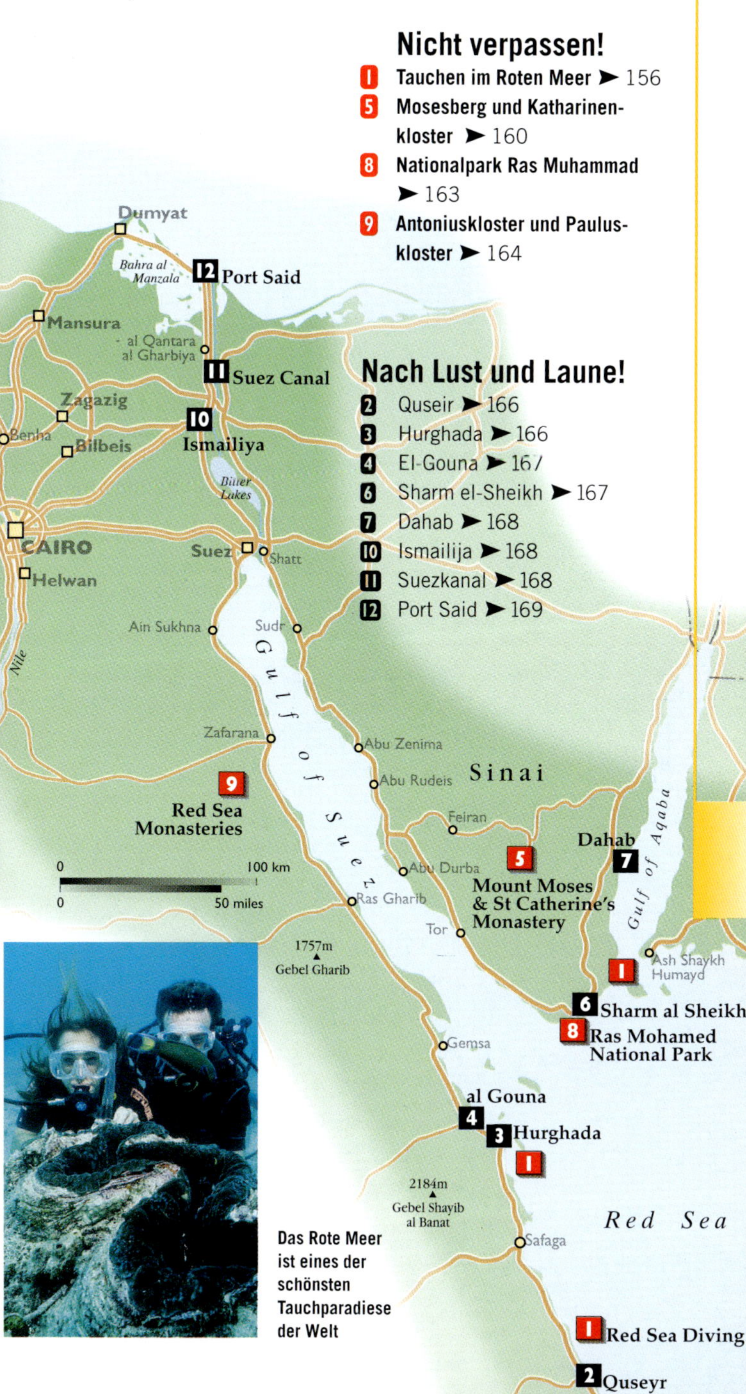

Ebenso reizvoll wie die Unterwasserwelt des
Roten Meeres sind die Berge im Landesinneren und an der
Küste des Sinai.
Die Klöster der frühen Christen inmitten der phantastisch
anmutenden kargen Landschaft bilden einen starken Kontrast
zu den schillernden Farben des Meeres.

Rotes Meer und Sinai in fünf Tagen

Erster Tag

Vormittags
Vom Ausgangsort **6 Sharm el-Sheikh** (➤ 167) erreicht man im Leihwagen oder per Taxi in etwa 30 Minuten den **8 National-park Ras Muhammad** (➤ 163). Im dortigen Besucherzentrum informiert ein Videofilm über die Sehenswürdigkeiten des Parks. Taucher können mit dem Boot zu den Korallenriffen »Shark Reefs« oder »The Mushroom« fahren; die küstennahen »Anemone City« und »Mangrove Channel« eignen sich dagegen zum Schnorcheln.

Nachmittags
Fahren Sie am späten Nachmittag an die Naama Bay in Sharm el-Sheikh und zur Strandpromenade, und essen Sie im Fischrestaurant des Hilton zu Abend.

Zweiter Tag

Vormittags
Mit dem Auto gelangen Sie in 90 Minuten nach **7 Dahab** (➤ 168). Dort können Sie schwimmen oder im nahe gelegenen **Canyon** (➤ 157) an der Küste schnorcheln. Zahlreiche Strandrestaurants an der Asilah Bay in Dahab laden zum Mittagessen ein.

Nachmittags
Fahren Sie etwa zwei Stunden landeinwärts in die Umgebung des **Katharinen-klosters**. Wer den Sonnenuntergang genießen möchte, sollte gegen 17 Uhr (im Winter früher) mit einem Aufstieg zum **5 Mosesberg** (➤ 160), auch als Berg Sinai bekannt, beginnen. Der längere, aber bequeme Weg über den Kamelpfad ist in etwa drei Stunden zu bewältigen; für den beschwerlichen Rückweg über die Pilgertreppe benötigt man etwa 90 Minuten. Übernachtung in der Herberge (➤ 171).

Dritter Tag

Vormittags

Hat man den Sonnenuntergang verpasst, bleibt noch die Möglichkeit, den ebenso spektakulären Sonnenaufgang zu betrachten. Anschließend besucht man das ⑤ **Katharinenkloster** mit der Ikonensammlung.

Nachmittags

Fahren Sie zu einem späten Mittagessen und zum Schwimmen nach Sharm el-Sheikh. Eine Fähre bringt Sie um 18 Uhr nach Hurghada zurück.

Vierter Tag

Vormittags

In einer zweistündigen Fahrt geht es zum ⑨ **Pauluskloster** (► 164). Nehmen Sie Proviant für ein Picknick mit, und mieten Sie ein Auto oder Taxi für die etwa 200 Kilometer lange Fahrt in nördlicher Richtung. Weitere 82 Kilometer entfernt liegt das **Antoniuskloster**.

Nachmittags

Nach dem Mittagessen können Sie in Richtung Hurghada fahren und etwa 20 Kilometer nördlich in El-Gouna Halt machen, um zu Abend zu essen.

Fünfter Tag

Vormittags

Verbringen Sie den Morgen mit Tauchen (► 156ff), besichtigen Sie das ③ **Meeresaquarium** (Red Sea Aquarium; ► 166) von Hurghada, oder fahren Sie mit **Sindbads Glasbodenboot** (► 166). In Hurghada können Sie zu Mittag essen und in Papa's Bar (► 174) den Erfahrungsberichten der Taucher lauschen.

Nachmittags

Nach dem Mittagessen geht es auf eine sechsstündige Fahrt durch den Sinai nach Kairo, wo man gegen Abend ankommt und essen gehen kann.

Tauchen im Roten Meer

Taucher und Schnorchler finden im Roten Meer ihr Paradies. Die leicht zugänglichen Korallenriffe gehören zu den faszinierendsten der Welt. In den ausgedehnten Korallenbänken, Lagunen und Unterwassergärten wimmelt es von Scharen unterschiedlichster Meerestiere. Die Sonne scheint nahezu das ganze Jahr, das funkelnde Meer ist warm und das Wasser kristallklar.

Das Rote Meer liegt über dem nördlichen Teil des Rift Valley, einem 6000 Kilometer langen Festlandsgraben, der vom Libanon über das Rote Meer, Kenia, Tansania und in seinem westlichen Teil bis nach Mosambik verläuft. Das Rote Meer erstreckt sich über eine Länge von etwa 1930 Kilometern und ist bis zu 1850 Meter tief.

Die Korallen

Die Korallenriffe der tropischen Meere entstehen aus Korallen, primitiven tierischen Lebewesen, die mit den Seeanemonen verwandt sind. Eine einzelne Koralle besteht aus einer riesigen Zahl winziger Polypen, die zu Kolonien zusammenwachsen. Wenn eine Kolonie abstirbt, wächst eine neue aus dem Skelett der abgestorbenen Korallentierchen. Daher ist nur die äußerste Schicht eines Korallenriffs lebendig. Korallen wachsen sehr langsam, etwa einen bis zehn Zentimeter pro Jahr. Die Kolonien können eine Größe von wenigen Zentimetern bis hin zu mehreren Metern erreichen. Manche von ihnen sind einige Hundert Jahre alt. Am besten wachsen Korallen in seichtem, lichtdurchflutetem Wasser, das ausreichend

---

Die folgenden Tauchzentren sind etabliert und genießen einen guten Ruf.

Sharm el-Sheikh

✚ 201 F2
Anemone ✉ Pigeon Hotel
☎ 069-360 0999;
E-Mail anemone@sinainet.com.eg
Camel Dive Club ✉ Naama Bay
☎ 069-360 0700; www.cameldive.com
Oonas Diving Centre ✉ Naama Bay
☎ 069-360 0581;
www.oonasdivers.com
Red Sea Diving College ✉ Naama Bay
☎ 063-360 0145;
www.redseacollege.com
Sinai Divers ✉ Ghazala Hotel
☎ 069-360 0697; www.sinaidivers.com

Dahab

✚ 201 F3
Fish & Friends ✉ Masbat ☎ 069-364 0720; www.fishandfriends.com
Nesima Diving Center ✉ Nesima Hotel
☎ 069-364 0320; www.nesima-resort.com

Hurghada

✚ 201 E1
Aquanaut ✉ Shedwan Golden Beach Hotel
☎ 065-354 9891; www.aquanaut.net
Easy Divers ✉ Corniche, el-Dahar ☎ 065-354 7816; www.easydivers-redsea.com
Jasmin Diving ✉ Jasmin Village
☎ 065-346 0475; www.jasmin-diving.com

Schutz der Korallenriffe

Die Korallenriffe Ägyptens sind gefährdet und brauchen besonderen Schutz:

• Taucher sollten jegliche Berührung mit den Korallen vermeiden.

• Taucher dürfen keinen Sand aufwirbeln, der zum Ersticken der Korallen führt.

• Fische dürfen weder gefangen noch gefüttert werden.

• Muscheln, Korallen oder andere Souvenirs dürfen nicht an Land gebracht oder gekauft werden.

warm ist (mindestens 18,5 °C). Dort nämlich können die Zooxanthellen (mikroskopisch kleine, einzellige Algen, von denen die Korallen abhängig sind) bestens gedeihen.

In Ägypten sind drei verschiedene Arten von Riffen zu finden: Saumriffe wachsen in seichtem Wasser in der Nähe der Küste. Die größeren Bankriffe entwickeln sich in weiterer Entfernung von der Küste und

Die schönsten Gegenden zum Tauchen und Schnorcheln am Sinai

• **»Blue Hole«** (wenige Kilometer nördlich von Dahab): eine riesige Lagune oberhalb eines Kraters, dessen senkrechte Wände 300 Meter tief abfallen. Das Riff wird von Korallen mit festen Gehäusen gebildet, an seiner Außenseite leben zahllose Fische. Bedenken Sie, dass das Tauchen in einer solchen Tiefe extrem gefährlich sein kann und bereits vielen Tauchern das Leben gekostet hat.

• **»The Canyon«** (in der Nähe des »Blue Hole«, Dahab): Der schmale, wunderschöne Cañon – auch für Tauchanfänger geeignet – bietet einer Vielzahl von Korallen und Fischarten einen Lebensraum. Der Ausgang aus der Tiefe des Cañons sollte nur von erfahrenen Tauchern gewagt werden.

• **»The Islands«** (nahe dem Laguna Hotel, Dahab): eine traumhafte Unterwasserlandschaft mit der größten Vielfalt von Korallen und Fischen.

• **»End of the Road Reef«** (nördlich von Sharm el-Sheikh): Auf dieser versunkenen Insel findet man Korallen, die zu den schönsten Ägyptens gehören.

• **Ras Ghozlani** (Nationalpark Ras Muhammad, ➤ 163): Die schönste Gegend an der Südküste weist verschiedene Formen von Korallenriffen auf.

Die schönsten Küstengebiete zum Tauchen und Schnorcheln
- **Shaab Abu Ramada** (»Aquarium«), etwa 15 Kilometer südlich von Hurghada: In diesem flachen Riff sind die kleinsten Fischarten sowie Stachelrochen, Barrakudas, Thunfische und graue Haie beheimatet.
- **»Careless Reef«**, fünf Kilometer nördlich von Giftun Island: Taucher aus aller Welt kommen hierher, um Muränen, Haie und Stachelmakrelen zu sehen.
- **»Green Hole«**, 59 Kilometer nördlich von Quseir: Dieses Paradies zum Schnorcheln und Tauchen ist die Heimat von Delphinen und Adlerrochen.
- **Beit Goha**, 20 Kilometer nördlich von Quseir: ein außergewöhnliches und sehr flaches Korallenlabyrinth mit kunstvollen Cañons und traumhaften Korallengärten.
- **»Sirena Beach Home Reef«**, Mövenpick Sirena Beach Hotel, Quseir: eine Vielzahl von Korallenformationen (➤ 171).

sind durch eine Lagune von dieser getrennt. Sie erheben sich in einzelnen Flecken aus dem Meeresgrund. Die Außenränder eines Bankriffs erreichen im Allgemeinen eine Wassertiefe von 20 Metern. Ein Barriereriff ist das größte lineare Riffgebilde, das in großer Entfernung von der Küste meist über unterseeischen Gebirgsketten wächst und dessen Außenkanten bis in die Tiefsee abfallen.

Einmalige Unterwasserwelt
Die zerklüfteten Wände der Korallenriffe bieten Lebensraum für eine Vielzahl kleiner, farbenprächtiger Korallenfische. In geschützten Lagunen gibt es eine wunderbare Vielfalt von Algen und Seegräsern.

Vorbereitung
Die meisten Hotels im Sinai und entlang der Küste betreiben Tauchzentren (oder vermitteln Kontakte), die über Boote, Ausrüstung und erfahrene Tauchlehrer (➤ 156) verfügen. Eine Ausrüstung zum Schnorcheln kann man mieten oder kaufen. In den ägyptischen Tauchzentren werden Tauchkurse im offenen Meer verhältnismäßig preisgünstig angeboten. Nach Abschluss erhält man ein Zertifikat vom PADI oder CMAS.

In der Umgebung von Sharm el-Sheikh und an der Küste des Festlandes taucht man überwiegend in Küstennähe von einem Boot. In den Tauchgebieten von Dahab und Nuweiba kann man hingegen bis zu den Riffen hinausschwimmen. Besonders die Sinaiküste bietet interessante Möglichkeiten zum Schnorcheln. In Hurghada sind die meisten Orte zum Schnorcheln und Tauchen nur mit dem Boot erreichbar. Ein beliebter Tagesausflug ist eine Fahrt zur Insel Giftun.

TAUCHEN IM ROTEN MEER: INSIDER-INFO

Top-Tipps: Die schönsten Jahreszeiten zum Tauchen sind Frühling und Herbst. Im Sommer sind die Temperaturen unter der Wasseroberfläche angenehm, aber außerhalb des Wassers ist es unerträglich heiß. Von März bis Juni bläst der *Khamsin*, ein heißer Wüstenwind, der Staub und Sand mit sich bringt. Im Winter kann das Wasser ohne Taucheranzug zum Schnorcheln zu kalt sein.

Geheimtipp: Südlich von Hurghada und Quseir erstrecken sich viele Hundert Kilometer unberührter Küste mit herrlichen Riffs.

KLEINE PAUSE

Der Nationalpark Ras Muhammad bietet schöne Plätze für ein Picknick. In Hurghada und Dahab gibt es viele Restaurants und Gaststätten.

Links: Engelbarsche
Unten: Fahnenbarsche

5

Mosesberg und Katharinenkloster

Jahrhundertelang bestiegen Pilger den Gebel Musa (auch Berg Sinai genannt), an dem Moses die Zehn Gebote empfangen haben soll. Heute steigen Touristen auf den Berg, um die prachtvolle Aussicht zu genießen, andere sind auf der Suche nach spiritueller Erfahrung.

Der Mosesberg liegt 2285 Meter über dem Meeresspiegel. Zwei Wege führen auf den Gipfel. Die leichteste (und längste) Route verläuft auf einem Kamelpfad und nimmt etwa drei Stunden in Anspruch. Für die zweite Route, auch als Sikket Sajidna Musa (»Weg unseres Herrn Moses«) bekannt, rechnet man etwa 90 Minuten; sie ist um einiges anstrengender, da etwa 3750 steile Granitstufen, die »Stufen der Reue«, zu nehmen sind, die von Mönchen erbaut wurden.

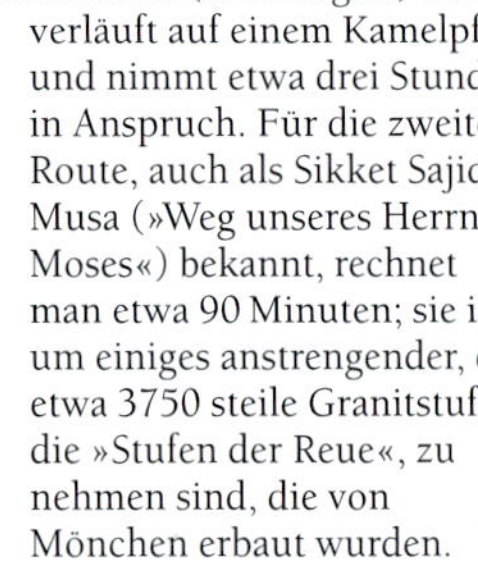

Katharinenkloster

Umgeben vom Gebel Musa, Gebel Katerina und Gebel Safsaf liegt das beeindruckende griechisch-orthodoxe Kloster aus dem 6. Jahrhundert. Es wurde im 10./11. Jahrhundert der hl. Katharina von Alexandria, einer christlichen Märtyrerin, geweiht. Sein Standort bezeichnet die Stelle, an der der biblischen Überlieferung nach Gott aus einem brennenden Dornbusch zu Moses sprach. Im Jahre 324 n. Chr. ließ die byzantinische Kaiserin Helena an diesem Ort die *Kapelle des Brennenden Dornbusches* errichten, ein Heiligtum für Pilger und Eremiten. Im Jahre 537 n. Chr. wurde es unter Kaiser Justinian zum Schutz vor angreifenden Nomadenstämmen mit dicken Festungsmauern umgeben. Heute leben etwa 20 Mönche im Kloster. Die Ruhe und Stille des Klosterlebens wird durch den zunehmenden Tourismus, besonders die große Zahl der Tagestouristen, bedroht.

Die Mönche des Katharinenklosters halten Gottesdienste in der kleinen griechisch-orthodoxen Kapelle auf dem Gipfel des Mosesberges ab

✚ 201 E3
✉ Sinai, 450 km von Kairo, 140 km westlich von Dahab
☎ 02-482 8513 (Kairo); E-Mail sinai@teolata.net.eg
🕐 Mo – Do und Sa 9 – 12 Uhr; an Feiertagen geschlossen; telefonische Anfrage empfohlen 🍴 Café/Restaurant ($)
🚌 Busse von Kairo, Sharm el-Sheikh, Dahab und Nuweiba nach El-Milga, etwa 2 km vom Kloster entfernt
✈ Flüge mit Egypt Air nach Sharm el-Sheikh 🖐 frei

Die Zehn Gebote

Der biblischen Überlieferung (2. Buch Mose) zufolge zeigte sich Gott dem Moses als Flamme im Brennenden Dornbusch und befahl dem Propheten, die Israeliten aus Ägypten zu führen, um sie vor dem Zorn des Pharaos zu retten. Sie flüchteten in den Sinai, und Moses verbrachte 40 Tage in den Bergen. Dort empfing er von Gott die Zehn Gebote, die auf zwei Steintafeln niedergeschrieben waren. Der Sinai ist für Juden, Christen und Muslime ein heiliges Land, weil die Zehn Gebote die Grundlage der christlichen und jüdischen Religion darstellen. Das Ereignis ist auch im Koran verzeichnet.

Das Kloster ist von Granitmauern umschlossen. Das Gelände wird von einer prachtvollen Basilika beherrscht. Auf der rechten Seite vom Eingang steht der Mosesbrunnen. Linker Hand findet man einen ummauerten Dornbusch. Die Wurzeln des ursprünglichen Brennenden Dornbusches vermuten die Gläubigen unter dem Altar der gleichnamigen Kapelle.

Eine christliche Märtyrerin

Katharina, im Jahre 294 n. Chr. geboren, wurde von einem Mönch zum Christentum bekehrt. In der Zeit der Christenverfolgungen unter Kaiser Maximian wurde sie der Götzenanbetung angeklagt und starb bei einer Folterung. Ihre sterblichen Überreste sollen von Engeln auf den höchsten Berg des Sinai getragen worden sein.

Die Basilika des Katharinenklosters dominiert die Klosteranlage

Die aus Granitstein erbaute Basilika des Katharinenklosters, die man durch die Originaltüren aus Zedernholz betritt, hat zwölf Säulen, eine für jeden Monat des Jahres. Über dem Hauptaltar ist ein Mosaik (550–600 n. Chr.) zu sehen, auf dem Jesus, umgeben von Moses, Petrus, Elias, Johannes und Jakobus, dargestellt ist. Die Ikonensammlung ist einmalig und umfasst einen Zeitraum von 1400 Jahren. In den Jahren 746 bis 842 n. Chr. war es den byzantinischen Christen verboten, Heilige bildlich darzustellen, ein Verbot, von dem die Mönche in dem abgelegenen Kloster nichts wussten.

Ein byzantinisches Mosaik in der Basilika stellt die Verklärung Christi dar

KLEINE PAUSE

Oft verkaufen Beduinen am Gipfel des Berges Tee, aber man sollte selbst ausreichend Proviant mitnehmen. Im Dorf El-Milga gibt es Restaurants und kleine Lebensmittelläden.

MOSESBERG UND KATHARINENKLOSTER: INSIDER-INFO

Top-Tipps: Ein **Aufstieg zum Mosesberg** ist ein einmaliges Erlebnis, besonders bei Sonnenaufgang und -untergang. Beide Naturereignisse kann man erleben, wenn man einen Schlafsack mitnimmt und im Freien auf dem Plateau Elija nahe dem Gipfel übernachtet. Im Kloster gibt es eine Möglichkeit, das Gepäck aufzubewahren.
• Denken Sie bei großer Hitze daran, **ausreichend Wasser** mitzunehmen. Im Winter kann es schneien; die **Temperaturen sinken nachts beträchtlich** ab.
• Bei der Besichtigung des Klosters sollte man auf **unauffällige Kleidung** achten.

Außerdem: Zur Besichtigung der Kapelle des Brennenden Dornbusches benötigt man eine **Sondergenehmigung**.
• Die Fördergesellschaft des Katharinenklosters veröffentlicht **Informationsliteratur**.
• Wenn Sie Bergwanderungen unternehmen möchten, müssen Sie sich einem **Bergführer** anschließen. Die Touristeninformation in El-Milga, Sheikh Mousa, ist bei der Organisation behilflich (Tel. 010-641 3575; E-Mail sheikmusa@yahoo.com).

8

Nationalpark Ras Muhammad

Der erste Nationalpark Ägyptens wurde 1988 gegründet. Nur zwölf Prozent seiner Fläche sind für die Öffentlichkeit zugänglich, und man muss mit einem großen Ansturm von Besuchern rechnen, die vor allem aus dem nahe gelegenen Sharm el-Sheikh kommen. Das Nationalparkprojekt ist sehr erfolgreich.

Das Gebiet des Nationalparks umschließt einige der schönsten Korallenriffe des Roten Meeres, u.a. die eindrucksvolle »Anemone City«. Auf dem festen Land lebt eine Vielfalt von Tierarten, darunter Füchse, Gazellen und Steinböcke. Die Mangroven sind als Brutstätte für die Zugvögel von besonderem Wert. Kinder lieben das warme, seichte Wasser des Mangrove Channel und der Crevice Pools. Das Besucherzentrum bietet kostenlos Fernrohre und Informationen über Wanderwege an.

Der modern gestaltete Eingang des Nationalparks

✚ 201 F2

✉ 30 km nordwestlich von Sharm el-Sheikh ⊕ tägl. 8–17 Uhr 🍴 Restaurant am Besucherzentrum ($–$$), Sa–Do 10–17 Uhr ✋ mittel; Campinggenehmigungen erhält man im Visitors' Centre

NATIONALPARK RAS MUHAMMAD: INSIDER-INFO

Top-Tipps: Für den Besuch des Nationalparks (und des Sinai) benötigt man das »große Touristenvisum«, das bei der Einreise zu beantragen ist.
• Eine Taucherausrüstung kann im Nationalpark ausgeliehen werden, vorzugsweise sollte jedoch eine Ausrüstung von einem der Tauchzentren in Sharm el-Sheikh mitgebracht werden.

9

Antoniuskloster und Pauluskloster

In bergiger Wüstenlandschaft versteckt, liegen die beiden Bauwerke, die zu den ältesten christlichen Klöstern Ägyptens gehören. Klösterliche Rituale haben zum größten Teil hier ihren Ursprung, wo sich das tägliche Leben der koptischen Mönche in den vergangenen 1600 Jahren kaum verändert hat. Der Einsiedler Antonius fand einst in der Stille der Wüste einen Zufluchtsort. Heute ist es schwieriger, beim Andrang der Touristen zur Ruhe zu kommen.

Antoniuskloster

Der hl. Antonius (➤ 24), »Vater des Mönchtums«, ließ sich im Jahre 294 n. Chr. zunächst in der Wüste nieder, um sich später in eine Höhle oberhalb des heutigen Klosters zurückzuziehen. Dort lebte er 25 Jahre lang bis zu seinem Tod im Alter von 105 Jahren. Das Antoniuskloster wurde im Jahre 361 n. Chr. von seinen Jüngern gegründet, die eine asketische Lebensgemeinschaft anstrebten. Umgeben von zwölf Meter hohen Mauern, liegt die Klosteranlage am Fuß einer Felswand im Wadi Arabah. Die Mauern sind mit jahrhundertealten Wandmalereien und Bittschriften von Pilgern bedeckt. Der Ausblick von oben ist herrlich, es lohnt sich, die steile Treppe mit 1200 Stufen hinaufzusteigen. Etwa 65 Mönche leben heute im Kloster, das mit seinen Wohnhäusern, Kirchen und Gärten einem ägyptischen Dorf gleicht. Zu den ältesten Gebäuden gehört die Kirche des hl. Antonius, in der sich das Grab des Heiligen sowie wunderschöne Wandgemälde aus dem 13. Jahrhundert befinden.

Oben rechts: Im Antoniuskloster findet man wunderschöne farbige Glasfenster. Rechts: Das friedvolle Kloster nahe dem Rückzugsort des heiligen Antonius

Pauluskloster

Der hl. Paulus von Theben (geb. 251 n. Chr.) gilt als erster Eremit Ägyptens. Er soll sich noch vor Antonius in der Wüste niedergelassen und

✚ 201 D3 ✉ Antoniuskloster: 50 km westlich von Zafarana; Pauluskloster: 40 km südlich von Zafarana ☎ 02-590 0218 ⏰ Antoniuskloster tägl. 7–17 Uhr; Pauluskloster: Advent und Fastenzeit nur Fr, Sa, So. Karwoche geschl. 🚌 organisierte Touren (➤ 165) oder per Taxi; Busse von Suez nach Hurghada halten 26 km südlich von Zafarana; 13 Kilometer zu Fuß zum Antoniuskloster; zum Pauluskloster geht man zu Fuß (ca. 14 km) von der Straße Suez–Hurghada beim Leuchtturm von Zafarana ab

90 Jahre bis zu seinem Tod im gesegneten Alter von 113 Jahren in einer Höhle gelebt haben. An seinem Zufluchtsort entstand das heute etwas baufällig wirkende Kloster. Die prächtige Kirche umschließt die Höhle des Heiligen. In einem Marmorsarkophag sollen sich die sterblichen Überreste des hl. Paulus befinden.

KLEINE PAUSE

In beiden Klöstern gibt es Cafés, im Pauluskloster auch ein Lebensmittelgeschäft. Man sollte trotzdem eigenen Proviant mitnehmen.

ANTONIUSKLOSTER UND PAULUSKLOSTER: INSIDER-INFO

Top-Tipps: Im Rahmen einer organisierten Tour von Hurghada oder Kairo aus kann man beide Klöster besichtigen.
• In beiden Klöstern übernimmt ein englischsprachiger Mönch die Führungen (frei, Spenden sind willkommen).
• Das Gästehaus des Pauluslosters steht nur Pilgern offen (Tel. 02-590 02 18), in beiden Klöstern gibt es aber eine kleine Cafeteria.
• Nehmen Sie für die Fahrt zum Kloster oder auf den Ausflug in die Berge genügend Wasser mit.

Außerdem: Trainierte und erfahrene Wanderer benötigen für den Pfad durch die Hügel zwischen den beiden Klöstern etwa zwei Tage. Wanderkarten sind beim Antoniuskloster erhältlich.

Nach Lust und Laune!

❷ Quseir

Der friedliche Fischerort liegt an einer Küste, die zum Schnorcheln besonders gut geeignet ist. Die Strände sind wunderschön, und der beschauliche Ort ist eine angenehme Abwechslung von Hurghada. Bis zum 10. Jahrhundert war Quseir eine der größten Hafenstädte der Küste, und noch im 19. Jahrhundert herrschte regelmäßiger Schiffsverkehr. Die Überreste einer Festung erinnern an die frühere Bedeutung der Stadt.

✚ 199 E3 ✉ 80 km südlich von Hurghada 🍴 Mövenpick Quseir ($$$) 🚌 tägl. Busse von Kairo, Qena, Suez, Hurghada und Marsa Alam

❸ Hurghada

Seit den 80er Jahren hat sich Hurghada von einem kleinen Fischerdorf zum größten Badeort Ägyptens entwickelt. Die Zahl der Hotels nimmt noch immer zu. Taucher begeistern sich für die küstennahen Korallenriffe, andere nutzen die vielfältigen Wassersportmöglichkeiten an den Stränden mit nahezu ganzjährig warmem Wasser. Eine Fahrt in Sindbads

Glasbodenboot kann unter Tel. 065-344 4688 gebucht werden. Das kleine Meeresaquarium (Red Sea Aquarium, 6 Sh. el-Corniche, Tel. 065-354 8557) beim Hotel Three Corners Village vermittelt Einblicke in das Leben eines Korallenriffs.

✚ 201 E1 ✉ 529 km südöstlich von Kairo, 299 km nordöstlich von Luxor 📷 Touristeninformation 065-344 4420 🍴 verschiedene Gaststätten 🚌 regelmäßige Busse verkehren von Kairo, Luxor, Assuan und Suez

Die traumhaften Strände der Insel Mahmhya an der Küste von Hurghada

Das Leben der Beduinen

Die Beduinen des Sinai waren ehemals in einzelne Stämme aufgegliedert, wobei jeder Stamm in seinem eigenen Gebiet umherzog und seine Herden grasen ließ. Die Erschließung der Sinai-Küste bringt es mit sich, dass die Lebensgemeinschaften der Beduinen zerbrechen; sie werden in Betonbauten im Landesinneren umgesiedelt. Nur sehr wenige Beduinen leben noch als Nomaden – viele arbeiten im Tourismus. Die größte Beduinensiedlung ist El-Arish im nördlichen Teil des Sinai.

✈ Flüge tägl. von Kairo, dreimal wöchentlich von Luxor und einmal pro Woche von Sharm el-Sheikh und dem Katharinenkloster ⛴ Fähre von Sharm el-Sheikh mehrmals pro Woche (Tel. 065-344 7571)

❹ El-Gouna

Der exklusivste Badeort des Festlands liegt in einer Lagune. Wohlhabende Kairoer besitzen hier Villen, als Tourist wohnt man in einem der wunderschönen Luxushotels. Im Ort gibt es einen Golfplatz mit 18 Löchern, einen Privatflughafen (▶ 37), ein Aquarium und ein kleines Museum.

✚ 201 E1 ✉ 30 km nördlich von Hurghada ❙❙ Kiki's Café ($$) 🚌 Taxi von Hurghada ✈ Flüge von Kairo mit SunAir (Tel. 02-335 7440; www.sunair-eg.com)

Sharm el-Sheikh hat sich in wenigen Jahren von einem kleinen Fischerdorf zu einem exklusiven Badeort entwickelt

❻ Sharm el-Sheikh

In der Zeit der Besatzung des Sinai (1967–82) diente der Ort den Israelis für militärische Zwecke. Mittlerweile erinnert jedoch nichts mehr an einen Militärstandort. Sharm el-Sheikh gehört heute zu den beliebtesten und exklusivsten Badeorten. Die meisten Hotels und Restaurants sind in der Naama Bay zu finden. Besonders Wassersportler zieht es wegen der hervorragenden Sportmöglichkeiten hierher. An den Klippen nördlich der Naama Bay liegt die vornehme Wohngegend von Sharm el-Sheikh mit Villen und Eigentumswohnungen, die meist vom Personal der Hotels bewohnt werden. Das erste Ritz-Hotel Afrikas wurde in dieser Gegend eröffnet. Die größte Anziehungskraft übt die Unterwasserwelt aus; eine der wenigen Sehenswürdigkeiten an Land ist Ras Kennedy, ein Felsen, der ein Porträt des früheren amerikanischen Präsidenten John F. Kennedy darstellt.

✚ 201 F2 ✉ 470 km von Kairo ❙❙ verschiedene Gaststätten 🚌 Busse von Kairo, Dahab, Nuweiba, Suez und Taba ✈ Inlandsflüge von Kairo, Luxor und Hurghada ⛴ Fähre von Hurghada (mehrmals pro Woche, Tel. 069-260 0190; www.intlfast ferries.com)

Für Kinder
- Fahrt in **Sindbads Glasbodenboot** (Hurghada; ➤ 166)
- Heimische Fischarten und Korallen im **Red Sea Aquarium** in Hurghada (➤ 166)
- **Kamelritt** in der Naama Bay, El-Gouna oder am Strand von Hurghada
- **Vergnügungspark Fun Town**, Naama Bay (Tel. 069-360 2556)
- Kinder zwischen acht und elf Jahren können in Swimmingpools **Tauchen lernen**.

Ab zehn Jahren können sie im offenen Meer einen Tauchkurs belegen (Tauchschulen in Hurghada und Sharm el-Sheikh, Tel. 0870-2 20 17 77; www.regal-diving.co.uk).

7 Dahab

Dahab (arabisch für »Gold«) bietet herrliche Strände und einige der besten Tauchgebiete des Sinai (➤ 157). Im ehemaligen Beduinendorf lassen sich drei Bezirke unterscheiden: die Beduinensiedlung von Asilah, das Hotelgebiet von El-Mashraba und El-Masbat, wo man billige Campingplätze und Hotels (die bevorzugten Unterkünfte der Rucksacktouristen) findet. An der Uferstraße gibt es eine Reihe von Bars und Restaurants, in denen man sich ebenso preiswert mit Lebensmitteln wie Spaghetti, Milchshakes und Bananenpfannkuchen versorgen kann. Dahab wird oft mit der Drogenszene in Verbindung gebracht;

die ägyptische Polizei geht jedoch streng gegen den Konsum von Drogen vor und verhängt hohe Strafen. Von besonderem Reiz sind hier wie auch anderswo das Meer und die umgebende Wüste. Eine besondere Herausforderung für Taucher sind das gefährliche »Blue Hole« und der Canyon. Beduinen organisieren Kamelritte in die Wüste.

✚ 201 F3 ✉ 100 km nordwestlich von Sharm el-Sheikh 🍴 Bars und Restaurants in der Bucht von Asilah ($$) 🚌 Busse von Sharm el-Sheikh, Taba, Nuweiba, Kairo und zum Katharinenkloster

10 Ismailija

Die restaurierte und von Bäumen beschattete Altstadt von Ismailija entstand zur gleichen Zeit wie der Suezkanal. Sie lädt zu einem Spaziergang ein, den man am besten am Mohammed-Ali-Kai beim schweizerisch wirkenden Haus von Ferdinand de Lesseps, dem französischen Architekten des Kanals, beginnt. In der Nähe liegt das Museum von Ismailija mit einer antiken Sammlung. Am See Timsah (Krokodilsee) sind schöne Strände und gute Restaurants zu finden.

✚ 201 D4 ✉ 120 km östlich von Kairo, 85 km von Port Said ☎ Touristeninformation 064-332 1078 (Verwaltungsgebäude, Sh. Scheich Zayeed) 🕐 Museum Sa–Do 8–16 Uhr; Fr 11.30–13.30 Uhr geschl.; Öffnungszeiten des Lesseps-Hauses bei der Touristeninformation erfragen 🍴 George's ($$; ➤ 174) 🚌 Busse von Kairo, Hurghada und Port Said

11 Suezkanal

Vor der Öffnung des 167 Kilometer langen Suezkanals, der das Mittelmeer mit dem Roten Meer verbindet, mussten europäische Schiffe auf dem Weg nach

Die traditionelle Hauptstraße im Beduinendorf Dahab

Der Hafen von Port Said an der Mündung des Suezkanals

Asien um Südafrika herumfahren. Die Distanz zwischen Europa und Asien wurde also um die Hälfte verkürzt.

Die Idee, einen Kanal durch die Wüste zu bauen, ist nicht neu. Bereits im 7. Jahrhundert v. Chr. plante Pharao Necho II. ein solches Projekt, ein Orakel riet ihm aber von der Vollendung des Vorhabens ab. Ein kleiner Kanal wurde 100 Jahre später von den Persern gebaut, verfiel aber im Lauf der Zeit.

Die Arbeiten am Suezkanal begannen im Jahre 1859 unter der Leitung von Ferdinand de Lesseps. Man benötigte für den Bau zehn Jahre und 25 000 Arbeiter. Der Kanal gehört immer noch weltweit zu den Meisterleistungen der Technik. Als Präsident Nasser (▶ 27) den Suezkanal im Jahre 1956 verstaatlichte, bombardierten britische, französische und israelische Streitkräfte das Gebiet. Die Kanalstädte erlitten während der arabisch-israelischen Kriege (1948–73) weitere Schäden. Der Kanal wurde geschlossen und die Stadt Suez mehr oder weniger dem Erdboden gleichgemacht.

Seit der Wiedereröffnung des Suezkanals im Jahre 1975 wurde er nach dem Tourismus zur zweitgrößten Einnahmequelle Ägyptens.

✚ 201 D5 ✉ zwischen Port Said und Ismailija 🚌 Busse von Kairo, Hurghada, Port Said und Ismailija

🔢 Port Said

Port Said galt einst als verrufenste Stadt des Ostens. Bordelle und Haschischkneipen gibt es am Freihafen von Port Said aber schon lange nicht mehr. Dennoch liegt immer noch ein Hauch dieser früheren Atmosphäre in den Gassen der Stadt. Sie ist ein beliebtes Reiseziel der Ägypter, da man hier günstig einkaufen kann und in den Basaren internationale Marken findet. Der Hafen ist ein Zwischenstopp für Mittelmeerkreuzfahrtschiffe. Außer dem Suezkanal, den man am besten von der kostenlosen Fähre nach Port Fuad aus sichten kann, ist auch das Militärmuseum (Straße des 23. Juli) sehenswert; es verdeutlicht die bewegte Geschichte des Suezkanals. Ein neues Museum über den Suezkanal entsteht derzeit an der Sharia Safia Zaghlul.

✚ 201 D5 ✉ 225 km von Kairo, 85 km nördlich von Ismailija ☎ 066-323 5289 (Touristeninformation) 🕐 Militärmuseum: Sa–Do 9–16 Uhr 🍴 Galal Seafood ($; ▶ 173) 🚌 Busse von Kairo, Suez, Ismailija und Hurghada

Die Freiheitsstatue

Das berühmte Wahrzeichen von New York sollte ursprünglich an der Mündung des Suezkanals, in Port Said, seinen Platz bekommen. Inspiriert von den Statuen Ramses' II. (▶ 100), schuf der französische Bildhauer Bartholdi (1834–1904) eine Frauengestalt als Symbol für »Ägypten, das das Licht von Asien trägt«. Khedive Ismail (1863–79 Vizekönig von Ägypten) war von dieser Idee zunächst begeistert, ließ sich durch den Preis dann doch abhalten. So wurde die Statue den USA angeboten.

Wohin zum … Übernachten?

Seit den 80er Jahren haben sich die Küstenorte des Sinai rapide verändert. Besonders Sharm el-Sheikh hat einen Aufschwung erfahren, der sich in immer neuen Hotelbauten bemerkbar macht. Unterkünfte der einfachen Kategorie sind rar, es gibt jedoch einige preiswerte Hotels.

SHARM EL-SHEIKH

Amar Sina $$

In weiter Ferne von der lärmenden Naama Bay kann man vom Amar Sinai auf das türkisblaue Meer und die roten Berge blicken. Die Anlage ist wie ein ägyptisches Dorf gestaltet. Die Zimmer sind schön und gemütlich und sehr stilvoll eingerichtet. Das Amar Sina bietet einen schönen Swimmingpool, Fitnesscenter und Whirlpool sowie ein orientalisches Café.

✠ 201 F2 ✉ Ras Umm el-Sid
☎ 069-366 2222; www.minasegypt.com

Four Seasons Sharm el-Sheikh $$$

Das Four Seasons in Sharm el-Sheikh ist das beeindruckendste unter den 5-Sterne-Hotels am Ort. Service und Komfort suchen ihresgleichen. Das im maurischen Stil errichtete Hotel bietet seinen Gästen große Zimmer im Suitenstil mit herrlichen Ausblicken. Das Hotel besitzt einen großen Pool; alle Arten von Wassersport sind möglich.

✠ 201 F2 ✉ nördlich der Naama Bay ☎ 069-360 3555;
www.fourseasons.com/sharmelsheikh

Pigeon House $

Das Pigeon House ist eines der empfehlenswerten Häuser der einfachen Kategorie an der Naama Bay. Die Unterkünfte reichen von schlichten Kammern mit Ventilatoren bis zu Zimmern der »gehobenen Klasse« mit Dusche/WC und Klimaanlage. Das Hotel ist ruhig gelegen.

✠ 201 F2 ✉ Nordspitze der Naama Bay ☎ 069-360 0996;
Fax 069-360 0965

Sanafir $$

Das Sanafir, eines der älteren Hotels der Stadt, bietet Zimmer mit weißen Gewölben in traditionell ägyptischem Stil, die in versetzten Geschossen liegen, das Ganze ist um einen lagunenartigen Pool herum gebaut. Weiterhin gibt es einen Wasserfall und mehrere Terrassen mit Sitzgelegenheiten nach Beduinenart. Nachts treffen sich hier viele junge Leute. Das Tauchzentrum des Sanafir hat einen guten Ruf.

✠ 201 F2 ✉ Naama Bay
☎ 069-360 0197; www.sanafirhotel.com

DAHAB

Nesima $$

Das elegante und wunderbar ruhige Hotel gehört zu den wenigen im Sinai, die speziell an Individualtouristen ausgerichtet sind. Die sehr gemütlich eingerichteten Zimmer mit gewölbten Decken blicken auf den herrlichen Swimmingpool. Das Hotel ist bei Tauchprofis wie -anfängern sehr beliebt; es verfügt über ein ausgezeichnetes Tauchzentrum, das Kurse und Ausrüstungen anbietet.

✠ 201 F3 ✉ El-Mashraba
☎ 069-364 0320;
www.nesima-resort.com

KATHARINENKLOSTER

Auberge St. Catherine $–$$

Eine gute Unterkunft findet man in der renovierten Herberge am Kloster, die Einzel-, Doppel- und Dreibettzimmer (insgesamt 150 Betten) mit Halbpension anbietet. Die Zimmer haben einen schönen Blick auf den Obstgarten, der sich gleich unterhalb des Klosters befindet.

✚ 201 E3
✉ Katharinenkloster
☎ 069-347 0353;
E-Mail moussaboulas@yahoo.com

Basata $

Fährt man an der Ostküste des Sinai in Richtung Norden, findet man ein unvergleichliches Hotel. In diesem Feriendorf aus Strandhütten und Bungalows können Sie einen entspannten und friedlichen Aufenthalt genießen. Die Ausstattung ist auf das Wesentliche beschränkt. Es gibt eine Meerwasserentsalzungsanlage. Die Mahlzeiten sind einfach und gesund. Drogen, Alkohol und laute Musik sind nicht erlaubt.

✚ 201 F3
✉ Ras el-Burg an der Straße Taba–Nuweiba, 42 km südlich von Taba
☎ 069-350 0480; www.basata.com

ISMAILIJA

Mercure Fursan Island $$

Die exklusivste Unterkunft (Teil einer französischen Kette) in Ismailija liegt auf der Fursan Island inmitten des Sees. Das Hotel ist besonders bei Familien, die übers Wochenende kommen, sehr beliebt. Hier gibt es einen Privatstrand und mit Sicherheit ruhige Nächte. Die etwas stillosen Zimmer sind dennoch gemütlich und verfügen über jeglichen modernen Komfort. Einige Zimmer bieten Ausblick auf den See. Es gibt vielfältige Wassersportmöglichkeiten.

✚ 201 D4
✉ Fursan Island, nordöstlich von Ismailija
☎ 064-391 8040; www.accor.com

EL-GOUNA

Dawar al Omda $$

Das Dawar al Omda (»Haus des Bürgermeisters«) befindet sich auf einer von Menschenhand geschaffenen Insel in einer Lagune und ist eine originelle Mischung aus moderner Architektur und traditionellen ägyptischen Eigentümlichkeiten. Das elegante Interieur besteht aus regionalen Antiquitäten und Möbeln, die von hiesigen Schreinern gefertigt wurden.

✚ 201 E1 ✉ Kafr el-Gouna, El-Gouna
☎ 065-354 5060

Miramar Sheraton $$$

Das Miramar, ein sehr exklusives Hotel im amerikanischen Stil, erstreckt sich pastellfarben und postmodern wie eine Fata Morgana über mehrere Inseln. Einige Zimmer haben gewölbte Decken und einen Balkon. Angeboten werden alle denkbaren Wassersportarten sowie ein Golfplatz.

✚ 201 E1 ✉ El-Gouna ☎ 065-354 5606; www.starwoodhotels.com/sheraton

HURGHADA

Giftun Beach Resort $$

Das Giftun, eines der ältesten Hotels der Stadt, erfreut sich bei Tauchern und Surfern großer Beliebtheit. Die belebte Bar ist ein Treffpunkt für Taucher, die hier ihre Erlebnisse austauschen.

✚ 201 E1 ✉ Resort, Hurghada
☎ 065-346 3040;
www.giftunbeachresort.com

QUSEIR

Mövenpick Sirena Beach $$$

Inspiriert von der traditionellen Dorfarchitektur, befinden sich die einfachen, gemütlichen gewölbeartigen Zimmer in einer freundlichen Parkanlage. Die Anlage verspricht einen entspannten Urlaub. Am Privatstrand hat man beste Schnorchel- und Tauchbedingungen; es gibt ein hoteleigenes Tauchzentrum.

✚ 199 E3 ✉ El Quadim Bay, Quseyr
☎ 065-333 2100;
www.moevenpick-quseir.com

Wohin zum ...
Essen und Trinken?

Preise

Die Preise beziehen sich auf ein Gericht pro Person ohne Getränke und Trinkgeld.
$ bis 100 LE $$ 100–150 LE $$$ über 150 LE

KATHARINENKLOSTER

Es gibt nicht viele Restaurants in der Nähe des Katharinenklosters. Die beste Wahl ist die **Auberge St Catherine**. Im nahe gelegenen Dorf El-Milga gibt es einige einfache Restaurants, wie z.B. das **Katrien Rest House** und **Ihlas**.

SHARM EL-SHEIKH

In Sharm el-Sheikh und insbesondere an der Naama Bay gibt es eine Vielzahl von Restaurants und Bars. Da es sich bei den meisten um Hotelrestaurants handelt, sind die Gerichte teuer, doch findet man in Sharm el-Sheikh selbst günstige Restaurants. Die Touristen in Sharm el-Sheikh kommen zum größten Teil aus Italien, es gibt daher unzählige gute italienische Lokale. Mittlerweile findet man auch Spezialitätenlokale anderer Nationalitäten. Auch das Hard Rock Café und Fast-Food-Ketten wie McDonald's, KFC und Pizza Hut haben sich hier niedergelassen.

Al Fanar $$$

Ein sehr erfreuliches italienisches Restaurant der gehobenen Kategorie, direkt am Wasser gelegen. Man speist hier köstliche Pizzen, frischen Fisch und Meeresfrüchte und genießt dazu den Blick hinaus aufs Meer.

✚ 201 F2   ✉ Ras Um Sid   ☎ 069-366 2218   ◷ tägl. 10–22.30 Uhr

The Fish $$–$$$

Dieses ältere Restaurant in Sharm el-Sheikh liegt direkt am Strand. Hier gibt es eine reiche Auswahl an frischem Fisch sowie Garnelen aus eigener Zucht. Man kann auf einer überdachten Terrasse sitzen, die mit über Säulen und Mauern drapierten Fischernetzen verziert ist. Die Küche ist ausgezeichnet, die Bedienung kann langsam sein.

✚ 201 F2   ✉ Hilton Fayrouz   ☎ 069-360 0136   ◷ tägl. Mittag- und Abendessen

Il Frantoio $$$

Ein hervorragender Italiener mit exzellenter Küche. Das Restaurant besitzt einen schönen Außenbereich – ideal, um an einem warmen Abend im Freien zu speisen. Die Gerichte sind einfallsreich zubereitet und enthalten nur beste Zutaten – probieren Sie einmal die frischen Ravioli oder den gegrillten Seebarsch.

✚ 201 F2   ✉ Hotel Four Seasons, nördlich von Naama Bay   ☎ 069-360 3555   ◷ tägl. Mittag- und Abendessen

La Luna $$$

Das La Luna wurde als bestes Restaurant des Sinai ausgezeichnet, eigentlich gehört es zu den besten in ganz Ägypten. Chefkoch Marco Aveta lässt die erlesenen Zutaten für seine köstlichen und kreativen italienischen Gerichte direkt aus Italien einfliegen. Frische Nudeln, butterweiche Steaks, gegrillter Fisch und Ossobuco gehören zu seinen Spezialitäten.

✚ 201 F2   ✉ Ritz Carlton, Om as Sid   ☎ 069-366 1919   ◷ tägl. 18.30–22.30 Uhr

Little Buddha Bar $$–$$$

Die Schwester der berühmten Pariser Buddha Bar ist einer der Orte in Sharm el-Sheikh, den man unbedingt gesehen haben muss. Die große Bar, die dunkelroten Wände, die typischen Klänge der Buddha Bar und der große goldene Buddha sind beeindruckend, und trotzdem ist das Essen nicht weniger imponierend. Setzen Sie sich an die Theke und schauen Sie zu, wie die köstlichen Sushi zubereitet werden, oder probieren Sie die einfallsreiche französisch-asiatische Fusion-Küche an einem der Tische. Später am Abend wird die Musik aufgedreht, dann kann man tanzen oder sich auf einem der japanischen Futons ausruhen.

201 F2 ⊠ Naama Bay Hotel, Naama Bay ☎ 069-360 1030; www.littlebuddha-sharm.com ⊗ tägl. 18–3 Uhr

Pirates Bar $–$$

Als eine der ältesten Kneipen der Stadt zieht die Pirates Bar noch immer Scharen von Gästen, insbesondere Taucher, an. Die Terrasse liegt in einem kitschigen, aber bezaubernden Park mit Brücken und Teichen.

201 F2 ⊠ Hilton Fayrouz, Naama Bay ☎ 069-360 0136 ⊗ tägl. ab 14 Uhr

La Rustichella $$–$$$

Die vielen Italiener, die hier leben, gehen gern in dieses wunderbare italienische Restaurant, wo die Pasta so schmeckt wie zu Hause. Neben frischer Pasta stehen aber auch Fisch und Meeresfrüchte auf der Karte.

201 F2 ⊠ hinter der Naama Bay ☎ 067-360 1154 ⊗ tägl. Mittag- und Abendessen

Safsafa $–$$

Das ursprüngliche Safsafa in der Stadt ist wirklich alt und besitzt nur acht Tische; dieses neue Restaurant wendet sich an etwas gehobenere Ansprüche. Fisch und Meeresfrüchte sind frisch, die Atmosphäre des Lokals lässt allerdings zu wünschen übrig.

201 F2 ⊠ Naama Centre, Naama Bay ☎ 069-360 0150 ⊗ tägl. Mittag- und Abendessen

Sala Thai $$$

Wer nach etwas Abwechslung von der vorherrschenden ägyptischen und italienischen Küche sucht, ist hier genau richtig. Die klassischen Thai-Gerichte im Restaurant des Hyatt-Hotels sind hervorragend, der Raum selbst ist im asiatischen Stil gehalten – mit Teakholz und schöner Außenterrasse mit Meerblick.

201 F2 ⊠ Hyatt Regency Hotel ☎ 069-360 1234 ⊗ tägl. Mittag- und Abendessen

Sinai Star $–$$

In diesem einfachen Restaurant bekommt man Meeresfrüchte von bester Qualität. Die Gäste sind zum Teil Männer, die an der Naama Bay arbeiten.

201 F2 ⊠ Einkaufszentrum nahe der Bushaltestelle, Sharm el-Sheikh ☎ 069-366 0323 ⊗ tägl. Mittag- und Abendessen

TamTam $$

Das Café-Restaurant erfreut sich großer Beliebtheit. Hier kann man ganz entspannt genießen – z. B. die vielen traditionellen ägyptischen Gerichte wie *mezze*, Salate, *meloukhiya* (eine Suppe aus einem spinatartigen Gemüse, *kushari* (Maccaroni mit Reis, Zwiebeln, Kirchererbsen, Linsen und Tomatensauce) und Grillfleisch. Machen Sie es wie die Einheimischen – gönnen Sie sich nach dem Essen einen kräftigen Pfefferminztee und eine Wasserpfeife.

201 F2 ⊠ Ghazala Hotel, Naama Bay ☎ 069-360 0150 ⊗ tägl. Mittag- und Abendessen

Carm Inn $

Eines der besseren Restaurants direkt an der Küste; hier kehren vor allem die ausländischen Gäste gern ein. Ägyptische, europäische und indische Gerichte werden frisch zubereitet.

201 F3 ⊠ Masbat ☎ 069-364 1300 ⊗ 9–22 Uhr

Nirvana Restaurant $–$$

Das beste Strandrestaurant in Dahab – und die Tische stehen hier tatsächlich auf dem Strand. Es gibt indische Küche und eine gute Auswahl vegetarischer Gerichte.

201 F3 ⊠ beim Leuchtturm am Uferweg, Masbat ☎ 069-364 1261;

www.nirvanadivers.com
🌐 tägl. Mittag- und Abendessen

ISMAILIJA

George's $$

Es heißt, Kairoer würden eine Wüstendurchquerung nicht scheuen, nur um in diesem schönen Fischrestaurant speisen zu können. Die frischen Meeresfrüchte sind berühmt. Die Auswahl an der Bar ist ebenfalls überzeugend.

➕ 201 D4 ✉ Sh. Sultan Hussein ☎ 064-391 7327 🌐 tägl. Mittag- und Abendessen

EL-GOUNA

Kiki's Café $$

Köstliche Nudeln aus eigener Herstellung und reichhaltige Salatteller werden auf zwei Terrassen serviert, auf denen man über die Stadt und die Lagunen blicken kann.

➕ 201 E1 ✉ oberhalb des Museums, Kafr el-Gouna ☎ 065-354 2407 🌐 tägl. nur Abendessen

Sayadeen Fish Restaurant $$

Frische Meeresfrüchte gehören zu den Spezialitäten dieses Strandrestaurants, das in einem auf das Meer hinaus gebauten Pavillon betrieben wird. Alle vier Wochen ändert sich die Nationalität der Speisekarte – die Gerichte werden dann auf ganz verschiedene Arten zubereitet.

➕ 201 E1 ✉ Mövenpick Hotel, am Strand ☎ 065-354 4501 🌐 tägl. Mittag- und Abendessen

Le Tabasco $$

Wie eine Kopie aus Kairo – die angesagteste Bistro-Bar der Hauptstadt liegt hier im Zentrum von Kafr el-Gouna und ist dort genauso beliebt und deshalb immer gut gefüllt wie in Kairo selbst. Le Tabasco besitzt drei Terrassen, das Innere ist sehr geschmackvoll ausgestattet, Musik und Essen sind ebenfalls hervorragend. Die Bar befindet sich im 2. Stock.

➕ 201 E1 ✉ zwischen Museumsgebäude und dem Hotel El-Khan, Kafr el-Gouna ☎ 065-354 5516 🌐 tägl. Spätnachmittag bis 2 Uhr

HURGHADA

Felfela $–$$

Felfela ist eine beliebte Kairoer Restaurantkette (➤ 75). In dieser Filiale hat man einen herrlichen Blick auf das Rote Meer und den Hafen. Sie bekommen hier ägyptische Gerichte.

➕ 201 E1 ✉ Sh. Sheraton ☎ 065-344 2410 🌐 tägl. Mittag- und Abendessen

Liquid Lounge $–$$

Diese beliebte und ultra-lässige Strandbar erfreut ihre Gäste mit Snacks, leckeren europäischen Gerichten und einer guten Abendkarte.

➕ 201 E1 ✉ Sh. Sheraton ☎ 010-512 9051 🌐 9–3 Uhr

Da Nanni $$

Ein italienisches Ehepaar leitet die Küche, und sie verstehen etwas vom Pizzabacken. Die Pizzas bei Da Nanni gelten als die besten in der ganzen Stadt. Die selbstgemachte Pasta ist ebenfalls nicht zu verachten.

➕ 201 E1 ✉ Sh. el-Hadaba, Sigala

☎ 065-344 7018
🌐 tägl. Mittag- und Abendessen

Papa's Bar $

Diese Bar ist besonders bei Tauchlehrern und anderen Besuchern Hurghadas beliebt. Manchmal wird die Musik nachts recht laut, dann ist Party angesagt.

➕ 201 E1 ✉ neben Pizza Rossi, Sigala ☎ 010-512 9051; www.papasbar.com 🌐 tägl. bis spät nachts

Portofino $$

Zu den Spezialitäten dieses Restaurants gehören frische italienische Fischgerichte. Die Nudeln aus eigener Herstellung sind sehr gut. Das Fondue ist ebenso beliebt. Die Atmosphäre ist sehr angenehm, denn die Einrichtung ist einfach, die Bedienung freundlich, und der Besitzer plaudert am Abend gern mit seinen Gästen.

➕ 201 E1 ✉ Sh. Sayed el-Qorayem, el-Dahar ☎ 065-354 6250 🌐 tägl. Mittag- und Abendessen

Wohin zum… Einkaufen?

Die meisten Badeorte am Roten Meer und im Sinai waren bis vor kurzem noch kleine Fischerdörfer oder Beduinensiedlungen. Daher hat sich in diesen Orten keine authentische Suk- oder Basarkultur entwickelt. Die Einkaufszentren wirken eher amerikanisch als ägyptisch.

Beunruhigend ist die Tatsache, dass Korallen, Muscheln und Seesterne, ja sogar ausgestopfte Haie zum Kauf angeboten werden. Es ist dringend vom Kauf abzuraten: Der Handel mit solchen Souvenirs gefährdet die Existenz der Korallenriffe.

Die Küste am Roten Meer

Die quirlige Basargegend in **El-Daher**, einem Stadtteil von Hurghada, beherbergt Hunderte von Läden und Marktständen, in denen typische Touristensouvenirs verkauft werden. Im Allgemeinen ist die Qualität dieser Produkte sehr gering, jedoch sind die Preise auch entsprechend günstig, wenn man sich aufs Feilschen versteht.

Steuerfreie Artikel können Sie im **Egypt Free Shop** gegenüber dem Büro der Egypt Air oder im Einkaufszentrum in Sigala kaufen.

In El-Gouna gibt es einige wirklich exklusive Geschäfte. Die Boutique **Queeny** beispielsweise führt europäische Modelabel der Spitzenklasse. Wer sich ein wenig im ägyptischen Stil ausstaffieren will, findet bei **Malaika** fantastische *galabeyas* und Bekleidung für die Nacht. **Al Nol** verkauft *galabeyas* im Beduinenstil und Schals in kräftigen heimischen Farben. **Egyptian Women's Handicrafts** unterstützt landesweite Projekte, die auf fairem Handel basieren: Es gibt Notizbücher aus Recyclingpapier von Moqattam, bestickte Kissen von Beduinen und Geldbörsen. Die Läden befinden sich im Hafen von Abu Tig.

Sinai

Auf dem ständig wachsenden Basargebiet von Sharm el-Sheikh werden die üblichen Touristensouvenirs verkauft, die man überall in Ägypten findet, u. a. Silberschmuck, Papyri, Kopien antiker Statuen und Baumwoll-T-Shirts mit Aufdrucken von Fischen.

Ein Geschäft, das sich vom Durchschnitt abhebt, ist das **Aladin** im Falcon el Diar Hotel an der Naama Bay (Tel. 069-360 0826). Hier werden Textilien und Stickereien der Beduinen sowie kleine Antiquitäten, Perlen- und Skarabäenschmuckstücke und ägyptische Glaswaren angeboten. **Baraka Carpets** vor dem Hotel Sanafir (Tel. 012-218 1597/227 2363) hat eine große Auswahl an Teppichen im Angebot. Die beste Buchhandlung am Ort ist der **Buchladen El-Ahram** an der Straße von der Naama Bay nach Sharm el-Sheikh. Dort findet man u.a. englische Zeitungen.

Jeden Donnerstag findet im alten Teil von El-Arish an der Nordküste des Sinai ein **Beduinenmarkt** statt. Dort verkaufen verschleierte Beduinenfrauen ihre Perlenarbeiten, Silberschmuck und traditionelle Kleider mit Stickereien. Der Markt ist vorwiegend am Tourismus ausgerichtet; die besten Stücke werden vermutlich in den Kairoer Geschäften verkauft.

In den meisten Hotels gibt es Einkaufszentren. Zu den besten Adressen für Freizeitkleidung aus ägyptischer Baumwolle gehören das **Mobaco** im Sanafir, das **Hilton Fayrouz** an der Naama Bay und das **Pyramisa Hotel** in Sharm el-Sheikh. Der **Shirt Shop** (Mövenpick Jolie Ville) führt Herren-T-Shirts in hervorragender Qualität, ebenso das Geschäft **New Man** (in den Hotels Sanafir und Pyramisa).

Suezkanal

Port Said ist ein zollfreier Hafen und daher bei preisbewussten Ägyptern sehr beliebt. Seitdem die Regierung die Wirtschaft liberalisiert hat, kann man hier nahezu alles kaufen.

Wohin zum...
Ausgehen?

Einen Veranstaltungskalender für den Sinai finden Sie im *Sinai Today* und im *Egypt Today*. Schauen Sie auch auf die Websites www.sharm-el-sheikh.com and www.el gouna.com. Veranstaltungen am Roten Meer werden im *Hurghada Bulletin* und im *Red Sea Life* bekannt gemacht.

Sporttauchen/Schnorcheln

Alle Badeorte am Roten Meer und dem Sinai verfügen über hervorragende Tauchzentren, die Ausrüstungen verleihen sowie Bootsausflüge und Tauchkurse anbieten (▶ 156ff).

Glasbodenboote

Die meisten Badeorte im Sinai und an der Küste des Roten Meeres bieten täglich Ausflüge mit einem Glasbodenboot an. Buchungen bei **Sindbad Submarines** unter Tel. 065-344 4688 in Hurghada oder bei **Aquascope** im Hoi Palace (Tel. 065-344 3710) bzw. im El Kheima Resort in Sharm el-Moya (Tel. 065-344 3710).

Nachtleben

Bei Nacht herrscht in Sharm el-Sheikh in den Bars und Diskotheken der Hotels reger Betrieb, besonders im **Bus Stop** und im **Pacha** im Sanafir Hotel (▶ 170) und in der **Little Buddha Bar** (▶ 172) im Naama Bay Hotel. Am frühen Abend trifft man sich zur »Happy Hour« in der Pirates Bar (▶ 173). An der Naama Bay gibt es das **Hard Rock Café** (Tel. 069-360 2665) mit altbekannter Rock 'n-Roll-Musik. In der **Diskothek Black House** im Rosetta Hotel an der Naama Bay (Tel. 069-360 1888) wird es zu später Stunde recht voll. In der Hauptsaison sind außerdem noch weitere Musik-Bars am Strand auf Tanz eingestellt. Die größeren Hotels von Hurghada besitzen eigene Diskos, die auch für Nicht-Hotelgäste zugänglich sind; am beliebtesten ist das **Dome** im InterContinental, aber auch einige andere lohnen den Besuch. In **Papa's Beach Club** (Tel. 065-344 4146) heizen ausländische DJs den Partygästen ein. Die beliebteste Strandbar ist **Liquid Lounge** (▶ 174); nächtliche Tanzpartys finden dort am Donnerstag, Freitag und Samstag statt. Die **Black Out Disco** im Ali Baba Palace, Sh. el-Hadaba (Tel. 012-221 7734) hat sich auf Partys mit viel Nebel und Schaum im Ibiza-Stil spezialisiert

Als Alternative kann man auch sein Glück im **Casino Royale** im Mövenpick Jolie Ville an der Naama Bay versuchen (Tel. 069-360 0100). Im **InterContinental** in Hurghada gibt es ein Kasino, das bis spät in die Nacht hinein geöffnet ist.

Sport

Alle Badeorte am Roten Meer bieten Wassersportarten an, u. a. Segelunterricht, Windsurfen und Parasailing. Die besten Standorte für Windsurfer in Hurghada sind **Three Corners Village**, **Giftun** und **Jasmin Village**. Im Sinai ist das **Moon Beach Hotel** (Ras Sudr, Tel. 02-336 5103; www.moon beachretreat.com) für gute Bedingungen zum Surfen bekannt.

Heißluftballons

In Hurghada organisiert der deutsche Anbieter **Cast Ballooning** spektakuläre einstündige Ballonfahrten über die Wüste. Zum Programm gehört ein Frühstück in einem Beduinendorf (Informationen unter Tel. 065-344 4929).

Jeep-Safaris in die Wüste

In den Bergen am Roten Meer und im Sinai sind atemberaubende Landschaften zu entdecken. Im Sinai können Sie Ausflüge von Dahab, Nuweiba und dem Katharinenkloster in die farbenprächtigen Wüstentäler, die Wadis, unternehmen.

Spaziergänge & Touren

1 MITTELALTER-LICHES KAIRO

Spaziergang

LÄNGE: 4 km **DAUER:** Drei Stunden für einen kurzen Überblick; eine eingehende Beschäftigung mit den Baudenkmälern kann einen ganzen Tag beanspruchen
START: Ibn-Tulun-Moschee, Sharia Saliba (Minibuslinie 54 ab Midan et-Tahrir nach Saijida Zeinab (eine Taxifahrt ist unkomplizierter) ✚ 197 D3 **ZIEL:** Sharia el-Ashar ✚ 197 E4

Ein Spaziergang durch die mittelalterlichen Gassen von Kairo vermittelt die intensivsten Eindrücke von der Pracht der alten Stadt mit ihren herrlichen Moscheen und wunderschönen Palästen. Viele Baudenkmäler sind immer noch gut erhalten, andere sind seit langem verfallen. Vor der mittelalterlichen Kulisse spielt sich das moderne Leben ab.

Die beste Zeit für eine Besichtigung ist entweder frühmorgens oder spätnachmittags. Sonntags ist der Basar geschlossen, und in den Straßen geht es ruhiger zu, eine günstige Zeit also, um die Architektur der mittelalterlichen Gebäude genauer zu studieren.

1–2

Am Ausgang der **Ibn-Tulun-Moschee** (➤ 68) halten Sie sich links, gehen in Richtung Hauptstraße, der Sharia Saliba, und biegen dann rechts ab. Die Sharia Saliba entspricht der einstigen mittelalterlichen Hauptstraße Qasaba und ist von Palästen und Moscheen gesäumt. Die meisten dieser Bauwerke wurden in den 1990er Jahren bei einem Erdbeben beschädigt und mittlerweile restauriert. Auf der linken Seite befindet sich die mameluckische Moschee-Madrasah des **Emirs Tagri Bardi** aus dem 15. Jahrhundert. Daran schließt sich der überladen wirkende Sabil der **Umm Abbas** aus dem 19. Jahrhundert an. Weiter geradeaus erheben sich rechts die hohen Wände eines Sufi-Klosters, und direkt gegenüber steht eine Moschee. Beide Bauwerke ließ **Emir Shaykku** im 14. Jahrhundert errichten. Das ungewöhnliche pharaonische Gesims

Im **Khan Misr Touloun** (▶ 77) befindet sich ein geräumiger Laden, in dem kunsthandwerkliche Produkte von besonders guter Qualität verkauft werden. Die Verkäufer sind freundlich, und die Preise stehen fest (Tel. 02-3 65 22 27, Mo–Fr).

über dem Eingangstor und die wunderschönen Decken des *Iwan* sind besonders beachtenswert. Vom Ausgang wenden Sie sich nach rechts und gelangen nach etwa 150 Metern zum eindrucksvollen mameluckischen Sabil-Kuttub des **Sultans Qait Bey** mit einem schönen Eingangsportal in Rot, Schwarz und Weiß. An der Kreuzung halten Sie sich links und kommen an einem der bekanntesten Gefängnisse Kairos vorbei. Sie gelangen weiter zum Midan Salah ed-Din, einem großen Platz, von dem man die Zitadelle (▶ 68), die **Sultan-Hassan-Moschee** (▶ 69) und die **Er-Rifai-Moschee** sehen kann.

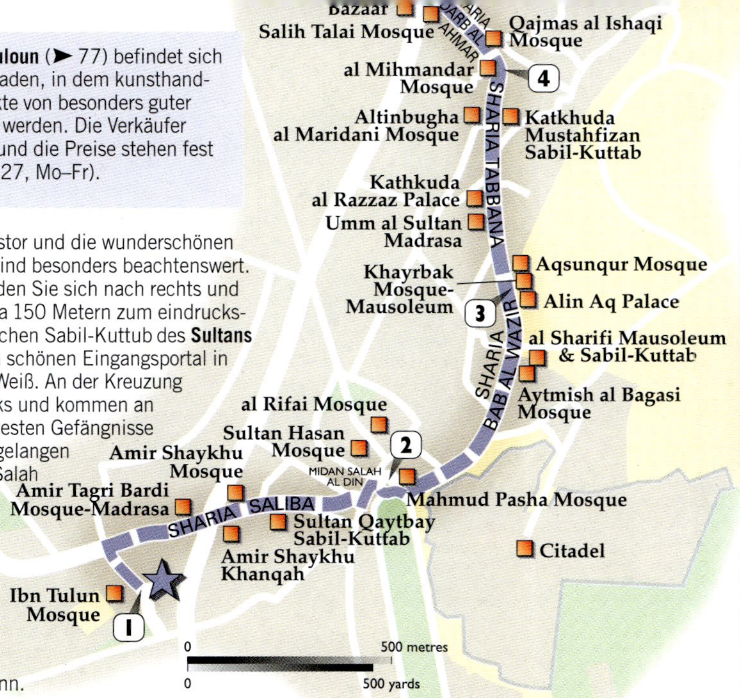

König Faruk liegt in der Er-Rifai-Moschee begraben

2–3

Überqueren Sie den Platz in Richtung der gestreiften Moschee (16. Jahrhundert) des **Mahmud Pascha**. Direkt hinter der Moschee wenden Sie sich nach links und gehen an den Mauern der Zitadelle entlang. Biegen Sie dann an der Sh. Bab el-Wasir in die dritte Straße links ein. Weitere 250 Meter auf der rechten Seite befindet sich die Moschee des **El-Bagasi** aus dem 14. Jahrhundert. In nördlicher Richtung sieht man die Überreste des Mausoleums und Sabil-Kuttubs von **Tarabai el-Sharifi** aus später mameluckischer Zeit. Folgt man der Sh. Bab el-Wasir weiter, befindet sich auf der rechten Seite der Eingang zu den Ruinen des einst eindrucksvollen **Palastes des Alin Aq**.

3–4

Ebenfalls auf der rechten Seite sieht man die **Moschee von Aqsunqur**, die auch unter dem Namen **Blaue Moschee** bekannt ist. Ihr Name rührt von den wunderschönen türkisblauen Kacheln her, mit denen die Innenwände bedeckt sind. Die Kacheln stammten aus Nicaea, dem heutigen Iznik im Nordwesten der Türkei. Auf der linken Seite gelangen Sie nach weiteren 70 Metern zum prachtvollen Eingang der Madrasah der **Umm el-Sultan Schaban** aus dem 14. Jahrhundert und dem benachbarten, weitläufigen Palast des **Katkhuda el-Razzaz** aus dem 15. Jahrhundert. Wenn Sie der Straße weiter folgen, sehen Sie eines der schönsten Baudenkmäler dieses Stadtteils, die Moschee von **Altinbugha el-Maridani** mit einem nach Mekka weisenden Gebetsraum, der sich hinter auffallend schönen Maschrabijen verbirgt. Ebenfalls auf der linken Seite steht die Moschee von **El-Mihmandar** aus dem 14. Jahrhundert.

Die Zeltmacher wenden ihr traditionelles handwerkliches Können nun auch auf dekorative Wandbehänge an

4–5

An der Biegung der Sh. Bab el-Wasir beginnt die Sh. Darb el-Ahmar. An der Kreuzung steht die eindrucksvolle **Moschee des Qaimas el-Ishaqi** mit schönen Marmorverzierungen. Vor dem Bab Zuweila steht auf der linken Seite die **Moschee des Salih Talai** aus später fatimidischer Zeit. Dahinter befindet sich der überdachte **Basar der Zeltmacher** (➤ 77).

5–6

Gehen Sie durch das Tor **Bab Zuwayla** neben der Sultan-el-Muayyad-Moschee und die Marktstraße **Sharia el-Muiss Lidin Allah** (➤ 56ff) entlang, bis Sie die Sharia el-Ashar erreichen. Wenn man sich nach rechts wendet und sich weiter rechts hält, kommt man zur **El-Ashar-Moschee** (➤ 70). Nun durch die Unterführung zum Midan Hussein; an der Hussein-Moschee biegt man links in die schmale Gasse ab, die zum **Khan el-Khalili** (➤ 70) führt. Folgt man der ersten Gasse auf der linken Seite, gelangt man zum **Café Fishawi** (➤ 75).

6–7

Nach einem Bummel über den Basar können Sie zur **Hussein-Moschee** zurückkehren (kein Zutritt für Nichtmuslime) und sich nach links wenden. Gehen

Moschee-Madrasah des Fürsten **Gamal ed-Din el-Ustadar**, die der mächtige Herrscher mit erheblichem Kostenaufwand bauen ließ; auch das Viertel, El Gamalijja, trägt seinen Namen. An der gegenüberliegenden Straßenecke stehen cas hübsche, mit schönen Kacheln verzierte Sabil-Kuttub des **Oda Bashi** aus dem 17. Jahrhundert und direkt daneben sein Wikalat, ein Handelshaus mit Unterkünften, das im 18. Jahrhundert zu einem der wichtigsten Handelshäuser für Kaffee und Gewürze wurde. Weiterhin findet man auf der rechten Seite die Madrasah des **Emirs Qarasunqur**, Pololehrer des Sultans Qala'un; zwei Poloschläger kann man oben im Fenster des Mausoleums sehen. An der nächsten Straßenecke steht Kairos älteste erhaltene Khangah, die Sultan Baibars II. im Jahre 1306 erbauen ließ. Im Mausoleum sind prachtvolle Marmorverkleidungen zu bewundern. Nahebei gibt es noch weitere Handelshäuser in unterschiedlichen Stadien des Zerfalls.

7–8

In Richtung des Bab el-Nasr auf der linken Seite steht die große **Wikalat von Qait Bey**. Sie entspricht dem Bauplan mit einem großen zentralen Hof, der im Erdgeschoss von Läden und Vorratsräumen umgeben ist, und im Obergeschoss liegenden Wohnräumen für Händler. Bab el-Nasr (Siegestor) mit zwei quadratischen Türmen ist Teil der fatimidischen Festungsanlage. Am Tor vorbei kommt man auf der linken Seite zum **Bab el-Futuh** (► 57). Gehen Sie durch das Tor zurück und an der Sharia el-Muiss Lidin Allah zur Sharia el-Ashar.

Kleine Pause

In einem der zahlreichen Kaffeehäuser auf dem Khan el-Khalili (► 70) können Sie sich bei einer Wasserpfeife entspannen. Die Cafés Fishawi (► 75) oder Naguib Mahfouz (► 76) an der Hauptstraße des Basars laden ebenfalls zu einer Pause ein. Im Restaurant des Naguib Mahfouz kann man köstliche *mezza* und andere orientalische Gerichte bestellen. Verschiedene Cafés lassen sich auch an der Sh. Bab el-Wasir finden.

Auf dem quirligen Khan el-Khalili wird es nie langweilig

Sie an der westlichen Seite der Moschee entlang und an den Verkaufsständen vorbei. Auf der linken Seite befindet sich das **Sabil-Kuttub des Ahmad Pascha**. An der Biegung geht es nach links, dann nach rechts und weiter entlang auf der Sh. Habs el-Rahaba. Auf der linken Seite befindet sich die

2 FAHRRADTOUR ZUR NEKROPOLE THEBEN

Tagestour

LÄNGE: 16 km **DAUER:** Ein Tag (besonders im Sommer empfiehlt es sich, frühmorgens loszufahren, da es in der Mittagssonne für eine Radtour zu heiß wird)
START/ZIEL: Fähranlegestelle am Westufer, Luxor (fahren Sie entweder über die Brücke südlich von Luxor oder nehmen Sie das Fahrrad mit auf die Fähre an der Anlegestelle gegenüber dem Luxor-Tempel) 🕂 202 B4

Auf einer Fahrradtour durch die Nekropole Theben sind die eindrucksvollen Gräber und Totentempel am gründlichsten zu erkunden, und man gewinnt daneben einen tieferen Einblick in das ägyptische Landleben. Diese Tour führt an schönen Dörfern vorbei, die von islamischen Traditionen geprägt sind und in denen die Zeit spurlos vorübergegangen zu sein scheint. Auf Ihrer Tour werden Sie vielleicht Bauern bei der Feldarbeit oder Kinder auf dem Weg zur Schule antreffen. Entspannen Sie sich, und lassen Sie sich auf den gemächlichen ländlichen Rhythmus ein.

Fahrräder können Sie sich in verschiedenen Läden an der Sh. el-Mahatta (Bahnhofstraße) am Ostufer leihen. Teurer sind Fahrräder von besserer Qualität, die man in den Hotels, wie z. B. Sheraton, Mercure Inn und Windsor, ausleihen kann. Sie sollten das Fahrrad vor dem Ausleihen überprüfen.

Im Sommer kann eine solche Tour wegen der Hitze sehr anstrengend sein, selbst im Winter braucht man eine Kopfbedeckung und eine gute Sonnencreme. Trinkwasser ist wichtig.

Die Memnonkolosse bewachten einst den Totentempel

1–2

Vom Westufer fahren Sie in etwa 10–15 Minuten zum Inspektorat an der Straße nach Deir el-Medina. Auf dem Weg passieren Sie den Kanal El-Fadlija und gelangen zum sehenswerten Dorf **Neu-Gurna**. Es wurde von dem ägyptischen Architekten Hassan Fathy entworfen und ist das Ergebnis eines fehlgeschlagenen Versuchs, die Dorfbewohner von Alt-Gurna umzusiedeln, deren Häuser über den antiken Gräbern erbaut waren. Auf der Weiterfahrt zum Inspektorat sieht man die beiden **Memnonkolosse**, die auf die Zuckerrohrfelder blicken. Diese riesigen Statuen sind die einzigen Überreste des Totentempels von

Amenophis III. aus dem 14. Jahrhundert v. Chr. Im Inspektorat können Sie Eintrittskarten für alle gewünschten Sehenswürdigkeiten kaufen.

2–3

Vom Inspektorat aus fahren Sie nach **Medinet Habu** zum Totentempel Ramses' III. (▶ 98).

3–4

Kehren Sie zum Inspektorat zurück, und folgen Sie dem Wegweiser nach **Deir el-Medina** (▶ 99).

4–5

Fahren Sie zur Abzweigung zurück, und wenden Sie sich nach links; Sie gelangen zu den **Privatgräbern** (▶ 96). Das Fahrrad kann man am Parkplatz gegenüber dem Ramesseum abstellen. Zu Fuß geht man über die Straße zum **Ramesseum** (▶ 100). Dort können Sie eine Pause einlegen, unter den Bäumen ein Picknick machen oder ein einfaches Mittagessen im nahe gelegenen Horus Hotel einnehmen.

Das verlassene Marktgebiet in Neu-Gurna, ein Entwurf des ägyptischen Architekten Hassan Fathy

5–6

In nördlicher Richtung vom Ramesseum liegt **Deir el-Bahari** (▶ 96). Wenden Sie sich an der ersten Abzweigung nach links.

6–7

Kehren Sie zur Abzweigung zurück, und wenden Sie sich nach links; Sie kommen auf das Haus von Howard Carter zu, ein auf einer Anhöhe gelegenes Gebäude mit Kuppeldach. In der Nähe befindet sich der Totentempel Sethos' I., der zarte Wandreliefs aufweist. Zur Rückfahrt nehmen Sie die Straße nach Alt-Gurna und fahren nach rechts am Kanal entlang. Bei Neu-Gurna halten Sie sich links, um zur Fähranlegestelle zurückzukehren.

Kleine Pause

Einen Ruheplatz finden Sie im Café Maratonga gegenüber dem Totentempel von Medinet Habu oder im Café bei den Privatgräbern.

3 FAHRT DURCH DIE WÜSTE DES SINAI

Tour

LÄNGE: ca. 492 km **DAUER:** Zwei Tage sollten Sie einplanen, wenn Sie einen Zwischenstopp im Katharinenkloster einlegen und auf den Mosesberg wandern möchten
START/ZIEL: Sharm el-Sheikh. Sie können auch von Dahab oder Nuweiba starten
🗺 201 F2

Der sanft ansteigende Weg zum Mosesberg ist ein Kamelpfad

Die Wüstenstraße durch die Berge der Sinai-Halbinsel ist eine der schönsten in Ägypten. Es gibt viele Angebote für organisierte Ausflüge mit Start in Sharm el-Sheikh, bei denen aber oft Zeitdruck herrscht. Für eine Wüstentour durch den Sinai, ein Höhepunkt jeder Ägyptenreise, sollten Sie sich zwei Tage Zeit nehmen.

Obwohl diese Tour über eine regelmäßig befahrene Hauptstraße führt, sollte nicht vergessen werden, dass man sich in eine Wüste begibt und ausreichende Vorräte an Trinkwasser und Treibstoff benötigt. Die Hauptstraße sollte möglichst nicht verlassen werden; es gibt noch immer Tausende vergrabener Minen, eine Hinterlassenschaft der arabisch-israelischen Kriege. Ebenso dürfen abgezäunte Gebiete nicht betreten werden! Achten Sie außerdem auf Kamele, die mitunter die Straße überqueren. Wüstenfahrten müssen genehmigt werden. Weiterhin ist es Pflicht, ein Auto mit Allradantrieb zu mieten.

1–2

Von Sharm el-Sheikh fahren Sie nach Norden in Richtung Flughafen und Dahab. Nach etwa acht Kilometern kommen Sie an eine Abzweigung; Sie fahren nach links in Richtung Dahab. Die Straße windet sich durch die Berge, die an vielen Stellen von farbigen Mineraleinlagerungen durchzogen sind. Die Landschaft in diesem Gebiet wird von Felsen und Gesträuch, schroffen Bergen und dazwischen liegenden Tälern und Ebenen gebildet.

Von gelegentlich vorbeikommenden Autos oder Bussen abgesehen, ist die Gegend menschenleer. Je nach Jahreszeit kann man jedoch auf Beduinensiedlungen treffen. Zur Abzweigung nach Dahab sind es 87 Kilometer, an der Kreuzung gibt es eine Polizeistation, nach rechts führt die Straße wieder zur Küste, nach weiteren acht Kilometern erreichen Sie Dahab. Dort können Sie eine Pause einlegen oder in nördlicher Richtung weiter in Richtung Nuweiba fahren. Vor Nuweiba biegt man an der großen Kreuzung, etwa 130 Kilometer von Sharm el-Sheikh entfernt, links in Richtung Katharinenkloster ab.

2–3

Die Fahrt zum Katharinenkloster (122 km) führt auf einer gut ausgebauten Straße durch eine wunderschöne, wenn auch karge Landschaft. Das Autofahren auf den ausgebauten Straßen ist im Allgemeinen problemlos. Es lassen sich viele interessante Plätze für einen Halt finden, so z. B. die grandiosen Wadis,

Muslime verrichten Ihre vorgeschriebenen Gebete auch unterwegs

Kleine Pause

In Sharm el-Sheikh, Dahab und in der Umgebung des Katharinenklosters gibt es zahlreiche Gaststätten. Auch im Wadi Feiran werden Erfrischungen angeboten.

trockene Wüstentäler, die nach starken Regenfällen auch Wasser führen. Wadi Ghazala, etwa zehn Kilometer von der Polizeistation von Dahab entfernt, ist mit dem Auto erreichbar. An dieser Straße liegt auch ein Kontrollpunkt der MFO, einer multinationalen Friedenstruppe.

In der Umgebung des Katharinenklosters (► 160) gibt es neben dem Kloster selbst und dem Mosesberg weitere Sehenswürdigkeiten zu entdecken. Die Gegend um das Katharinenkloster ist ein Schutzgebiet mit reizvollen Wanderwegen. Im Büro der Fördergesellschaft (neben dem Parkplatz des Klosters) erhalten Sie nähere Informationen.

3–4

Die Straße vom Katharinenkloster führt durch breite Wadis; nach etwa 45 Kilometern schließen sich die Berge langsam um die weite Landschaft. Hier beginnt das palmengesäumte Wadi Feiran.

Frühe Christen brachten das Tal mit dem Exodus des Moses in Verbindung; es wurde zu einem Bischofssitz. Die Ruinen der Kathedrale und der frühen Siedlung wurden an der Oase Feiran ausgegraben. Das benachbarte kleine Kloster ist zu besichtigen (erkundigen Sie sich im Katharinenkloster nach den Öffnungszeiten). Die umliegenden Berge sind von Einsiedlerhöhlen übersät.

4–5

Nach weiteren 45 Kilometern Fahrt von Feiran gelangen Sie zur Kreuzung an der westlichen Küstenstraße des Sinai. Dort biegen Sie links ab und fahren auf der Küstenstraße in Richtung Süden zurück nach Sharm el-Sheikh (ca. 160 km).

57 Kilometer von der Kreuzung entfernt, führt eine Straße nach rechts zum **Hammam Saiyidna Musa** (»Bad unseres Herrn Moses«), einer heißen Quelle, die schon seit alter Zeit für ihre heilende Wirkung bekannt ist. Von dem nahe gelegenen

Die Hauptstraßen im Sinai sind in gutem Zustand und für alle Fahrzeuge passierbar

Bauernhof wird das Katharinenkloster mit Lebensmitteln versorgt. Der **Nationalpark Ras Muhammad** (► 163) liegt weitere 87 Kilometer entfernt, von dort sind es noch 27 Kilometer bis nach Sharm el-Sheikh.

Eine detaillierte Einführung in den Sinai findet sich in *The Red Sea Coasts of Egypt* von Jenny Jobbins (AUC Press). Das Buch ist in Ägypten erhältlich.

Praktisches

Websites
- **www.touregypt.net**
Die hervorragende offizielle Website des ägyptischen Ministeriums für Tourismus
- **www.sis.gov.eg**
Alles über Ägypten und seine Kultur
- **www.yallabina.com**
Informationen über Kairo, u. a. Veranstaltungen, Restaurants und Nachtleben

REISEVORBEREITUNG

WICHTIGE PAPIERE

- ● Erforderlich
- ○ Empfohlen
- ▲ Nicht erforderlich

	Deutschland	Österreich	Schweiz
Pass/Personalausweis	●	●	●
Visum (Touristenvisum – erhältlich bei Ankunft am Flughafen)	●	●	●
Weiter- oder Rückflugticket	▲	▲	▲
Impfungen (Tetanus und Polio)	○	○	○
Krankenversicherung	○	○	○
Reiseversicherung	○	○	○
Führerschein (national)	●	●	●
Kfz-Haftpflichtversicherung (bei eigenem Auto)	●	●	●
Fahrzeugschein (bei eigenem Auto)	●	●	●

REISEZEIT

Kairo

Hauptsaison   Nebensaison

JAN	FEB	MÄRZ	APRIL	MAI	JUNI	JULI	AUG	SEPT	OKT	NOV	DEZ
18 °C	21 °C	23 °C	27 °C	32 °C	34 °C	35 °C	35 °C	32 °C	30 °C	23 °C	18 °C

☀ Sonnig   ⛅ Wechselhaft

Die angegebenen Temperaturen entsprechen den durchschnittlichen Tageshöchstwerten des jeweiligen Monats. Es gibt erhebliche Temperaturunterschiede zwischen Tag und Nacht und zwischen verschiedenen Regionen. An der Mittelmeerküste ist es stets kühler als im Landesinnern. In Kairo herrschen von Juni bis September extrem heiße Temperaturen. Im südlichen Oberägypten ist die Luft trockener, die Nächte können empfindlich kalt werden. Von März bis Mai weht der *Khamsin*, ein heißer Wüstenwind, der Sandstaub aus der Sahara mit sich trägt. In den Wintermonaten kann es recht kalt und regnerisch werden. Die Hochsaison dauert von November bis Februar; zu dieser Zeit ist es in Kairo und Luxor noch verhältnismäßig kühl, die Hotels sind überfüllt. Die besten Reisemonate sind Mai oder Oktober/November, wenn der lange, heiße Sommer zu Ende ist.

ANREISE

Mit dem Flugzeug: Es gibt direkte Linienflüge von vielen europäischen Hauptstädten aus nach Kairo. Charterflüge werden nach Luxor, Hurghada, Marsa Alam und in den Sinai angeboten.

Auf dem Seeweg: Zurzeit verkehren keine Passagierschiffe nach Ägypten. Man kann mit Frachtschiffen reisen, darf dann aber in der Regel nicht von Bord gehen. Für Schiffsreisende, die ihr Auto mitnehmen, besteht allerdings eine Möglichkeit, auf dem Umweg über Israel nach Ägypten zu gelangen. Über den aktuellen Stand der Dinge informiert die Neptunia-Schifffahrtsgesellschaft in München (Tel. 089/89 66 47 35).

Mit dem Bus: Von Tel Aviv, Jerusalem und Eilat in Israel verkehren regelmäßig in beiden Richtungen Busse in den Sinai und nach Kairo, wobei sie die Grenze bei Rafah (zur Zeit der Recherche geschl.) oder Taba passieren. Dort ist auf israelischer Seite eine Ausfuhrsteuer und auf der ägyptischen Seite eine Einreisegebühr zu entrichten. Es ist zu beachten, dass man an der ägyptischen Grenze kein Visum bekommt, wenn man auf dem Landweg einreisen möchte.

Mit dem Auto: Wegen der strikten Vorschriften ist eine Einreise mit dem Auto nicht unbedingt empfehlenswert. Es ist gestattet, mit dem Fahrzeug für eine Dauer von drei Monaten nach Ägypten einzureisen, wenn eine internationale Zulassung oder ein Zollpassierschein vorgewiesen werden kann. Beides wird vom Automobilclub des Landes ausgestellt, in dem der Wagen zugelassen ist. Eine Verlängerung um drei Monate kann gewährt werden, wenn der Fahrer persönlich beim Automobile and Touring Club Egypt in Kairo vorspricht (10 Sharia Kasr el-Nil, Tel. 02-5 74 33 55).

ZEIT

Die Zeitdifferenz zur mitteleuropäischen Zeit (MEZ) beträgt + 1 Stunde, es gilt also die Osteuropäische Zeit. Bedenken Sie auch, dass Zeit in Ägypten ein relativer Begriff ist.

WÄHRUNG UND GELDWECHSEL

Währung: Die Landeswährung ist das Ägyptische Pfund (LE = Livre Egyptienne). Es ist unterteilt in 100 Piaster (PT). Im Umlauf sind **Banknoten** zu 25 und 50 PT sowie zu 1, 5, 10, 20, 50, 100 und 200 LE, **Münzen** zu 5, 10, 20 und 25 PT. Es empfiehlt sich, Kleingeld griffbereit zu haben, um im Bedarfsfall etwas Trinkgeld geben zu können. In Ägypten erfolgen Zahlungen noch überwiegend in bar.

Reiseschecks, am besten auf US-Dollar ausgestellt, können in allen Banken und Wechselstuben eingelöst werden.

Kreditkarten werden von vielen Banken, Hotels und exklusiven Restaurants akzeptiert. Sie sollten sich jedoch vorher kundig machen. In kleineren Firmen und Läden wird Bargeld bevorzugt. Bargeld erhält man in vielen **Wechselstuben** – oft zu einem günstigeren Kurs als bei einer Bank.

Geldautomaten: Viele 5-Sterne-Hotels und viele Banken in stark von Touristen frequentierten Orten besitzen mittlerweile Geldautomaten. In den größeren Städten gibt es oft mehrere Automaten, und die meisten in Westeuropa gängigen Karten mit PIN werden dort akzeptiert.

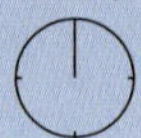

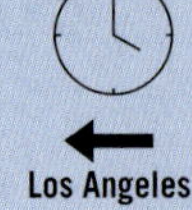

DAS WICHTIGSTE VOR ORT

KONFEKTIONSGRÖSSEN

Großbritannien	Deutschland	USA		
36	46	36		Anzüge
38	48	38		
40	50	40		
42	52	42		
44	54	44		
46	56	46		
7	41	8		Schuhe
7.5	42	8.5		
8.5	43	9.5		
9.5	44	10.5		
10.5	45	11.5		
11	46	12		
14.5	37	14.5		Hemden
15	38	15		
15.5	39/40	15.5		
16	41	16		
16.5	42	16.5		
17	43	17		
8	34	6		Kleider
10	36	8		
12	38	10		
14	40	12		
16	42	14		
18	44	16		
4.5	38	6		Schuhe
5	38	6.5		
5.5	39	7		
6	39	7.5		
6.5	40	8		
7	41	8.5		

Feiertage

1. Januar	Neujahr
7. Januar	Koptisches Weihnachtsfest
März/April	Sham el-Nessim
25. April	Befreiung des Sinai
1. Mai	Tag der Arbeit
18. Juni	Jahrestag des Abzugs der britischen Truppen
23. Juli	Jahrestag der Revolution von 1952
6. Oktober	Tag der Streitkräfte
24. Oktober	Einzug in Suez 1973

Zu den gesetzlichen Feiertagen gehören auch islamische Feiertage und der Fastenmonat Ramadan.

ÖFFNUNGSZEITEN

○ Geschäfte   ● Postämter
● Büros   ● Museen/Denkmäler
● Banken   ● Apotheken

8 Uhr   9 Uhr   10 Uhr   Mittag   13 Uhr   14 Uhr   16 Uhr   17 Uhr   19 Uhr

☐ tagsüber   ☐ mittags   ☐ abends

Die angegebenen Zeiten können sich ändern. In Touristengebieten sind einige Geschäfte bis spätabends durchgehend geöffnet. Die Banken in den Touristengebieten stehen oft täglich durchgehend bis spätabends für die Kunden bereit. Banken am Kairoer Flughafen und die Hotels Marriott und Nile Hilton in Kairo sind rund um die Uhr geöffnet. Museen und Denkmäler sind während der Gebetszeiten am Freitag zwischen 11 und 13 Uhr geschlossen. Die Post ist von Samstag bis Donnerstag geöffnet. Die Apotheken stehen bis 21 Uhr oder länger zur Verfügung. Im Fastenmonat Ramadan öffnen alle Geschäfte und Banken etwa eine Stunde später und schließen ein bis zwei Stunden früher.

POLIZEI 122

TOURISTENPOLIZEI 126/02-395 9116 (Kairo)

FEUERWEHR 180

NOTRUF 123

ANGLO-AMERICAN HOSPITAL IN KAIRO 7 35-61 62

SICHERHEIT

Raubüberfälle kommen in Ägypten selten vor. Achten Sie aber auf Ihr Eigentum.

- Wertsachen sollten im Hotelsafe eingeschlossen werden. Sie sollten nur das Nötigste bei sich tragen.
- Drogendelikte werden in Ägypten hart bestraft. Auch der Besitz von Drogen ist strafbar. Lebenslange Haftstrafen oder gar die Todesstrafe erwarten einen Drogendealer oder -schmuggler.
- Ausländische Besucher, die in Mittel- und Oberägypten reisen möchten, müssen in einem von der Polizei bewachten Konvoi fahren.

TELEFONIEREN

Früher konnten internationale Gespräche nur von Telefon- und Telegrafenämtern aus geführt werden. In Ägypten gibt es mittlerweile ein ausgedehntes öffentliches Telefonnetz, das für Ortsgespräche, nationale und internationale Gespräche genutzt werden kann. Telefonkarten im Wert von 10, 20 und 30 LE kann man beim Fernsprechamt oder in Geschäften und am Kiosk kaufen. Es ist immer noch möglich, von Geschäften und Hotels Ortsgespräche an Münzapparaten zu führen. Sie sind jedoch teurer als Kartentelefone.

POST

Briefmarken können bei der Post, in Souvenirläden oder bei Zeitungshändlern in den Hotels gekauft werden. Man sollte Briefe im Hotel oder direkt bei der Post einwerfen und die öffentlichen Briefkästen an den Straßen meiden.

ELEKTRIZITÄT

Die Netzspannung beträgt 220 Volt. Die Steckdosen sind nicht immer genormt;  es empfiehlt sich, Adapter mitzunehmen.

TRINKGELD

Ein Trinkgeld wird erwartet und kann für den Betreffenden unter Umständen die einzige Einnahmequelle sein. Grundsätzlich gilt:

Restaurants	✓	8–10 % (Service nicht inklusive)
Cafés /Bars	✓	10 %
Stadtführer	✓	10–20 LE
Parkplatz	✓	2–5 LE
Taxi	✓	5–10 % (Fahrpreis vereinbaren)
Hotel	✓	10–15 LE
Toiletten	✓	50 PT–1 LE

Deutschland
☎ 02-27 27 28 20 00

Österreich
☎ 02-35 70 29 75

Schweiz
☎ 02-25 75 82 84

GESUNDHEIT

Krankenversicherung: Ägypten verfügt besonders in Kairo und Alexandria über qualifizierte Ärzte und gute Krankenhäuser. Es ist jedoch unbedingt zu empfehlen, eine umfassende Reisekrankenversicherung abzuschließen.

Zahnarzt: In einem Notfall kann man sich bei der Botschaft nach Englisch sprechenden Zahnärzten erkundigen. Ein englischsprachiger Zahnarzt in Kairo ist Dr. Sabri Karnouk, Sh. Talaat Harb, gegenüber dem Metro-Kino, Tel. 02-575 8392.

Wetter: Es ist ratsam, eine Sonnencreme mit hohem Lichtschutzfaktor oder Sunblocker zu verwenden. Man sollte leichte Baumwollkleidung, eine Sonnenbrille und eine Kopfbedeckung tragen.

Medikamente: In Apotheken wird in der Regel Englisch gesprochen. Dort kann man Ihnen für leichtere Beschwerden Medikamente empfehlen. Viele der Medikamente sind preiswert und nicht rezeptpflichtig. Es empfiehlt sich, auf das Verfallsdatum zu achten und die Packungsbeilage zu lesen.

Trinkwasser: Es ist ratsam, Mineralwasser zu kaufen. Sie sollten Eiswürfel in Getränken vermeiden.

ERMÄSSIGUNGEN

Studenten und Jugendliche

Beim Besuch von Museen und Denkmälern wird eine Ermäßigung von 50% auf die Eintrittskarten gewährt. Es gibt ebenfalls Ermäßigungen auf Bahnfahrkarten und Flugscheine. Ein internationaler Studentenausweis wird im Land beim Egyptian Student Travel Services, 23 Sh. el-Manyal, Insel Roda (Tel. 02-531 0330; www.estsegypt.com) ausgestellt. Dazu müssen ein Passfoto und eine Studienbescheinigung vorgelegt werden.

EINRICHTUNGEN FÜR BEHINDERTE

In Ägypten gibt es keine speziellen Einrichtungen für Touristen mit Behinderungen. Deshalb kann der Besuch von Sehenswürdigkeiten zu einer wahren Herausforderung werden. Hilfe leistet **Egypt for All** (Tel. 02-311 3988; www.egyptforall.com).

KINDER

Kinder sind überall willkommen und werden oft mit viel Aufmerksamkeit bedacht. In den anspruchsvolleren Hotels gibt es Kinderstühle und -betten sowie Babysitter. Einrichtungen für die Babypflege sollte man nicht erwarten.

TOILETTEN

Öffentliche Toiletten gibt es in verschiedenen Ausführungen: mit oder ohne Toilettensitz und als Stehtoiletten. Die Toiletten sind oft in einem miserablen Zustand. Gepflegte Einrichtungen findet man in den exklusiven Hotels und Restaurants.

SOUVENIRS

Die Ausfuhr von Souvenirs, die ganz oder in Teilen aus bedrohten Tierarten gefertigt sind, ist illegal. In Ausnahmefällen ist eine Sondergenehmigung zu beantragen.

Die Amtssprache Ägyptens ist das Hocharabische, die Umgangssprache ist ein Dialekt. Englisch wird in den Schulen unterrichtet. Wenn Sie als Besucher ein paar arabische Worte sprechen können, wird das mit großer Begeisterung aufgenommen. Die folgenden Wörter und Redewendungen sind aus dem Arabischen umschrieben. Wörter oder Buchstaben in Klammern geben die unterschiedliche Form der Anrede/Erwiderung einer Frau an.

BEGRÜSSUNGEN UND ALLGEMEINES

Ja **aiwa**
Nein **lâ**
Bitte **min fadlak (min fadlik)**
Danke **schukran**
Keine Ursache **afwan**
Guten Tag (zu Muslimen) **as salâm alaikum**
Erwiderung **wa alaikum as salâm**
Guten Tag (koptische Begrüßung) **nahârak saaîd (nahârik saaîd)**
Guten Tag (Nachmittag/gegen Abend) **misâ el-chêr**
Erwiderung **misâe-nûr**
Auf Wiedersehen **ma'a salâma**
Guten Morgen **sabâh el chêr**
Erwiderung **sabâh innûr**
Guten Abend **misâ el chêr**
Erwiderung **misâe-nûr**
Wie geht es Ihnen? **is saijak (is saijik)?**
Gut, danke **el-hamdu li-lâ kwaijis(a)**
Verzeihung **ana asif (ana asfa)**
Das macht nichts **malêsch**
Entschuldigen Sie **an isnak (an isnik)**
Ich heiße ... **ißmi ...**
Sprechen Sie **bitkal lim(i)**
Englisch **inglîsi**
Deutsch **almânî**
Ich verstehe nicht **ana musch fâ-him (ana musch fahma)**
Ich verstehe **fâ-him (fahma)**

ZAHLEN

0	**sifr**	14	**arbata'aschar**
1	**wâhid**	15	**chamasta'aschar**
2	**itnên**	16	**ßitta'aschar**
3	**talâta**	17	**ßabata'aschar**
4	**arba'a**	18	**tamanja'aschar**
5	**chamßa**	19	**tißata'aschar**
6	**ßitta**	20	**aschrin**
7	**ßaba'a**	21	**wâhid wa aschrin**
8	**tamanja**		
9	**tißa'a**	30	**talâ'atin**
10	**aschara**	40	**arba'in**
11	**hida'aschar**	50	**chamsin**
12	**itna'aschar**	100	**mija**
13	**talâta'aschar**	1000	**alf**

NOTFALL! TÂRI!

Hilfe! **el ha'nee!**
Dieb! **Haraami!**
Polizei **bulîß**
Feuer **haria**
Ich brauche einen Arzt/Zahnarzt **ahtâg ila duktûr/duktûr asnân**
Rufen Sie einen Krankenwagen **indâlî arabîjit isaâf**
Es ist ein Unfall passiert **kânit hâdßa**

EINKAUFEN

Haben Sie ... **a'andak (a'andik)** ...
Geben Sie mir ... **id dînî** ...
Wie viel kostet das? **bikâm da?**
Das ist mir zu teuer **da ghâli auwi**
Ich nehme es **ana wâchid da**
Gibt es das in einer anderen Farbe/Größe? **fî da bi-laun tâni/mi'âß tâni?**
gut/schlecht **kwaijis/musch kwaijis**
groß/klein **kabir(a)/sughaijar**
geöffnet/geschlossen **maftûh/makful**

NACH DEM WEG FRAGEN

Ich habe mich verlaufen **musch arif ana fên**
Haben Sie einen Stadtplan? **a'andak (a'andik) charîtet el-madîna?**
Wo ist ... **fên** ...
Flughafen **matâr**
Bushaltestelle **mahattat el-autubis**
Botschaft **sifâra**
Taxistand **mahattat et-takßijat**
Bahnhof **mahattat el-atr**

WOCHENTAGE

heute	**el-jaum**
morgen	**bukra**
gestern	**embârah**
Montag	**jaum el-itnên**
Dienstag	**jaum et-talât**
Mittwoch	**jaum el-arba'a**
Donnerstag	**jaum el-chamis**
Freitag	**jaum el-gumah**
Samstag	**jaum es-sabt**
Sonntag	**jaum el-had**

Wann ist … geöffnet? **maftûh emta …?**
die Kirche **el-kanîßa**
die Moschee **el-masgid**
das Museum **el-mathaf**
der Tempel **el-ma'abad**
Platz **midân**
Straße **shâria**
Ist es in der Nähe/weit weg?
  da urajib/baîd?
Wie viele Kilometer? **kâm kilu?**
hier/dort **hinna/hinnâk**
links/rechts **shimâl/jimin**
geradeaus **alu taul**
Können Sie mir ein Taxi rufen?
  mumkin titlubli (titlubîli) takßi?
Bitte hier anhalten **hina kwaijis**

IM RESTAURANT

Die Speisekarte bitte **lißtit el akl min**
  fadlak (min fadlik)
Kaffee **ahwa**
Tee **schâj**
Pfefferminztee **châj bi na'anâ**
Bier **bîra**
Brot **aêsch**
Fladenbrot **aêsch baladi**
Fleisch **lahma**
Fisch **ßamak**
Gemüse **chudâr**
Obst **fawâkî**
Salat **ßalata**
Mineralwasser **maija ma'adanîja**
Milch **halib**
Salz und Pfeffer **mih wa filfil**
Rotwein **nabît ahmar**
Weißwein **nabît abjad**
Frühstück **futûr**
Mittagessen **rada**
Abendessen **ascha**
Ich möchte bezahlen **el-hißâb lau**
  ßamaht(i)

GELD fulûs

Wo ist eine Bank? **fên hena bank?**
Ägyptisches Pfund **guineh masri**
Piaster **irsch**
Post **bosta**
Brief **barid**
Scheck **Cheque**
Reisescheck **Travellers' Cheque**
Kreditkarte **kart**
Kann ich mit Kreditkarte bezahlen?
  Mumkin badfa'a elhißâb bilkart?

GLOSSAR

Ahwa Café/Kaffeehaus, Kaffee

Bakschisch Almosen, Trinkgeld oder
  Bestechung
Barke Kahn, Boot
bidscho Sammeltaxi (meistens
  Peugeot)
Cachette unterirdisches Versteck
Corniche Uferpromenade
Emir militärischer Befehlshaber/
  Fürst der Mamlûken
Falafel frittierte Teigtaschen mit
  Kichererbsenbrei
Fayence keramische Lasur, manch-
  mal an einem Minarett zu finden
Feluke Segelboot
Fes/Fez traditionelle rote Kopfbede-
  ckung in der Form eines Kegel-
  stumpfes mit schwarzer Quaste, die
  von islamischen Männern getragen
  wird
foul Eintopf mit Saubohnen
Iwan gewölbter Raum, der an den
  Innenhof einer Moschee oder
  Madrasah angrenzt
kalesch Pferdekutsche
Kalif religiöses und weltliches Ober-
  haupt zur Zeit der islamisch-
  fatimidischen Dynastie (10.–12.
  Jahrhundert)
Karawanserei Unterkünfte für
  Reisende, Händler und ihre Tiere
Kartusche längliches Oval, das die
  Hieroglyphen eines Herrscher-
  namens umschließt, oft in Wand-
  malereien und -reliefs enthalten
Madrasah islamische Hochschule
  für Juristen und Theologen
Mamlûken ehemalige Heeressklaven,
  deren Dynastie vom 13.–16. Jahr-
  hundert währte
Maristan islamisches Krankenhaus
Maschrabija Holzgitter, das den
  Gebetsraum gegen den Hof einer
  Moschee abschließt
Mastaba altägyptisches Grab mit
  rechteckigem Grundriss
Mezza heiße oder kalte Vorspeisen
Mihrab nach Mekka ausgerichtete
  Nische in einer Moschee
molucheija Suppe aus spinat-
  ähnlichem Gemüse
Mulid Heiligenfest, Mehrzahl:
  Mawalid
Pylon Eingangstor zu einem Tempel
  mit zwei festungsartigen Türmen
Sabil öffentlicher Springbrunnen
schischa Wasserpfeife, bei der man
  (aromatisierten) Tabakrauch durch
  Wasser zieht, um ihn abzukühlen
Suk Markt

Reiseatlas

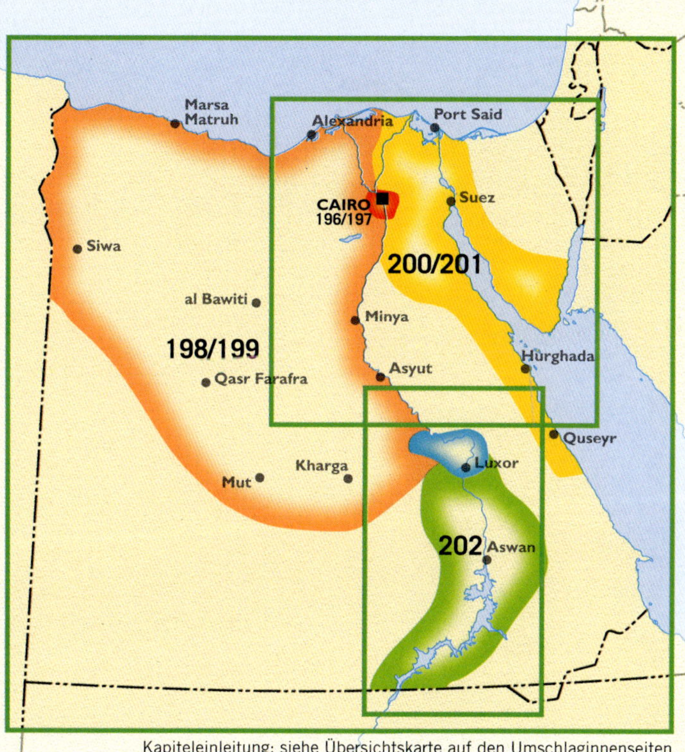

Kapiteleinleitung: siehe Übersichtskarte auf den Umschlaginnenseiten

Reiseatlas

Staatsgrenze	Große Stadt
Schnellstraße/Autobahn	Wichtige Stadt
Hauptstraße	Mittelgroße Stadt
Nebenstraße	Stadt, Dorf
Stadtgebiet	Sehenswürdigkeit
Bewirtschaftetes Land	Flughafen

198/199   0 — 100 km / 0 — 50 miles

200/202   0 — 50 km / 0 — 25 miles

Cityplan

Riverbus	Information
Bahnlinie	U-Bahn-Station
Stadtmauer	Wichtiges Gebäude
	Sehenswürdigkeit (im Text)

196/197   0 — 500 — 1000 metres / 0 — 500 — 1000 yards

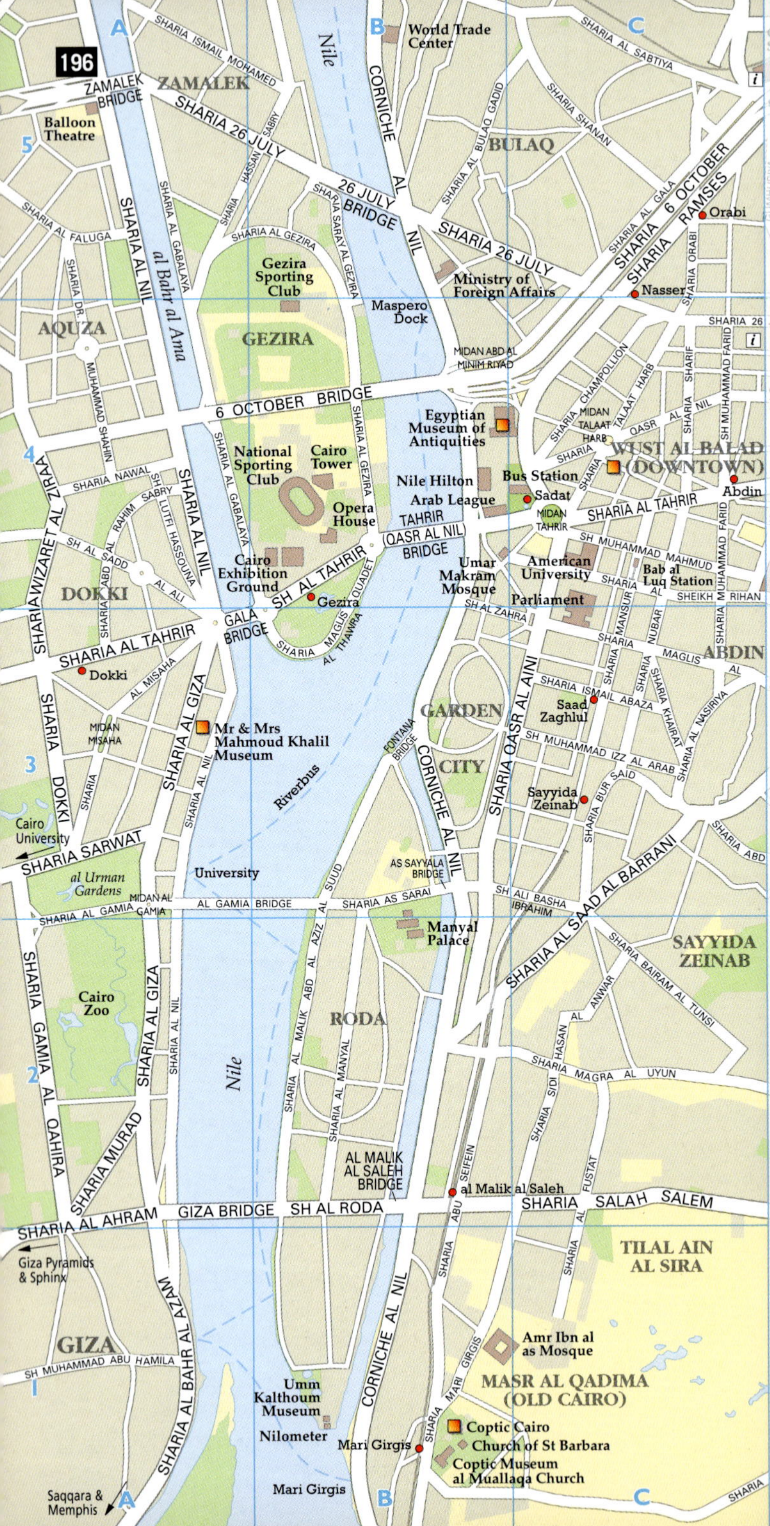

196
A
B
C
ZAMALEK
BULAQ
World Trade Center
SHARIA AL SABTIYA
SHARIA ISMAIL MOHAMED
Nile
CORNICHE AL NIL
SHARIA SHANAN
SHARIA AL GALA
ZAMALEK BRIDGE
Balloon Theatre
SHARIA 26 JULY
SABRY
HASSAN SABRY
26 JULY BRIDGE
SHARIA 26 JULY
SHARIA AL BULAQ GADID
SHARIA 6 OCTOBER
SHARIA RAMSES
SHARIA AL GEZIRA
SHARIA SARAY AL GEZIRA
SHARIA AL GALA
SHARIA ORABI
Orabi
Gezira Sporting Club
Maspero Dock
Ministry of Foreign Affairs
Nasser
SHARIA AL FALUGA
SHARIA AL NIL
al Bahr al Ama
SHARIA AL GABALAYA
AQUZA
GEZIRA
MIDAN ABD AL MINIM RIYAD
SHARIA 26
SHARIA DR.
MUHAMMAD SHAHIN
6 OCTOBER BRIDGE
SHARIA AL GEZIRA
Egyptian Museum of Antiquities
SHARIA CHAMPOLLION
MIDAN TALAAT HARB
SHARIA TALAAT HARB
WUST AL BALAD (DOWNTOWN)
SHARIA NAWAL
National Sporting Club
Cairo Tower
Nile Hilton
Bus Station
MIDAN TALAAT HARB
SHARIA QASR AL NIL
SH MUHAMMAD FARID
SHARIA WIZARET AL ZIRAA
SHARIA AL RAHIM
SABRY
LUTFI HASSOUNA
SHARIA AL GABALAYA
Opera House
Arab League
TAHRIR
Sadat
MIDAN TAHRIR
SHARIA AL TAHRIR
Abdin
SH AL SADD
AL ALI
Cairo Exhibition Ground
SH AL TAHRIR
QASR AL NIL BRIDGE
QUADET
Umar Makram Mosque
American University
SH MUHAMMAD MAHMUD
Bab al Luq Station
SHARIA MUHAMMAD FARID
DOKKI
GALA BRIDGE
Gezira
SHARIA AL THAWRA
MAGLIS
Parliament
SH AL ZAHRA
SHARIA MANSUR
SHEIKH RIHAN
ABDIN
SHARIA AL TAHRIR
Dokki
SHARIA
SHARIA AL GIZA
SHARIA AL NIL
AL MISAHA
SHARIA ISMAIL ABAZA
Saad Zaghlul
SHARIA NUBAR
SHARIA MAGLIS AL
SHARIA
DOKKI
MIDAN MISAHA
Mr & Mrs Mahmoud Khalil Museum
GARDEN CITY
SHARIA QASR AL AINI
SH MUHAMMAD IZZ AL ARAB
SHARIA KHAIRAT
SHARIA AL NASIRIYA
Cairo University
SHARIA SARWAT
Riverbus
FONTANA BRIDGE
CORNICHE AL NIL
Sayyida Zeinab
SHARIA BUR SAID
SHARIA ABD
al Urman Gardens
MIDAN AL GAMIA
University
AS SAYYALA BRIDGE
SH ALI BASHA IBRAHIM
SHARIA AL SAAD AL BARRANI
SHARIA AL GAMIA
AL GAMIA BRIDGE
SHARIA AS SARAI
SHARIA AL GAMIA
SHARIA AL GIZA
SHARIA AL NIL
AL AZIZ AL SUUD
Manyal Palace
SAYYIDA ZEINAB
SHARIA GAMIA AL QAHIRA
Cairo Zoo
SHARIA MURAD
AL MALIK ABD AL MANYAL
RODA
AL ANWAR
SHARIA BAIRAM AL TUNSI
SHARIA SIDI HASAN
SHARIA MAGRA AL UYUN
Nile
AL MALIK AL SALEH BRIDGE
ABU SEIFEIN
al Malik al Saleh
SHARIA FUSTAT
SHARIA AL AHRAM
GIZA BRIDGE
SH AL RODA
SHARIA SALAH SALEM
SHARIA AL BAHR AL AZAM
Giza Pyramids & Sphinx
TILAL AIN AL SIRA
SH MUHAMMAD ABU HAMILA
GIZA
Amr Ibn al as Mosque
Umm Kalthoum Museum
SHARIA MARI GIRGIS
MASR AL QADIMA (OLD CAIRO)
Nilometer
Coptic Cairo
Mari Girgis
Church of St Barbara
Coptic Museum al Muallaqa Church
Mari Girgis
Saqqara & Memphis
A
B
C
5
4
3
2
1

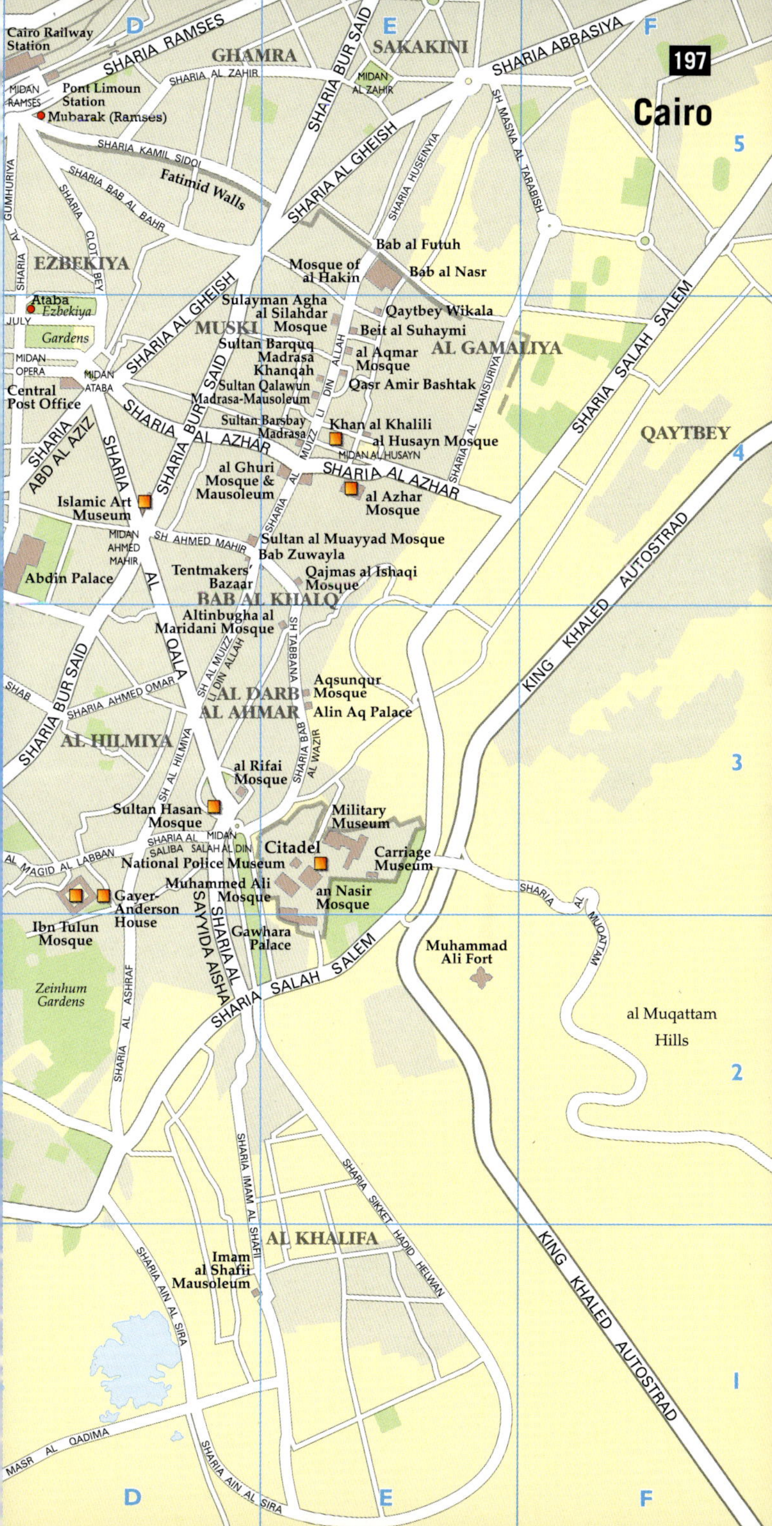

Cairo
D
E
F
5
4
3
2
1
Cairo Railway Station
SHARIA RAMSES
GHAMRA
SHARIA AL ZAHIR
SHARIA BUR SAID
SAKAKINI
MIDAN AL ZAHIR
SHARIA ABBASIYA
SH. MASNA AL TARABISH
MIDAN RAMSES
Pont Limoun Station
Mubarak (Ramses)
SHARIA KAMIL SIDQI
SHARIA AL GHEISH
SHARIA HUSEINYIA
Fatimid Walls
SHARIA AL GUMHURIYA
SHARIA BAB AL BAHR
SHARIA CLOT BEY
EZBEKIYA
Bab al Futuh
Mosque of al Hakin
Bab al Nasr
Ataba Ezbekiya
JULY
Gardens
MIDAN OPERA
SHARIA AL GHEISH
MUSKI
Sulayman Agha al Silahdar Mosque
Qaytbey Wikala
Beit al Suhaymi
AL GAMALIYA
SHARIA SALAH SALEM
Central Post Office
MIDAN ATABA
SHARIA BUR SAID
Sultan Barquq Madrasa Khanqah
LI DIN ALLAH
al Aqmar Mosque
QAYTBEY
Sultan Qalawun Madrasa-Mausoleum
Qasr Amir Bashtak
SHARIA ABD AL AZIZ
SHARIA AL AZHAR
Sultan Barsbay Madrasa
LI MUIZZ
Khan al Khalili
al Husayn Mosque
SHARIA AL MANSURIYA
SHARIA
MIDAN AL HUSAYN
Islamic Art Museum
al Ghuri Mosque & Mausoleum
SHARIA AL AZHAR
al Azhar Mosque
MIDAN AHMED MAHIR
SH AHMED MAHIR
Sultan al Muayyad Mosque
Bab Zuwayla
Abdin Palace
AL
Tentmakers' Bazaar
Qajmas al Ishaqi Mosque
BAB AL KHALQ
Altinbugha al Maridani Mosque
QALA
SH. TABBANA
SHAB
SHARIA BUR SAID
SHARIA AHMED OMAR
SH AL MUIZZ LI DIN ALLAH
AL DARB AL AHMAR
Aqsunqur Mosque
Alin Aq Palace
KING KHALED AUTOSTRAD
AL HILMIYA
SH AL HILMIYA
al Rifai Mosque
SHARIA BAB AL WAZIR
Sultan Hasan Mosque
Military Museum
SHARIA AL SALIBA
MIDAN SALAH AL DIN
Citadel
Carriage Museum
al Magid al labban
National Police Museum
Muhammed Ali Mosque
an Nasir Mosque
SHARIA AL MUQATTAM
Gayer-Anderson House
SHARIA AL SAYYIDA AISHA
Ibn Tulun Mosque
Gawhara Palace
SHARIA AL ASHRAF
Zeinhum Gardens
SHARIA SALAH SALEM
Muhammad Ali Fort
al Muqattam Hills
SHARIA IMAM AL SHAFII
SHARIA SIKKET HADID HELWAN
AL KHALIFA
Imam al Shafii Mausoleum
KING KHALED AUTOSTRAD
SHARIA AIN AL SIRA
MASR AL QADIMA

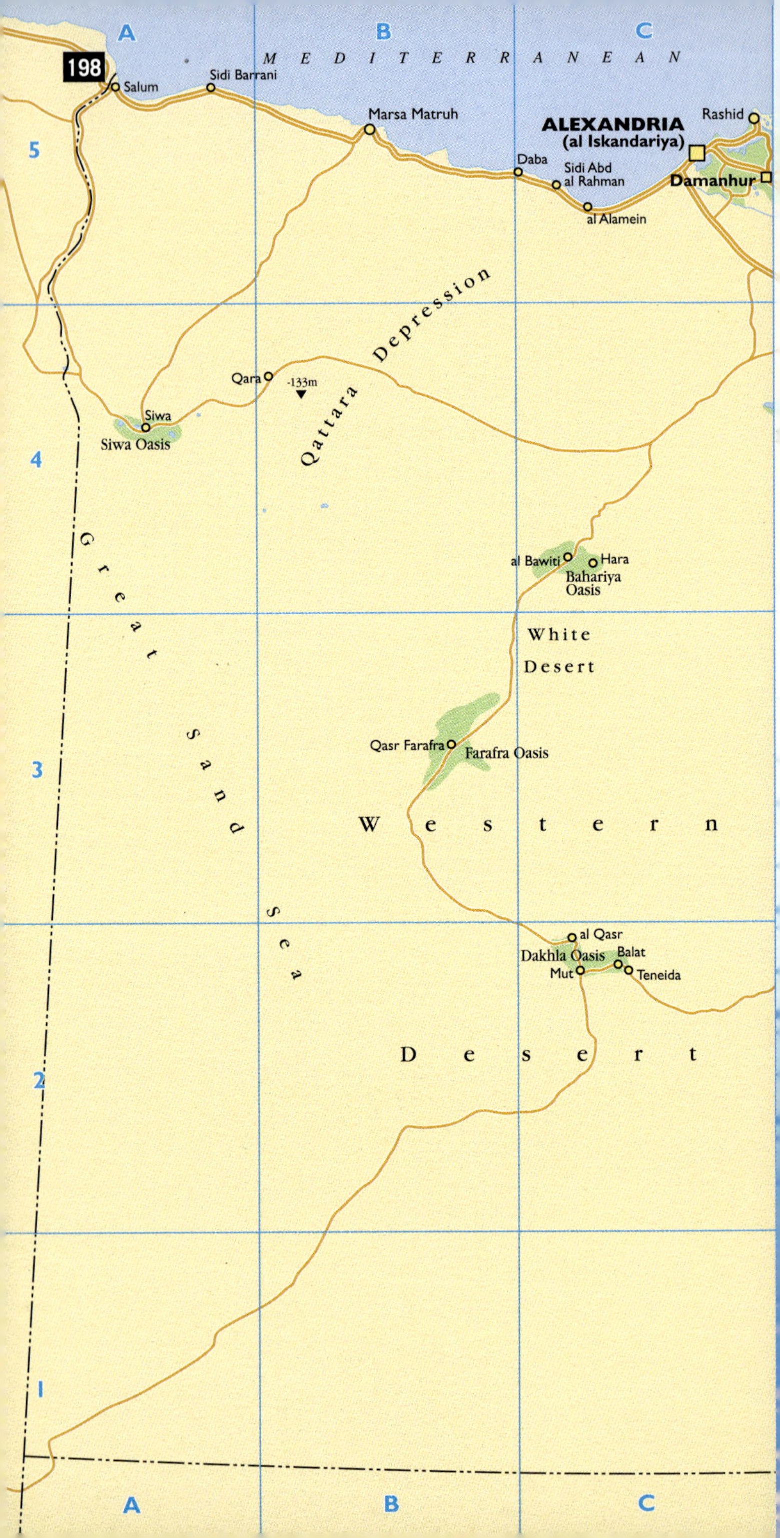

198
A
B
C
MEDITERRANEAN
Salum
Sidi Barrani
Marsa Matruh
ALEXANDRIA
(al Iskandariya)
Rashid
Daba
Sidi Abd
al Rahman
Damanhur
al Alamein
Qara
-133m
Qattara Depression
Siwa
Siwa Oasis
Great Sand Sea
al Bawiti
Hara
Bahariya
Oasis
White
Desert
Qasr Farafra
Farafra Oasis
Western
al Qasr
Dakhla Oasis
Balat
Mut
Teneida
Desert
5
4
3
2
1
A
B
C

199
SEA
Baltim
Dumyat
Port Said (Bur Said)
Mansura
al Qantara
al Gharbiya
Tanta
Zagazig
Benha
Bilbeis
Ismailiya
Suez Canal
al Arish
Aweigila
Qu Seima
1094m
Gebel Yelleq
Bir Hasana
JERUSALEM
Gaza
IL
HKJ
Dead Sea
CAIRO
(al Qahira)
Giza
Helwan (al Suweis)
Suez (al Suweis)
Shatt
Nakhl
al Thamad
Taba
Aqaba
Haql
Nile
al Saff
Ain Sukhna
Sinai
Faiyum
Faiyum Oasis
al Wasta
Beni Suef
Biba
al Fashn
Zafarana
Abu Zenima
1626m
Gebel al Gineina
Abu Rudeis
Nuweiba
SA
Beni Mazar
Ras Gharib
Abu Durba
2285m
Mount Moses
(Gebel Musa)
Dahab
Aynunah
Gulf of Suez
Gulf of Aqaba
Minya
al Fikriya
Mallawi
Dairut
Eastern
Desert
1757m
Gebel Gharib
Tor
Ash Shaykh
Humayd
Sharm al Sheikh
Manfalut
Asyut
Gemsa
Gouna
Hurghada
Shaab Abu Ramada
Duba
RED
SEA
Tahta
Akhmim
Sohag
Girga
al Balyana
Abydos
Qena
Qift
Qus
2184m
Gebel Shayib
al Banat
Safaga
Beit Goha
Quseyr
Mahariq
Kharga
Bagdad
Kharga Oasis
Baris
Dush
Maks al Bahri
Luxor (al Uqsur)
Esna
Edfu
Nile
1477m
Gebel al Sibai
Ras Toronbu
Marsa 'Alam
1505m
Gebel Nugrus
Kom Ombo
1977m
Gebel Hamata
Ras Banas
Aswan
Lake Nasser
Mirear
Abu Simbel
ADMINISTRATIVE BOUNDARY
POLITICAL BOUNDARY
SD
Wadi Halfa
D
E
F
5
4
3
2
1

200
A
B
C
ALEXANDRIA (al Iskandariya)
Abu Qir
Rashid
Baltim
Ezbet Gamasa al Gharbiya
Dumyat
Bilqas Qism Auwal
al Mataria
Bahra al Manzala
al Hamul
Sidi Salim
Shirbin
al Gamaliya
Bahra al Burullus
Bahra al Idku
Fuwa
Biyala
Dikirnis
Bahig
al Hammam
Bahra Maryut
Kafr al Dawar
Disuq
Kafr al Sheikh
Samannud
San al Hagar
al Huseiniya
Damanhur
Shubra Khit
Mahalla al Kubra
Mansura
Abu al Matamir
Hosh Isa
Kom Hamada
Tala
Tanta
al Simbillawein
Abu Kebir
Faqus
Zifta
Mit Ghamr
al Qassasin
Shibin al Kom
Minya al Qamh
Zagazig
Abu Hammad
Wadi Natrun
Medinet al Sadat
Minuf
Benha
Bilbeis
Deir al Baramus
Shibin al Qanatir
Medinet Ashara
Deir al Suryani
Qanatir al Qahiriya
Qalyub
Ramadan
Deir Anba Bishoi
Deir Abu Maqar
Qalyub
Birqash
Shubra al Kheima
Giza
Masr al Gadida
Kirdasa
CAIRO (al Qahira)
Nazlat as-Samaan
Maadi
Giza Pyramids & Sphinx
Helwan
Badrshein
Saqqara & Memphis
al Saff
Tamiya
Gerza
Birkat Qarun
Atfih
Qarun
Sinnuris
al Wasta
Faiyum Oasis
al Maimun
Faiyum
Beni Suef
Nile
Ihnasya al Madina
Sumusta al Waqf
Biba
al Gafadun
al Fashn
Maghagha
Beni Mazar
Eastern
Matai
Qu Lusna
Samalut
Wadi al Tarfa
al Burgaya
Minya
Desert
Talla
al Fikriya
Abu Qirqus
Mallawi
Dalga
Deir Mawas
Dairut
Sanabu
Nile
al Qusiya
Wadi al Asyuti
Manfalut
Beni Muhammadiyat
Wadi Habibi
Asyut
Musha
Abu Tig
al Badari
Tima
202
Tahta
al Maragha
Geziret Shandawil
Akhmim
Sohag
al Manshah

D
E
Gaza
F
201
MEDITERRANEAN SEA
Khan Yunis
Port Said (Bur Said)
Ras Burun
Sadot
Beer Sheva
al Arish
5
Suez Canal
Baloza
Bir al Abd
Aweigila
IL
Romani
al Qantara al Gharbiya
Qu Seima
Negev
736m
Gebel al Maghara
al Tasa
Bir Hasana
Ismailiya
Bir Gifgafa
1094m
Gebel Yelleq
Great Bitter Lake
Bir al Thamada
4
Little Bitter Lake
Sadr al Hiltan
Wadi al Arish
Suez (al Suweis)
Shatt
Nakhl
Adabiya
al Thamad
Elat
Taba
Ain Sukhna
Sudr
Aqaba
HKJ
Sinai
Haql
al Gharandal
Coloured Canyon
1626m
Gebel al Gineina
Neviot
Gulf of Aqaba
Wadi Araba
Zafarana
Abu Zenima
Nuweiba
3
Monastery of St Anthony
(Deir Anba Antunius)
Abu Rudeis
SA
Monastery of St Paul
(Deir Anba Bula)
Wadi Feiran
Feiran
al Milga
St Catherine's Monastery
(Deir Santa Katerina)
Dahab
Gulf
2285m
Mount Moses
(Gebel Musa)
Abu Durba
2642m
Gebel Katerina
of
Ras Gharib
Hammam Sayyidna Musa
2266m
Gebel Sabbagh
Ash Shaykh Humayd
1757m
Gebel Gharib
Tor
Suez
Naama Bay
Tiran
2
Zeituna
Straits of Gubal
Sharm al Sheikh
Ras Mohamed National Park
Gemsa
Tawila
Shadwan
RED SEA
al Gouna
Wadi Qena
Hurghada
Giftun
Shaab Abu Ramada
2184m
Gebel Shayib al Banat
Ras Abu Sona
202
Safaga
Safaga
Wadi Qasep
Green Hole
D
E
F
Wadi al Markh

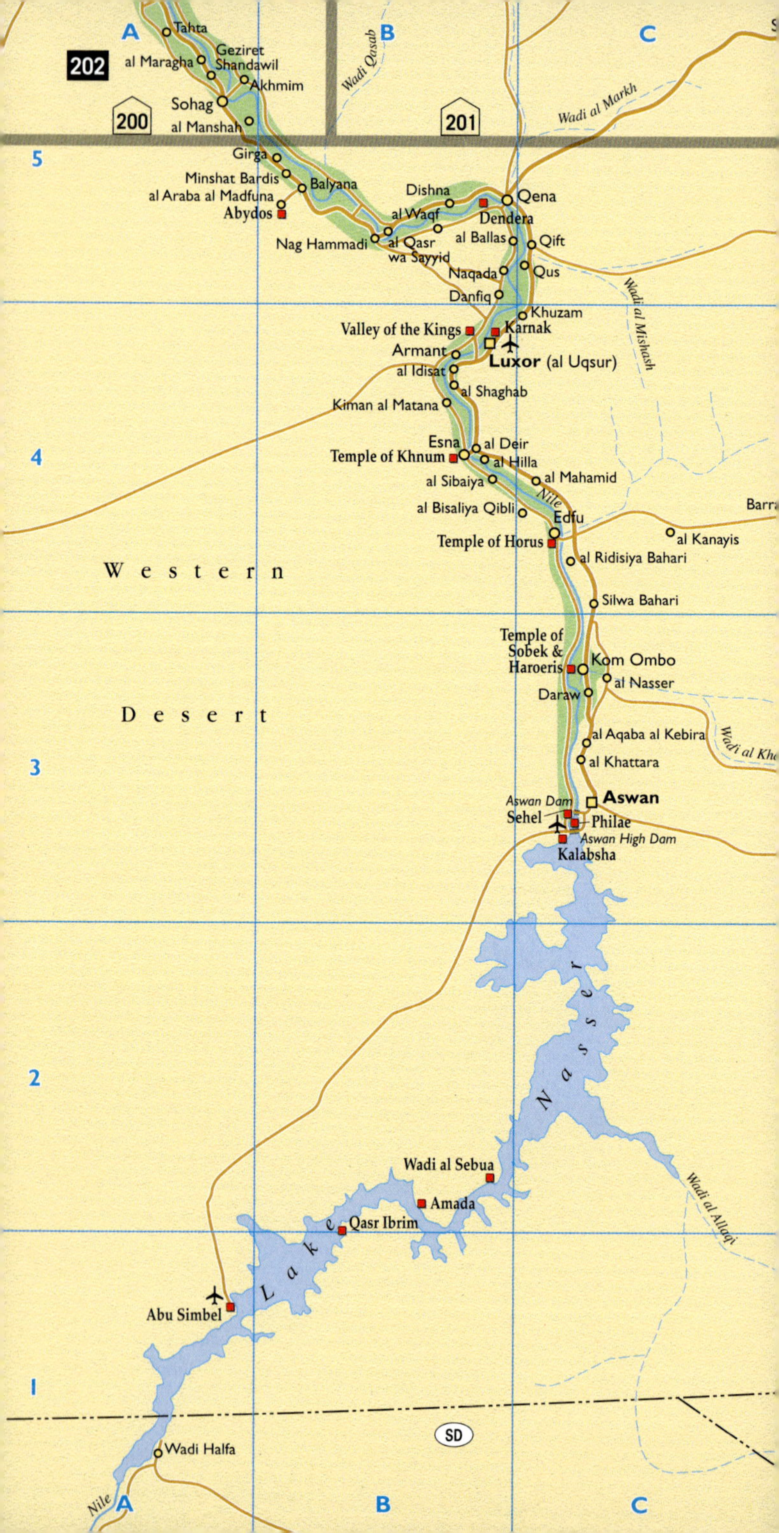
202
200
201
Tahta
al Maragha
Geziret Shandawil
Akhmim
Sohag
al Manshah
Girga
Minshat Bardis
al Araba al Madfuna
Balyana
Abydos
Dishna
al Waqf
Qena
Dendera
Nag Hammadi
al Qasr wa Sayyid
al Ballas
Qift
Naqada
Qus
Danfiq
Khuzam
Valley of the Kings
Karnak
Luxor (al Uqsur)
Armant
al Idisat
al Shaghab
Kiman al Matana
Esna
al Deir
Temple of Khnum
al Hilla
al Sibaiya
al Mahamid
al Bisaliya Qibli
Edfu
Temple of Horus
al Kanayis
al Ridisiya Bahari
Barr
Silwa Bahari
Temple of Sobek & Haroeris
Kom Ombo
al Nasser
Daraw
al Aqaba al Kebira
al Khattara
Aswan Dam
Aswan
Sehel
Philae
Aswan High Dam
Kalabsha
Wadi al Qasab
Wadi al Markh
Wadi al Mishash
Nile
Wadi al Khe
Lake Nasser
Wadi al Sebua
Amada
Qasr Ibrim
Wadi al Allaqi
Abu Simbel
Wadi Halfa
Nile
Western
Desert
SD
A
B
C
5
4
3
2
1

Abbildungsnachweis

Die Automobile Association dankt den nachfolgend genannten Fotografen und Bildagenturen für ihre Unterstützung bei der Produktion dieses Buches.
Legende für die verwendeten Kürzel: (o) oben; (u) unten; (l) links; (r) rechts; (m) Mitte.

Umschlag: (o) AA Photo Library/Rick Strange; (u) AA Photo Library/Chris Coe.

Leserbefragung

Ihre Ratschläge, Urteile und Empfehlungen sind für uns sehr wichtig. Wir bemühen uns, unsere Reiseführer ständig zu verbessern. Wenn Sie sich ein paar Minuten Zeit nehmen, diesen kleinen Fragebogen auszufüllen, könnten Sie uns sehr dabei helfen.

Wenn Sie diese Seite nicht herausreißen möchten, können Sie uns auch eine Kopie schicken, oder Sie notieren Ihre Hinweise einfach auf einem separaten Blatt.

Bitte senden Sie Ihre Antwort an:
NATIONAL GEOGRAPHIC SPIRALLO-REISEFÜHRER, MAIRDUMONT GmbH & CO. KG, Postfach 31 51, D-73751 Ostfildern
E-Mail: spirallo@nationalgeographic.de

Über dieses Buch …
NATIONAL GEOGRAPHIC SPIRALLO-REISEFÜHRER ÄGYPTEN

Wo haben Sie das Buch gekauft? _______________________

Wann? Monat / Jahr

Warum haben Sie sich für einen Titel dieser Reihe entschieden? _______________

____

____

____

____

____

____

____

Wie fanden Sie das Buch?

Hervorragend ☐   Genau richtig ☐   Weitgehend gelungen ☐   Enttäuschend ☐

Können Sie uns Gründe angeben?

____

____

____

____

____

____

____

____

Bitte umblättern …

Hat Ihnen etwas an diesem Führer ganz besonders gut gefallen?

____

____

____

____

____

Was hätten wir besser machen können?

____

____

____

____

____

Persönliche Angaben

Name ____

Adresse ____

____

____

Zu welcher Altersgruppe gehören Sie?
Unter 25 ☐   25–34 ☐   35–44 ☐   45–54 ☐   55–64 ☐   Über 65 ☐

Wie oft im Jahr fahren Sie in Urlaub?
Seltener als einmal ☐   Einmal ☐   Zweimal ☐   Dreimal oder öfter ☐

Wie sind Sie verreist?
Allein ☐   Mit Partner ☐   Mit Freunden ☐   Mit Familie ☐

Wie alt sind Ihre Kinder? _____

Über Ihre Reise …

Wann haben Sie die Reise gebucht? Monat / Jahr __ __ / __ __

Wann sind Sie verreist? Monat / Jahr __ __ / __ __

Wie lange waren Sie verreist? _________________________

War es eine Urlaubsreise oder ein beruflicher Aufenthalt? _________________________

Haben Sie noch weitere Reiseführer gekauft?   ☐ Ja   ☐ Nein

Wenn ja, welche? _________________________

____

Herzlichen Dank dafür, dass Sie sich die Zeit genommen haben, diesen Fragebogen auszufüllen.